"十四五"规划应用型系列教材
案例导向型特色教材
云南省研究生优质课程建设成果

高级管理会计
——理论与实务

主　编　胡元林

立信会计出版社
LIXIN ACCOUNTING PUBLISHING HOUSE

图书在版编目(CIP)数据

高级管理会计:理论与实务 / 胡元林主编. —上海:立信会计出版社,2022.11
"十四五"规划教材. 会计系列
ISBN 978-7-5429-7028-2

Ⅰ.①高… Ⅱ.①胡… Ⅲ.①管理会计-高等学校-教材 Ⅳ.①F234.3

中国版本图书馆 CIP 数据核字(2022)第 218034 号

策划编辑　　孙　勇
责任编辑　　孙　勇

高级管理会计——理论与实务
GAOJI GUANLI KUAIJI LILUN YU SHIWU

出版发行	立信会计出版社			
地　址	上海市中山西路 2230 号	邮政编码	200235	
电　话	(021)64411389	传　真	(021)64411325	
网　址	www.lixinaph.com	电子邮箱	lixinaph2019@126.com	
网上书店	http://lixin.jd.com		http://lxkjcbs.tmall.com	
经　销	各地新华书店			
印　刷	上海华业装璜印刷有限公司			
开　本	787 毫米×1092 毫米　　1/16			
印　张	12.5			
字　数	289 千字			
版　次	2022 年 11 月第 1 版			
印　次	2022 年 11 月第 1 次			
印　数	1—2 100			
书　号	ISBN 978-7-5429-7028-2/F			
定　价	48.00 元			

如有印订差错,请与本社联系调换

前　　言

管理会计是会计的重要分支，它主要服务于单位（包括企业和行政事业单位）内部管理。管理会计是利用相关信息，有机融合财务与业务活动，在单位规划、决策、控制和评价等方面发挥重要作用的管理活动。目前，尽管我国在管理会计领域不乏积极探索和有益尝试，但我国管理会计总体发展仍相对滞后，管理会计实践仍处于起步阶段，较多单位对管理会计的应用还停留在总结经验阶段。我国管理会计整体水平有待提升。

2014 年，《财政部关于全面推进管理会计体系建设的指导意见》（财会〔2014〕27 号）提出：建立与我国社会主义市场经济体制相适应的管理会计体系。争取 3～5 年内，在全国培养出一批管理会计人才；力争通过 5～10 年的努力，中国特色的管理会计理论体系基本形成，管理会计指引体系基本建成，管理会计人才队伍显著加强，管理会计信息化水平显著提高，管理会计咨询服务市场显著繁荣，使我国管理会计接近或达到世界先进水平。

2016 年，财政部推出"管理会计基本指引"；2017—2018 年，财政部推出了系列"管理会计应用指引"，系统梳理了管理会计的工具方法，并提供了相应的案例示范，为管理会计的实务应用提供指导。同时，我国会计硕士专业学位（MPAcc）蓬勃发展。2004 年，国务院学位委员会批准中国人民大学等 24 家研究生培养单位开展 MPAcc 教育试点工作。截至 2019 年，全国已设立 269 个 MPAcc 办学点，MPAcc 人才培养工作已覆盖全国 31 个省、自治区和直辖市，招生规模大幅提高。2019 年，MPAcc 全国招生超过 18 000 人，生源质量也有了显著提升，其中，全日制研究生报录比约为 9∶1，竞争相当激烈，社会需求旺盛。

基于以上情境，结合 MPAcc 教育实际，我们编写了本书，本书有以下特点。

1. 本书以中国管理会计指引体系为依据，立足我国国情

我国管理会计指引体系是以"管理会计基本指引"为统领、以"管理会计应用指引"为具体指导、以"管理会计案例示范"为补充的一个完整系统。"管理会计基本指引"是对管理会计普遍规律的总结提炼，解决人们对管理会计的基本认识问题。"管理会计应用指引"在体系中居于主体地位，是对单位管理会计工作的具体指导。"管理会计案例示范"是对国内外管理会计经验的总结提炼，是对如何运用管理会计应用指引的实例示范，是管理会计指引体系指导实践的重要载体。本书以管理会计指引体系为依据，将相关指引融入管理会计基本理论和方法中，便于读者高效、系统地学习管理会计的核心理论和方法。

2. 本书以提升 MPAcc 人才专业素养为目的，注重提高学生专业技能和创新能力

按照会计硕士专业学位研究生专业必修课程参考性教学大纲的要求，本书讲授管理会计的理论与实务问题，具体涉及管理会计理论框架、作业成本法与作业成本管理、战略成本管理、全面预算管理、经济增加值、平衡计分卡、业绩评价与激励机制等内容。已掌握会计本科阶段的管理学、会计学、成本会计、管理会计等课程知识的学生更适合使用本书。本书有别于本科阶段的管理会计教材，以提升 MPAcc 人才专业素养为目的，结合其未来职业发展要求，通过系统阐述管理会计核心内容，提升其运用这些理论和方法解决现实问题的能力。

3. 本书以战略管理为主线，强调管理会计为企业战略管理服务

依据"管理会计基本指引"，管理会计的目标是通过运用管理会计工具方法，参与单位规划、决策、控制、评价活动，并为之提供有用信息，推动单位实现战略规划。本书以战略管理为主线，将管理会计贯穿于"战略规划—战略实施—战略控制及评价"的路径，强调管理会计为企业战略管理服务。管理会计既参与战略规划拟订，又注重业财融合，还支持和引导单位持续高质、高效地实施战略规划，并评价和考核战略规划实施情况，完善激励机制。本书充分体现了管理会计的应用是以战略规划为导向，以持续创造价值为核心。本书主要内容与相关管理职能相对应，构成完整的课程体系，形成体系化的课程框架。

本书由胡元林教授担任主编。胡元林教授负责全书的结构框架设计以及大部分章节的编写工作。乔朋华教授负责第七章和第九章第三节的编写，张明凯副教授负责第八章的编写。胡元林教授负责第一至第六章和第九章第一、第二及第四节的编写。本书作为立信会计出版社《管理会计》（胡元林、杨锡春主编）的姊妹篇，其内容与视角的侧重有所不同。本书面向 MPAcc 教育，侧重讲述管理会计对企业战略的支持作用；《管理会计》面向会计本科学生，侧重讲述管理会计的基本理论、基本方法和基本技能。

在编写过程中，我们参阅、借鉴、引用了国内外的相关论著和教材，在此衷心感谢！同时要感谢立信会计出版社相关编辑的关心和帮助！

由于能力和学识有限，书中可能存在疏漏之处，敬请读者批评指正。我们将继续努力，以使本书渐臻完善。

编 者

2022 年 11 月

目 录

第一章　管理会计基本理论 ··· 1
　第一节　管理会计概念与原则 ·· 1
　第二节　管理会计目标和职能 ·· 5
　第三节　管理会计的发展与新挑战 ··· 7
　第四节　管理会计师与职业道德 ·· 10
　第五节　战略视角下的管理会计 ·· 12
　本章小结 ·· 14
　思考题 ··· 14
　讨论题 ··· 14
　参考文献及推荐阅读 ··· 16

第二章　战略管理会计 ·· 17
　第一节　战略管理理论及战略管理过程 ··· 17
　第二节　战略管理会计的基本理论 ··· 21
　第三节　战略管理会计的主要内容 ··· 25
　第四节　价值链分析 ··· 28
　本章小结 ·· 30
　思考题 ··· 30
　讨论题 ··· 30
　参考文献及推荐阅读 ··· 31

第三章　平衡计分卡及战略地图 ·· 33
　第一节　战略与平衡计分卡 ·· 33
　第二节　平衡计分卡的目标、指标和标杆 ··· 37
　第三节　战略地图 ·· 42
　第四节　运用平衡计分卡进行管理 ··· 47
　本章小结 ·· 48
　思考题 ··· 48
　讨论题 ··· 48
　参考文献及推荐阅读 ··· 51

第四章 全面预算管理 52
第一节 预算及预算管理概述 52
第二节 预算编制方法与程序 55
第三节 全面预算的编制 58
第四节 预算的执行、调整、分析与考核 66
本章小结 67
思考题 68
讨论题 68
参考文献及推荐阅读 69

第五章 成本管理系统 70
第一节 作业成本法及作业管理 70
第二节 产品生命周期成本法 82
第三节 目标成本法 87
第四节 质量成本法 90
本章小结 94
思考题 95
讨论题 95
参考文献及推荐阅读 96

第六章 管理控制系统及业绩评价 97
第一节 管理控制系统 97
第二节 企业业绩评价概况 101
第三节 企业业绩评价发展历程及其演进 105
第四节 以 EVA 为核心的绩效评价 112
第五节 基于战略的绩效评价 117
本章小结 120
思考题 120
讨论题 120
参考文献及推荐阅读 122

第七章 激励与报酬管理会计 123
第一节 激励与报酬的理论基础 123
第二节 报酬激励的原则和方式 127
第三节 企业首席执行官报酬激励制度 133
本章小结 137
思考题 137
讨论题 137
参考文献与推荐阅读 138

第八章　财务转型与财务共享服务中心 140
　第一节　财务转型 140
　第二节　共享服务中心基本原理和类型 145
　第三节　财务共享服务中心实施流程 153
　本章小结 156
　思考题 157
　讨论题 157
　参考文献与推荐阅读 158

第九章　专题管理会计 160
　第一节　环境管理会计 160
　第二节　知识资本管理会计 170
　第三节　行为管理会计 175
　第四节　社会责任管理会计 179
　本章小结 184
　思考题 184
　讨论题 184
　参考文献与推荐阅读 185

附录　管理会计基本指引 187

第一章 管理会计基本理论

【学习目标】 本章介绍管理会计概念与原则、管理会计目标和职能、商业环境演化与管理会计发展、管理会计师与职业道德等基本内容。通过本章的学习,学生需要理解管理会计的本质,掌握管理会计的基本内容,了解管理会计的发展过程及发展趋势,掌握职业道德标准及与职业道德发生冲突时的解决方法,为后续学习提供理论基础。

【知识引导】 据不完全统计,中国会计从业人员多达1 600万名,其中绝大部分会计从业人员主要从事财务会计工作。基于财务会计的基本特征,财务会计的记账、算账与报账都必须遵循规范化的"会计准则",更多地体现"如何做会计";基于管理会计的基本特征,管理会计为特定信息使用者提供相关信息,即将"相关信息适时地提供给相关的人",更多地体现"如何用会计"。在大数据时代,许多人或专业机构质疑或否定会计存在的必要性,甚至将会计职业列为"即将消失"的职业。顺应当今的经营环境,会计从业人员必须从原来的"数豆者"(bean counter)转向"种豆者"(bean cultivator),乃至"选豆者"(bean selector),积极参与企业价值创造过程,从"如何做会计"转向"如何用会计",运用管理会计辅助企业制定战略并实施"精细化管理",积极提升企业核心能力和竞争力。

第一节 管理会计概念与原则

一、管理会计的概念

管理会计是随着社会经济的发展、科学技术的进步、企业经营管理的现代化而逐步发展起来的,它是在财务会计的基础上孕育、发展并分离出来的一门新兴的综合性边缘学科,是会计学和管理学结合的产物。

第二次世界大战以后,生产社会化程度有了大幅度提高,社会化大生产使所有权与经营权进一步分离,导致企业外部利益相关者特别关注能反映企业财务状况和经营成果的会计信息。同时,会计工作也日益向基层单位、管理部门和生产技术领域渗透,会计最初的受托责任已渐渐降到次要地位。而随着电子计算机的应用和普及,会计逐步由手工簿记系统发展为电子数据处理系统。技术方法日益先进,促进了会计信息的传递,扩大了信息使用范围。在这种环境下,会计理论和方法随着企业内部和外部对会计信息的不同要求而分化为两个领域,即财务会计和管理会计。

财务会计和管理会计这两个会计分支形成了各自的体系和方法。财务会计的主要目标是按照公认的会计原则提供和报告已发生的历史信息,满足外部监管的需要;管理会计则侧重于信息的积累、对比、分析和解释,以帮助企业管理当局预测前景、参与决策、规划未来、控制和评价各责任单位的经济活动。

1922年，美国会计学者奎因坦斯在其《管理会计：财务管理入门》(Managerial Accounting: An Introduction to Financial Management)一书中首次提出"管理会计"的名称。1952年，国际会计师联合会(International Federation of Accountants，IFAC)年会正式采用"管理会计"来统称企业内部会计体系，这标志着管理会计正式形成。到20世纪70年代，管理会计在经济发达国家盛行一时，并在20世纪70年代末80年代初被引入我国，得到了我国会计界的关注。尽管管理会计已经历了近一个世纪的发展，但学术界对管理会计的概念和内涵仍众说纷纭，形成了多种观点。

1966年，美国会计学会(American Accounting Association，AAA)为管理会计提出如下定义：管理会计就是运用适当的技术和概念，对经济主体的实际经济数据和预计经济数据进行处理，以帮助管理人员制定合理的经济目标，并为实现该目标而进行合理决策。

1982年，英国成本与管理会计师协会(Institute of Cost and Management Accountants，ICMA)提出：管理会计是为管理当局提供其所需信息的那一部分会计工作，使管理当局得以制定方针政策，对企业的各项活动进行计划和控制，保护财产的安全，向企业外部人员（股东等）和企业内部人员（职工等）反映财务状况，对各个行动的备选方案作出决策。

1982年，美国学者罗伯特在《现代管理会计》中对管理会计作了如下定义：管理会计是一种收集、分类、总结、分析和报告信息的系统，有助于管理者进行决策和控制。

1986年，美国全美会计师协会(National Association of Accountants，NAA)管理会计实务委员会提出：管理会计是向管理当局提供用于企业内部计划、评价、控制以及确保企业资源的合理使用和经济管理责任的履行所需财务信息的确认、计量、归集、分析、编报、解释和传递的过程。管理会计还负责给股东、债权人、规章制订机构及税务当局等非管理当局提供财务报告。

1988年，国际会计师联合会(IFAC)下设的财务和管理会计委员会提出：管理会计是指一个组织内部对管理当局用于规划、评价和控制的信息（财务和经营）进行确认、计量、收集、分析、编报、解释和传输的过程，以确保组织对资源的合理利用并履行相应的经营责任。

1997年，美国管理会计师协会(The Institute of Management Accountants，IMA)为管理会计所下的定义为：管理会计是提供价值增值，为企业规划、设计、计量和管理财务与非财务信息系统的持续改进过程，通过此过程指导管理行动、激励行为、支持和创造达到企业战略、战术和经营目标所必须的文化价值。

1997年，美国著名管理会计学家罗伯特·S.卡普兰等合著的《管理会计（第2版）》将管理会计定义为：管理会计是一个为组织员工和各级管理者提供财务和非财务信息的过程，这个过程受组织内部所有人员对信息需求的驱动，并能引导他们作出各种经营和投资决策。

2008年，美国管理会计师协会(IMA)发布的《管理会计公告》对管理会计进行了重新界定：管理会计是一门专业学科，它为管理层制定决策、编制计划和业绩管理提供指导，并在财务报告与控制方面提供专业意见，以协助管理者制定和实施组织战略。

国内会计学者和机构对管理会计定义比较有代表性的有以下几个。

李天民（1984）认为，管理会计是通过一系列专门方法，利用财务会计提供的资料及其他有关资料进行整理、计算、对比和分析，使企业各级管理人员能据以对日常发生的一切经济活动进行规划与控制,并帮助企业管理当局作出各种决策的一整套信息处理系统。

汪家佑(1987)认为,管理会计是西方企业为了加强内部经营管理,实现利润最大化的目的,灵活运用多种多样的方式方法,收集、加工和阐明管理当局合理地计划和有效地控制经济过程所需要的信息,围绕成本、利润、资本三个中心,分析过去、控制现在、规划未来的一个会计分支。

余绪缨(1999)提出,管理会计是将现代化管理与会计融为一体,为企业领导者和管理人员提供管理信息的会计,它是企业管理信息系统的一个子系统,是决策支持系统的重要组成部分。余绪缨还进一步提出,管理会计是由微观管理会计、宏观管理会计、国际管理会计组成的广义管理会计体系。这一观点突破了国内外现行管理会计研究仅限于微观管理会计的局限,无论从国内还是从国际来看都属于首创。

《财政部关于全面推进管理会计体系建设的指导意见》(财会〔2014〕27号)提出,管理会计是会计的重要分支,主要服务于单位(包括企业和行政事业单位,下同)内部管理需要,是通过利用相关信息,有机融合财务与业务活动,在单位规划、决策、控制和评价等方面发挥重要作用的管理活动。

总的来说,我们对管理会计的概念可以从狭义和广义两个方面来理解。

狭义的管理会计,又称微观管理会计,它是指在市场经济条件下,以加强企业内部经营管理、实现最佳经营效益为最终目的,以现代企业经营活动及其价值表现为对象,通过对历史和未来财务信息及其他各种信息的深加工和再利用,实现对企业生产经营过程的预测、决策、规划、控制和责任考评等职能,以帮助企业内部管理人员制定合理的经济目标,并协助管理部门为达到其经济目标而制定合理的经济决策的一个会计分支。它是一种侧重于在现代企业内部经营管理中发挥作用的会计,同时又是企业管理的重要组成部分。

广义的管理会计区别于传统会计,它是指现代会计系统中直接体现预测、决策、规划、控制和责任考评等会计职能的那部分内容。这个定义揭示了狭义管理会计的本质,有助于管理会计逐步形成微观管理会计、战略管理会计和国际管理会计的定位。

广义和狭义的管理会计定义的最大区别在于,后者明确了管理会计信息的使用者是企业内部的管理人员,不包括企业外部的利益相关者。这就将管理会计与财务会计作为两个独立的会计分支而分开,从而形成了现代会计的两个分支。本书主要讨论狭义的管理会计问题。

基于管理会计的内涵,本书提炼出管理会计的以下特征:

(1) 管理会计是现代会计的一个分支,是一个服务于企业内部经营管理的信息系统。

(2) 管理会计的主体是多层次的,既要反映企业整体的经营活动,又要反映企业内部各责任主体的经营活动。

(3) 管理会计是为管理部门提供信息服务的工具,侧重于在未来层面为企业提供预测、决策和规划功能,在现实层面为企业提供控制、考核和评价功能。

管理会计与管理活动具有伴生性和互动性的特征。管理活动过程进行到哪里,管理会计的"提供信息、参与决策"的服务功能就应该发挥到哪里。因此,管理会计所面临和要解决的问题是"管理"问题,而非"会计"问题,这就决定了管理会计的广泛性和复杂性。管理会计所谓的"会计"特征主要表现为管理会计信息以及在规划、决策、控制与评价活动中对会计信息的运用。

二、管理会计的原则

为推进管理会计最佳实践的全球化发展,提升管理会计的职业地位,2014年10月,具有国际影响力的两大会计协会——英国特许管理会计师协会(The Chartered Institute of Management Accountants,CIMA)与美国注册会计师协会(American Intituate of Certified Public Accountants,AICPA)通过其联合体——全球特许管理会计师协会(Chartered Global Management Accountant,CGMA)发布了《全球管理会计原则》(以下简称《原则》),《原则》从全球视角对管理会计的基本原则、管理会计师胜任能力框架、管理会计职能领域以及管理会计参与组织价值创造的途径作了详细说明,为管理会计实践以及管理会计职业化发展提供指引。

《原则》归纳出的管理会计的基本原则分别是提供相关的信息、通过沟通提供有影响力的建议、分析对企业价值的影响、履行受托责任并增强企业信任。这4个基本原则为管理会计职能的发挥提供了评价标准,也为管理会计实践活动提供了基本框架。

1. 提供相关的信息

管理会计的核心作用是及时地让决策者获得相关信息,帮助组织筹划和收集制定战略和执行战术所需要的各类信息。"相关性"是评价管理会计信息质量的首要标准。该原则涉及信息的识别、收集、确认、准备和存储,它要求企业在过去、现在和未来相关的信息之间,内部和外部信息之间,财务信息和非财务信息之间取得合适的平衡。

2. 通过沟通提供有影响力的建议

该原则的目的在于促进企业对战略作出更好的决策,并全方位执行。作为组织经营与管理信息的汇集中心,管理会计既关注生产经营效率,又关注财务资本的有效使用,因此,它能够将生产经营与财务资本有效整合在一起,并通过提供相关、可靠的信息,对组织的管理与决策产生影响力。管理会计参与管理决策并发挥影响力的前提是有效沟通,沟通也成为管理会计师技能的核心要求。

3. 分析对企业价值的影响

管理会计参与组织价值创造的前提是充分理解组织的战略目标与商业模式。该原则侧重于管理会计和商业模式之间的互动关系。管理会计通过建立机会和风险之间的相互影响模型,对战略的结果进行量化,可以评估模拟结果对价值创造、保值或价值摧毁的影响情况。

4. 履行受托责任并增强企业信任

《原则》突出了管理会计在提升组织各利益相关方之间的信任度上所发挥的作用。该原则的目的是积极地维护各种关系和人力资源,使组织的金融和非金融资产、声誉和价值得到保护。

按照我国《管理会计基本指引》,单位(包括企业和行政事业单位,下同)应用管理会计应遵循下列原则。

(1)战略导向原则。管理会计的应用应以战略规划为导向,以持续创造价值为核心,促进单位可持续发展。

(2)融合性原则。管理会计应嵌入单位相关领域、层次、环节,以业务流程为基础,利用管理会计工具方法,将财务和业务等有机融合。

(3) 适应性原则。管理会计的应用应与单位应用环境和自身特征相适应。单位自身特征包括企业性质、规模、发展阶段、管理模式、治理水平等。

(4) 成本效益原则。管理会计的应用应权衡实施成本和预期效益,合理、有效地推进管理会计应用。

同时,管理会计的应用主体视管理决策主体而定,可以是企业整体,也可以是企业内部的责任中心。

第二节 管理会计目标和职能

一、管理会计的目标

管理会计的目标是指管理会计活动应达到的目的。管理会计的最终目标是提高企业的经济效益。但不同学者或机构在关于管理会计具体目标的论述中存在着不同的观点。

美国会计学会提出,管理会计的目标是为管理者服务,帮助管理者制定合理的经济目标,并为实现该目标进行合理决策。

美国会计学会管理会计委员会提出,管理会计目标分基本目标和辅助目标,其中,基本目标是向企业管理人员提供内部经营管理信息,协助企业管理人员履行控制职能;辅助目标包括协助企业管理人员实施计划管理职能、控制职能、组织职能、经营管理职能。

全美会计师协会管理会计实务委员会在《管理会计公告——管理会计的目标》中指出,管理会计应实现以下两个目标:一是为管理和决策提供信息;二是参与企业的经营管理。管理会计应更多地着眼于提升企业内部经营管理水平、提高企业价值、防范企业风险,其服务对象是企业内部的各级决策者。管理会计涵盖了企业的管理决策、设计规划与绩效管理系统,管理会计师可利用其在财务报告与控制方面的专业技能帮助管理者制定及实施组织战略。由此可见,管理会计的范畴要远大于财务报告,它几乎涵盖了企业需要运用到分析和决策的所有领域,它给企业各级决策者提供了强有力的决策支持。

美国会计学者贝尔考依指出,管理会计的基本目标是帮助企业管理当局对资源的最优化使用作出决策。

结合我国的实际情况,国内多数学者认为,管理会计目标应该分层次表达:第一,管理会计的最终目标是提高企业的经营管理水平和经济效益;第二,管理会计的具体目标是为企业管理和决策提供有用信息并参与企业的经营管理。

我国《管理会计基本指引》提出,管理会计可以通过运用管理会计工具方法,参与单位规划、决策、控制、评价活动,并为单位提供有用信息,推动单位实现战略规划。

二、管理会计的职能

职能是事物内在的、固有的、客观的功能或属性,是不以人的主观意志为转移的。管理会计的职能是指管理会计在企业管理过程中所承担的职责和具有的功能。管理会计的目标是通过发挥管理会计的职能来实现的。管理会计的职能是随着社会经济的发展而逐步扩大的。到目前为止，管理会计的职能主要包括预测、决策、规划、控制、评价等方面。

第一，预测职能。预测是指在掌握现有信息的基础上，依照科学方法和规律对未来的事情进行预计和推测，以预先了解事情的发展过程与结果的行为。管理会计发挥预测职能，就是按照企业未来的总目标和经营方针，充分考虑经济规律的作用和经济条件的约束，选择合理的模型，有目的地预计与推测企业未来销售、利润、成本及资金的变动趋势和水平，为企业经营决策提供可靠的依据。

第二，决策职能。决策是指为了实现特定的目标，在充分考虑各种可能的前提下，借助一定的工具和科学的方法，对未来所采取的行为作出决定的过程。决策作为企业经营管理的核心，贯穿企业管理的各个方面和整个过程。管理会计发挥决策的职能，主要体现在其根据企业的决策目标，收集和整理各种相关信息资料，利用科学的方法计算出各方案的指标值，并由此作出对各方案的财务评价，从中选出最优方案。

第三，规划职能。管理会计发挥规划职能，就是在最终决策的基础上，把确定好的有关经济目标分解到相关的预算当中，做到有效地配置企业的各项资源，使企业获得最大的经济利益，为企业的过程控制和责任考评奠定基础。在管理会计中，规划职能主要通过编制各种预算与计划实现。

第四，控制职能。控制的目的是保证企业的实际经济活动能按照预期计划或预算进行，最终达到预期目标。管理会计的控制职能，主要体现为把企业经济过程的事前控制与事中控制进行有机的结合，对执行过程中的实际情况与最初计划产生的差异进行分析，明确原因，及时地采取相应的解决措施，以确保经济目标的顺利实现。

第五，评价职能。管理会计的评价职能，是通过建立责任会计制度来实现的，主要体现为事后根据各责任单位定期编制的业绩报告，将实际发生数与预算数进行对比、分析，评价和考核各责任单位的业绩，以便奖勤罚懒、奖优罚劣，正确处理分配关系，保证经济责任制的贯彻执行。

管理会计的基本内容与其职能相对应，一般分为预测决策会计、规划控制会计、责任考评会计三部分。

1. 预测决策会计

预测决策会计以企业经营目标为依据，主要包括预测分析、短期经营决策、长期投资决策等内容，在管理会计中侧重于发挥预测经济前景和实施经营决策的作用。它处于管理会计的核心地位，是管理会计的关键内容之一。

2. 规划控制会计

规划控制会计以全面预算为依据，主要包括财务预算、成本控制与标准成本系统等内容，在决策目标和经营方针已经明确的前提下，侧重于发挥为执行既定的决策方案而进行有效规划和控制的作用。

3. 责任考评会计

责任考评会计主要包括责任会计、绩效评价等内容，是指在组织经营时，企业按照分权管理的思想划分各个内部管理层次的相应职责、权限及所承担义务的范围和内容，形成不同层次的责任中心，通过考核评价各责任中心履行职责的情况，反映其真实业绩，从而调动企业职工积极性，形成具有激励机制的管理会计子系统。

预测决策会计、规划控制会计和责任考评会计三者既相互独立,又相辅相成,共同构成了现代管理会计的基本内容。

第三节 管理会计的发展与新挑战

一、管理会计的发展历程

管理会计起源于19世纪末20世纪初的美国。20世纪上半叶,管理会计的雏形已经形成。20世纪50年代以后,管理会计迅速发展。随着经济的不断发展,管理会计经历了从简单到复杂、从低级到高级的发展阶段。管理会计的发展大体可分为管理会计的萌芽与形成阶段、现代管理会计阶段与现代管理会计的变革阶段。

1. 管理会计的萌芽与形成阶段

美国是管理会计最早萌芽的国家。19世纪末20世纪初,美国完成了从农业国向工业国的转变,许多工厂发展成为生产多种产品的大企业,并出现了巨型企业。但是这些大企业的管理还相当落后,传统的经营管理方式无法克服的粗放经营、资源浪费、效率低下等弊端同大机器生产的矛盾越来越尖锐。美国的经济发展速度和企业劳动生产率的水平远远落后于科学技术成就和经济条件所提供的可能性。为了取代落后的"传统管理","科学管理"方式应运而生。1911年,Frederick Taylor提出的科学管理理论,为"标准成本制度"的确立奠定了基础。Frederick Taylor等工程师进行了工作分析和时间、动作研究,建立起特定单位产出所需的人工和材料的科学标准,开创了将间接费用分配给产品成本的实务方法。标准的制定和实施,既解决了企业资源浪费严重、生产效率低下等弊端,提高了生产效率,又改变了企业会计事后核算的局面,采取对经济过程实施事前规划和事中控制的技术方法,更好地促进了企业经营目标的实现。

伴随着企业管理方式的变革,会计开始了由近代会计向现代会计过渡,原始的管理会计初见端倪。标准成本、预算控制和差异分析等主要内容在实践中不断充实和完善,管理会计的雏形逐步形成。

20世纪初期,集权功能式企业体制(U型组织结构)开始出现,为管理会计的创新提供了机会。其中,投资报酬率指标的影响最为深远。投资报酬率为企业整体及各部门业绩评价提供了依据,同时也为企业管理当局进行资源整合提供了依据。20世纪20年代,事业部制(M型组织结构)开始出现,它克服了集权功能式企业体制存在的弱点,如通用公司就是具有代表性的事业部制公司。管理会计的技术和方法得到进一步发展,更好地适应了事业部制公司管理的要求。

2. 现代管理会计阶段

第二次世界大战结束后,大量新技术、新工艺、新装备被广泛应用,新兴产业部门层出不穷,社会生产力迅猛发展,企业的规模逐渐扩大,市场竞争加剧。这些新的环境因素要求企业尽快实现管理的现代化,将企业过去以生产为中心的生产型管理模式转变为以经济效益为中心的经营型管理模式。与此同时,现代管理科学迅速发展,极大地推动了管理会计的发展。20世纪50年代,为了有效地实行内部控制,美国各大企业普遍建立了专门行使控制职能的总会计师制。1958年,美国会计学会在一份研究报告中明确地指出了管理会计的基本方法,包括标准成本计算、预算管理、盈亏临界点分析、差量分析法、变动预算、边际分析等内容,这些方法形成了管理会计方法体系的基础。20世纪60年代,电子计算机和信息科学迅猛发展,"业绩会计"和"决策会计"得到发展,管理会计的理论方法体系被进一步确定。到20世纪70年代末,美国学术界对于管理会计理论体系的研究可谓达到了高峰。这个时期的管理会计追求的是"效益",它强调的是先把事情做对,再把事情做好。至此,管理会计形成了以"决策与计划会计"和"执行会计"为主体的管理会计结构体系。

3. 现代管理会计的变革阶段

进入20世纪80年代后期,企业的制造环境发生了根本性的变化。随着社会经济的高速发展,消费者对商品的社会需求日益多样化和个性化,企业生产由传统的大批量标准化生产转变为以顾客需求为导向的"顾客化"生产模式。同时,科学技术的进步和创新促使企业生产的技术含量迅速提高,生产流程日趋计算机化和自动化。社会经济和科学技术的重大变革和发展对管理会计产生了重大的冲击,促使管理会计不断发展并扩展到新的领域。

在新的制造环境下,活劳动(直接人工费)在投入资本中所占的比重大幅度下降,各项间接费用所占的比重则大幅度提高,成本结构发生了根本性变化。传统的成本计算方法面临严峻挑战。传统的成本计算方法仍采用基于工时的传统的间接费用分配方法,严重扭曲了成本信息,造成了成本信息失真,进而影响管理者的定价决策、产品生产组合决策等。为了克服这一缺陷,作业成本法在实践中受到了重视并得以应用。作业成本法与传统成本法计算最明显的区别在于,作业成本法按照不同的成本动因将所有的制造费用归属于某一种作业或作业中心,再由每一种作业或作业中心按照作业成本分配给不同的产品。

另外,随着世界经济的快速发展和经济一体化进程的加快,国际化大市场逐渐形成,企业竞争更趋剧烈。因此,企业必须站在宏观战略角度上进行各种决策。而战略管理理论的长足发展,促使战略管理会计的产生。除此之外,环境管理会计、知识资本管理会计等新型学科的出现,也不断拓展着管理会计的内涵和外延。风险控制和战略决策也成为目前管理会计研究的重点。

美国管理会计师协会发布的《管理会计公告》,将管理会计的内容归纳为价值观与道德规范、跨职能团队建设、竞争情报管理、会计信息化建设、作业成本管理、目标成本管理、精益成本管理、资源环境会计、供应链成本、价值链分析、绩效管理、标杆管理、质量成本管理、风险管理等方面。

从管理会计发展历程可以看出,管理会计是伴随着社会经济的发展而发展的,生产力的不断进步是管理会计产生和发展的根本原因,商品经济的发展为管理会计的产生奠定了物质基础,管理科学的发展是管理会计发展的理论基础。随着社会生产力和科技的不断进步,管理会计的基本理论和方法将日趋成熟和完善,它在现代企业管理中的地位和作用也将进一步加强。

二、21世纪管理会计面临的新挑战

1. 大数据、人工智能、移动互联网、云计算的挑战

IT技术正在推动企业信息化进入新阶段,互联网正在改造甚至颠覆一个又一个传统

企业,"去中心化""扁平化"组织形式不断涌现,商业法则正在发生变化,新技术与管理创新融合,为管理会计注入了新的活力,充实了管理会计的内涵。

大数据、人工智能、移动互联网和云计算为管理会计深化应用提供了新路径、新工具和新方法。从精细到互联,这将是管理会计发展的新趋势。其中,内部精细化管理依然是企业关注的焦点,与企业业务流程深度融合的全面预算、基于价值创造的财务共享、管理流动性的营运资金、深化精细化管理的责任会计、助力经营管理的内部报告、基于大数据的商业分析等,构成了新技术环境下管理会计的应用热点。

与此同时,互联网时代的"去中心化"组织形式也使传统组织结构向倒金字塔式转变,以实现以客户为中心的全员决策、实时决策,充分发挥管理会计的价值。管理会计的管理重心从过去强调内部资金的价值管理转向强调企业外部价值链的协同与创新,即从事后向事前转变、从静态向动态过渡,做到实时反映企业的经营活动状况,为管理会计创造价值拓展了新路径。

在人工智能时代,智能机器人能够解决所有便于程序化设置的事务,从而准确、高效地完成目前财务会计的核算工作。基于人工智能的 ERP 系统实现了动态观察企业经济活动、动态计算企业各类经济指标以及动态规划企业目标的功能。这些功能的实现都为管理会计完成分析财务数据以及评价过去、控制现在、规划未来提供了便利。

2. 知识经济带来的挑战

知识经济是继工业经济之后出现的新的社会经济形态。在工业经济中,生产以材料、能源等为主要内容,物的因素居主导地位,产品生产主要是集成资源。在知识经济时代,人们开始认识到,人尽其才(能)是物尽其用的基础。人的知识(智力)成为最关键的、居于主导地位的因素,产品生产不再是集成资源,而是集成知识(智力)。产品的知识(智力)含量越高,价值越大。工业经济转变为知识经济,即由资源依赖型经济转变为知识(智力)依赖型经济。知识经济管理的基本特征具体体现为:管理特征从物本管理向人本、智本管理发展;管理思维从科学思维方式向人文思维方式转变;管理决策目标从"最优化"向"满意性"转变。以知识为基础的智力资本在企业创造价值中发挥了举足轻重的作用,它是实现公司战略、获得竞争优势的基石,但是传统的财务会计无法反映知识(智力)资本所创造的价值,因此,如何建立知识(智力)会计体系,已成为目前会计领域一个有待解决的问题。

3. 资源、环境问题带来的挑战

资源、环境是人类生存和发展的基本条件。长期以来,我国经济发展在很大程度上依赖对资源的过度开采,出现了经济发展与自然、生态不协调的局面。更有学者认为,资源和环境危机是传统会计处理方式下的一个必然结果,传统会计需要对于日益严重的生态环境恶化承担重大责任,传统会计已不能适应企业可持续发展战略的要求。在保证社会可持续发展的基础上,环境会计对企业经济活动进行核算和监督,反映企业经营和环境之间的能量交换和价值转移。目前,发达国家在环境会计研究方面已取得重大进展,但我国的环境会计仍处在发展的初期阶段,如何建立适应生态环境管理要求的可持续发展管理会计是我国急需解决的问题。

第四节 管理会计师与职业道德

一、管理会计师

管理会计相关职责的履行需要相应的管理会计组织和管理会计人员来完成。在欧美国家,首席财务官(chief financial officer,CFO)是企业管理财务与会计事务的最高职位,在大多数企业中都是 CFO 掌管会计职能,财务长(treasurer)和主计长(controller)通常要向 CFO 汇报工作。财务长主要负责筹集资金和管理资金等财务方面的事务,具体包括资本筹措、与投资者联系、短期融资、银行与保管、放账与收款、投资、风险管理等;而主计长主要负责与企业制定决策有关的操作方面的事务,其职责包括规划与控制、报告与解释、评价与咨询、税务管理、向政府报告、资产保全、经济评价等。对于小型企业而言,财务长和主计长可能是同一个人,但区分二者的角色是很重要的。而大型企业内除了设置财务会计机构,通常设有单独的管理会计部门,两个部门并行,共同接受主计长的领导。管理会计人员的主要工作是根据企业实际和未来发展方向,对企业经营目标和实施方案进行决策,编制预算,对经营活动进行价值控制,组织成本核算管理,考核评价有关的经营业绩,为加强企业内部管理献计献策。可见,管理会计工作可以渗透到企业的各个方面和各个环节,它既为企业总体管理服务,又属于企业管理系统的有机组成部分,处于价值管理的核心地位。

进入 21 世纪以后,管理会计的内涵和外延扩大,作用也增大了。过去,管理会计师在企业里被定义为信息的提供者,只起辅助作用;现在,管理会计师逐步从辅助性决策支持者转为企业管理团队的一员,成为积极参与战略管理的商业伙伴,其通过提出持续改进企业的方案和评价稀缺资源的最佳使用方案而促进企业各种变革的展开。

在我国,由于管理会计工作尚处于起步阶段,企业内部没有专设的机构和人员负责该项工作,只能由财务人员兼职,如销售组负责销售预测、材料组负责存货控制,但由于是兼职,相关人员往往顾此失彼。随着改革的深入,现代企业制度逐步完善以及会计信息化逐步普及,越来越多的企业认识到管理会计的重要性,企业通过设置管理会计机构、配备管理会计人才,加强预测、决策、规划、控制、评价等职能。

单位应根据组织架构特点,建立能够满足管理会计活动所需的由财务、业务等相关人员组成的管理会计组织体系。有条件的单位可以设置管理会计机构,组织开展管理会计工作。单位应根据管理模式确定责任主体,明确单位各层级以及各层级内的部门、岗位之间的管理会计责任权限,制定管理会计实施方案,以落实管理会计责任。单位应从人力、财力、物力等方面做好资源保障工作,加强资源整合,提高资源利用的效率、效果,确保管理会计工作顺利开展。单位应注重员工的管理会计理念、知识培训,加强管理会计人才培养;应将管理会计信息化需求纳入信息系统规划,通过信息系统整合、改造或新建等途径,及时、高效地提供和管理相关信息,推进管理会计实施。例如,中国兵器装备集团公司利用管理会计思想和工具建立了 SRRV 价值创造体系,该体系贯穿由战略规划、全面预算、运营监控和业绩评价构成的整个链条；大连船舶重工集团有限公司通过嵌入式管理会计优化价值链降本增效，实现了精益管理的飞跃。

2014年11月，《财政部关于全面推进管理会计体系建设的指导意见》（财会〔2014〕27号），为我国全面推进管理会计体系建设指明了方向，其主要目标是"建立与我国社会主义市场经济体制相适应的管理会计体系。争取3～5年内，在全国培养出一批管理会计人才；力争通过5～10年左右的努力，中国特色的管理会计理论体系基本形成，管理会计指引体系基本建成，管理会计人才队伍显著加强，管理会计信息化水平显著提高，管理会计咨询服务市场显著繁荣，使我国管理会计接近或达到世界先进水平"。

二、管理会计师职业道德

管理会计师在现代企业的发展中充当着非常重要的角色，在企业中有不可或缺的重要地位，管理会计师职业道德的好坏直接关系到企业的长远发展。美国管理会计师协会发布的《管理会计公告》将价值观、行为规范、道德行为准则置于重要地位，要求管理会计师切实履行诚实、正直、客观和责任这四项道德基本原则，并强调企业必须要将道德规范融入企业的规划、日常管理及员工行为。

本书参考美国管理会计师协会制定的《管理会计师道德行为标准》，对管理会计师的职业道德行为标准进行介绍，其内容大体可分为基本原则和道德裁决两部分。

（一）基本原则

1. 专业胜任能力

管理会计师要提供高质量的专业服务，必须具有较强的业务能力，他们必须做到以下几点。

（1）接受后续职业教育，维持专业技能。取得管理会计师资格的专业人员，不能停留于已有的经验和知识而故步自封，应当不断接受后续职业教育，更新专业知识，提高业务能力。

（2）遵守法律、法规及职业规范。管理会计师不能从事违法行为，不能损害国家利益和他人利益，必须遵守国家法律、法规，遵守职业规范。

（3）在企业会计核算所提供信息的基础上，管理会计师应计算和分析相关数据，为企业经营管理和决策提供全面、可信的内部报告。

2. 保密

管理会计师的工作性质决定了他们能够掌握大量的企业内部信息，这些机密一旦泄露，将会给企业带来巨大的经济损失，因此，管理会计师必须做到以下几点。

（1）除了授权及法定情况，管理会计师应保守工作中获得的机密。

（2）管理会计师以适当方式告知下属工作中的机密时，必须监督他们保密。

（3）禁止管理会计师利用企业机密获取不正当利益。

3. 诚实正直

管理会计师为企业的经营管理活动提供决策信息，信息的质量不仅取决于管理会计师的技术水平，还取决于他们的品行。因此，管理会计师应当做到以下几点。

（1）遵守回避原则。为了保证管理会计师所提供信息的客观性，对于明显涉及管理会计师切身利益的业务,管理会计师应该回避;对于涉及切身利益而他人未知的业务,管理会计师应主动声明并回避。

(2) 禁止参加妨碍公正履行职责的宴请、娱乐等活动,禁止接受影响执业的馈赠礼物。

(3) 禁止从事违反企业规章及企业目标的活动。管理会计师作为企业的高层管理人员或管理咨询人员,应该维护企业的利益,严格遵守企业的各项规章制度,为实现企业目标而努力。

(4) 管理会计师应识别和揭示影响专业判断及管理决策的各种局限。

(5) 管理会计师应披露有利和不利信息,揭示所有的专业判断及形成的各种观点。

(6) 禁止参加和支持有损职业形象的活动。

4. 客观性

管理会计师对有关事项的调查、判断及意见的表述,应当基于客观的立场,以客观事实为依据,不受他人左右,不掺杂个人主观意见。在分析问题和处理问题时,不能以个人的好恶或成见行事,应当提供真实客观的信息。管理会计师应当做到以下几点。

(1) 披露客观、公正的信息。客观、公正的信息是管理人员作出正确决策的基础,管理会计师有责任保证信息的高质量。

(2) 充分地披露信息。管理会计师只有充分、翔实地披露信息,才能使信息的使用者正确地理解内部会计报告。

(二) 道德裁决

在实际工作中,管理会计师可能会遇到不道德行为或需要解决道德冲突的问题。当面对重大职业道德问题时,管理会计师必须严格遵守职业道德标准的基本原则。如果这些基本原则不能解决问题时,管理会计师应考虑采用以下方法。

(1) 立即向上级报告。管理会计师遇到需要裁决的问题时可向上级报告,仍不能解决时再向更高一级领导报告。如果上级是道德裁决执行人员,那么内部审计、监事会、董事会或股东大会都可以作为道德裁决的再审议机构。除了上述合法的审议组织和个人,管理会计师不得将需要裁决的问题交给任何未经许可的人员和机构处理。

(2) 对需裁决事项,管理会计师可通过与有关人员进行深入的讨论,明辨是非,决定将采取什么样的行动。

(3) 如果经各级再审议机构评议后,道德裁决问题仍未解决,管理会计师为了保护自己的利益,避免承担法律责任,最好的选择是离开企业,并向企业的法定代表人提交详细的备忘录,说明存在的问题以解脱相应的责任。

第五节 战略视角下的管理会计

一、管理会计活动

我国《管理会计基本指引》提出,管理会计活动是单位利用管理会计信息,运用管理会计工具方法,在规划、决策、控制、评价等方面服务于单位管理需要的相关活动。

单位应用管理会计,应做好相关信息支持,参与战略规划拟定,从支持其定位、目标设定、实施方案选择等方面,为单位合理制定战略规划提供支撑。

单位应用管理会计,应融合财务和业务等活动,及时充分提供和利用相关信息,支持单位各层级根据战略规划作出决策。

单位应用管理会计,应设定定量定性标准,强化分析、沟通、协调、反馈等控制机制,支持和引导单位持续高质高效地实施单位战略规划。

单位应用管理会计,应合理设计评价体系,基于管理会计信息等,评价单位战略规划实施情况,并以此为基础进行考核,完善激励机制;同时,单位应对管理会计活动进行评估和完善,以持续改进管理会计应用。

二、基于战略的管理会计研究

基于我国《管理会计基本指引》提出的管理会计活动,管理者必须将战略传达给所有员工,因为员工才是最终实施战略的人。如果员工对战略一无所知或者并不理解,他们就不会为企业战略实施出力。管理会计应该为组织战略的制定、实施、评价、激励提供相关信息,并参与相关活动。

战略就是一个组织在"要做什么"和"不要做什么"上所做的各种选择。而"要做什么"和"不要做什么",对组织来说具有同等的重要性。从组织最高层面上看,战略规划指的是选择一个在组织外部环境和内部资源层面最合适而且能够实现组织目标的战略。战略选择则迫使管理层作出抉择:应当将哪些市场作为主攻市场,以及如何在这些市场上进行竞争。管理会计应参与战略规划拟定,做好相关信息支持,为组织合理制定战略规划提供支撑。与之契合,本书第二章重点介绍了战略管理会计的基本理论以及战略管理会计的主要内容。

一旦组织选定了某种战略,所有员工需要理解自己所在经营单位、分部和公司的战略,管理者可以要求他们参照上级要求制定出个人目标。平衡计分卡和战略地图的编制能将个人努力和组织绩效紧密结合在一起,它们既是战略分解工具,也是绩效考核标准。本书第三章主要介绍了平衡计分卡及战略地图。在此基础上,可以将战略目标进一步分解为年度目标和任务,形成年度预算管理,本书第四章主要介绍了全面预算管理的相关内容。组织一旦确定了战略和年度目标,就需要管理会计信息来协助它实施这个战略,根据战略需要来配置资源、沟通战略内容,并将员工努力和经营过程联系起来以实现战略目标。

要实施战略,组织必须对自己的成本了如指掌,这也是在平衡计分卡的财务维度中包括用来提高生产率和降低成本的目标(指标)的原因,而业务流程维度的经营管理主要强调要降低产品和流程的成本。本书第五章重点介绍了成本管理系统,包括作业成本法及作业管理、产品生命周期成本法、目标成本法以及质量成本法等内容,以支持和引导组织持续高质高效地实施战略规划。

在战略实施过程中,组织需应用管理会计建立相应的管理控制系统,设计合理的业绩评价体系,评价组织战略规划实施情况。第六章重点介绍了管理控制系统及业绩评价,阐述如何以此为基础进行考核,完善激励机制和报酬体系。第七章主要分析了激励和报酬管理会计。同时在整个战略管理过程中,组织需对管理会计活动进行评估和完善,以持续改进管理会计应用。战略管理视角的管理会计研究框架如图1.1所示。另外,本书结合管理会计发展的新形势以及出现的新理念,进一步探讨了财务转型与财务共享服务中心以及专题管理会计(包括环境管理会计、知识资本管理会计、行为管理会计、社会责任管理会计),相关内容体现在第八章和第九章中。

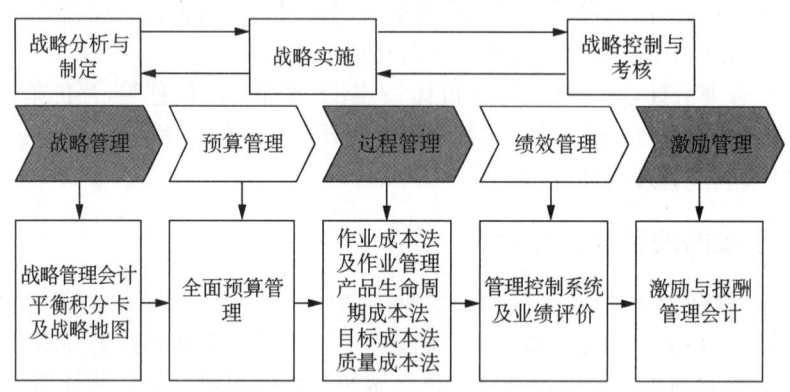

图1.1 战略管理视角的管理会计研究框架

本 章 小 结

本章主要阐述了管理会计的基本理论。管理会计和财务会计一起并称为现代会计的两大分支。相对于财务会计,管理会计是根据企业实际和未来发展方向,对其经营目标和实施方案进行决策,编制预算,对经营活动进行价值控制,组织成本核算管理,考核评价有关的经营业绩,为加强企业内部管理献计献策。通过本章内容的学习,学生应认识到管理会计在企业管理中的重要地位和作用,初步掌握管理会计的基本概念和内容体系,为后续管理会计课程的学习打下良好的基础。

思 考 题

1. 什么是管理会计?管理会计有什么作用?
2. 为什么财务信息很可能无法满足企业管理者及员工持续不断的信息需求?
3. 管理会计如何在企业战略制定和实施中起作用?
4. 管理会计师如何面对道德的两难处境?

讨 论 题

随着计算机的发明,很多软件系统被开发出来用于完成商业活动中以往基于纸面的手工操作,或者执行一些以往由于缺乏技术手段从未被执行的任务。例如,财务记账、库存管理与信息交互等。这种通过技术应用来实现替代人工的操作,称之为机器人流程自动化。

一、机器人在财务领域的应用

当今,自动化已达到一个相当成熟的阶段,其中,机器人流程自动化是一个正在迅速发展的领域,并正在对当今商业运营模式产生变革性的影响。随着财务领域与机器学习、自然语言处理、自然语言生成、计算机视觉等人工智能技术的结合,软件机器人能够执行越来越复杂的任务。在融合上述人工智能技术后,机器人流程自动化也被称为智能流程自动化。而用于处理财务领域各项业务的机器人,则被称为财务机器人。机器人流程自动化发展到现阶段,不仅成为一个处理单调重复任务的工具,而且是一项能够为企业带来巨大价值的变革性科技。它能够完全避免人工错误,提升工作质量并保留完整的操作日志。一旦配置完成,机器人将以同样的精度重复执行同一任务成千上万次且不会出错,并且兼容各种应用系统平台。现阶段,机器人在财务领域的应用主要集中在规则明确、重复性高、操作繁琐耗时、业务量大的流程场景中。例如,费用审核、资金支付、发票校验、坏账核销、银行对账、报表生成、税务填报等环节。其中,增值税发票管理是机器人典型的应用场景之一。当前,规模较大的企业为提高工作效率,节约成本,通常在企业内部建立财务共享中心。这为财务机器人的应用创造了大量场景。企业使用财务机器人的首要前提是符合成本效益原则。财务共享中心的职能之一是依据信息化平台集中基础性的财务管理工作,从而使企业具备大量工作可被机器人集中替代的条件,并且机器人具有"7×24"小时工作的能力,这也增强了财务共享中心服务的快速响应能力。

二、财务机器人对企业管理会计实践的影响

一是对财务基础工作的替代。财务机器人的应用,毫无疑问将完成部分规则明确、操作繁琐耗时的基础性财务工作,如出纳、数据校核、会计入账、报表编制等。首先,财务机器人具有全天候工作能力,其工作速度取决于信息平台的数据处理与响应速度,同时能够避免人为疏忽等因素,因此,工作效率与质量都明显超过人工水平。其次,财务机器人实施的项目,相较传统的信息化项目,具有体量轻、松耦合、灵活性、兼容性等优势。最后,财务机器人具有明显的成本节约效应,投资远小于传统的信息系统开发成本,除了工资、福利等直接人工成本,其他如培训、招聘、职业发展等间接人工成本也可被节省。

二是对财务人员结构的影响。财务机器人完全基于预先设定好的规则执行业务操作,不会受到类似利益冲突、徇私舞弊等人类非理性情感因素的影响,因此,只要操作规则合理,财务机器人完全可以"一人"身兼多岗。基础性财务工作可部分甚至全部由财务机器人完成。因此,相关岗位人员都将面临被替代的可能。由于财务机器人能够避免财务核算中的人为错误,因此,企业不再需要大量的会计稽核人员进行试算平衡以验证记账是否存在差错,企业可进一步减少财务审计人员的数量。随着财务机器人的上线,企业财务管理资源和重点也将从会计核算等基础性工作转移至更注重事前编制、事中控制、事后分析和考核的管理会计职能。未来管理会计在企业财务管理中的重要性将进一步提升。因此,企业未来也将更需要财务预测、投资决策、预算管理、税务筹划、财务控制和分析等领域的高端复合型人才。

三是对财务管控机制的调整。在未来的财务机器人应用环境中,一些传统的财务控制变得不必要。例如,因为机器人将按既定规则执行业务操作,不会出现人为疏忽或者有意为之的错误。此外,一些岗位职责分离的控制措施,也因为同样的原因可不再实施。尽管一些传统的财务控制可被省去,但针对财务机器人本身存在的风险,企业需实施新的财务管控环节,并涵盖机器人的整个生命周期。

四是对行业监管标准的完善。使用财务机器人已变成未来行业趋势,具有一定规模的企业都将应用财务机器人替代人工完成一部分财务工作,这将成为普遍现象。正如财会人员必须具备一定的资质方可上岗,按照规定的会计制度或准则执行业务,同时接受行业继续教育,确保知识更新,财务机器人或者说财务机器人配置实施人员也应满足同样的资质要求。

自动化、人工智能在各行各业的兴起是必然的趋势,这些在未来将对人类的生产生活方式产生颠覆性的影响。财务从业者只有顺应这种变革的潮流,并做好充分准备,才能够抓住变革过程中的机遇,实现价值。

资料来源:程明.财务机器人对企业管理会计实践的影响[N].中国会计报,2020-09-18(008).

请讨论:

1. 财务机器人出现后,它们代替了很多传统财务工作,未来我们还需要会计吗?
2. 为应对财务机器人带来的冲击,财务从业者该如何应对?

参考文献及推荐阅读

1. 王满,于浩洋,马影,等.改革开放40年中国管理会计理论研究的回顾与展望[J].会计研究,2019(1):13-20.
2. 孔垂珉,李靠队,蒋雯,等.中国管理会计研究回顾与述评:1978年至2018年[J].会计研究,2019(2):49-56.
3. 李宗彦.全球视野下的管理会计原则及其应用——《全球管理会计原则》述评[J].财务与会计,2015(9):64-67.
4. 谢志华,敖小波.管理会计价值创造的历史演进与逻辑起点[J].会计研究,2018(2):3-10.
5. 温素彬.管理会计[M].2版.北京:机械工业出版社,2016.
6. 张先治.论管理会计的内涵与边界[J].会计研究,2019(12):28-33.
7. 冯巧根.改革开放40年的中国管理会计——导入、变迁与发展[J].会计研究,2018(8):12-20.
8. 冯巧根.管理会计的变迁管理与创新探索[J].会计研究,2015(10):30-36+96.
9. 孟焰,孙健,卢闯,等.中国管理会计研究述评与展望[J].会计研究,2014(9):3-12+96.
10. 李天民.管理会计学[M].北京:中央广播电视大学出版社,1984.
11. 汪家佑.管理会计[M].北京:经济科学出版社,1987.
12. 余绪缨.管理会计学[M].北京:中国人民大学出版社,1999.

第二章　战略管理会计

【学习目标】 本章主要介绍战略管理理论及战略管理过程、战略管理会计的基本理论、战略管理会计的主要内容，以及价值链分析。通过本章的学习，学生需要理解战略管理的发展历程，明确战略管理过程，了解战略管理会计的特点，掌握战略管理会计的基本内容，理解价值链分析方法在企业竞争优势获取中的应用，为后续学习提供战略依据。

【知识引导】 管理会计的发展，丰富了会计学科的内容，改变了会计理念。管理会计的成熟与应用标志着会计学科已经进入一个崭新的发展阶段。管理会计侧重为企业内部经营管理服务，并经历了"追求效率—追求效益—价值链优化—适应外部变化"的发展历程，它不断拓展会计职能，展示了会计预测前景、参与决策、规划未来的职能，体现了会计与时俱进的特征。管理会计影响企业经营管理决策，管理会计将全面介入企业战略、市场定位及产品设计、生产、营销、服务全过程的决策。只有这样，管理会计才能知道决策者需要什么信息，才能真正做到将"相关信息适时地提供给相关的人"。管理会计未来研究的重点将放在如何确实发挥会计信息在制定战略决策和战术决策方面的作用，如何为企业战略的制定和实施提供富有经济内涵的信息将成为未来管理会计理论研究的重要课题。

第一节　战略管理理论及战略管理过程

一、战略管理理论的兴起

战略一词是个军事方面的概念。在中国，它起源于兵法，指将帅的智谋；在西方，战略概念起源于古代的战术，原指将帅本身，后指军事指挥中的活动。《辞海》对"战略"的解释为"筹划和指导战争及武装力量建设与运用全局的方略"。后来，这一概念被推广应用于政治、经济、社会等各个领域，其含义也变得越来越广泛。概括地说，战略是指重大的、带有全局性、长远性的谋划。

第二次世界大战后，社会环境越来越复杂，企业竞争日趋激烈，由此诞生了一门新兴学科——企业战略管理。20世纪60年代末70年代初，企业战略管理思想先在美国形成。1962年，美国企业史学家艾尔弗雷德·D.钱德勒出版了《战略与结构：美国工商企业成长的若干篇章》，该书分析了环境、战略与组织结构之间的相互关系。1965年，美国经济学家伊戈尔·安索夫在《企业战略》一书中，对企业成长的基本原理、理论和程序进行了研究，初步形成了企业战略管理研究的理论框架。随后，关于企业战略的理论得到迅速发展，这也引起了企业管理模式的深刻变革，它强调企业应根据所处的国内外环境的变化制定发展策略，注重做正确的事而非正确地做事。

战略管理是指对企业全局的、长远的发展方向、目标、任务和政策,以及资源配置作出决策和管理的过程。企业战略管理是生产社会化程度提高和商品经济进一步发展的产物。随着企业外部环境变革越来越快,企业经营的不确定性增加,这些不确定因素使企业最高领导会更多地考虑企业长远发展问题。由于技术发展加快和产品寿命周期缩短,企业的生存和发展不再仅仅取决于企业目前的经营状况,而是更多地取决于企业基于未来的预测所作的战略决策,企业不再被动地适应外部环境的变化,而是可以通过自身的努力主动适应环境的变化,从而谋求生存和发展。

二、战略管理过程

企业战略管理是企业在复杂多变的环境中谋求生存和发展,在充分分析企业外部环境和内部条件的基础上,确定组织目标,保证目标落实并使企业使命最终得以实现的一个动态过程。它是战略分析、战略选择、战略实施与控制等各环节相互联系、循环反复、不断完善的一个动态管理过程(图 2.1)。

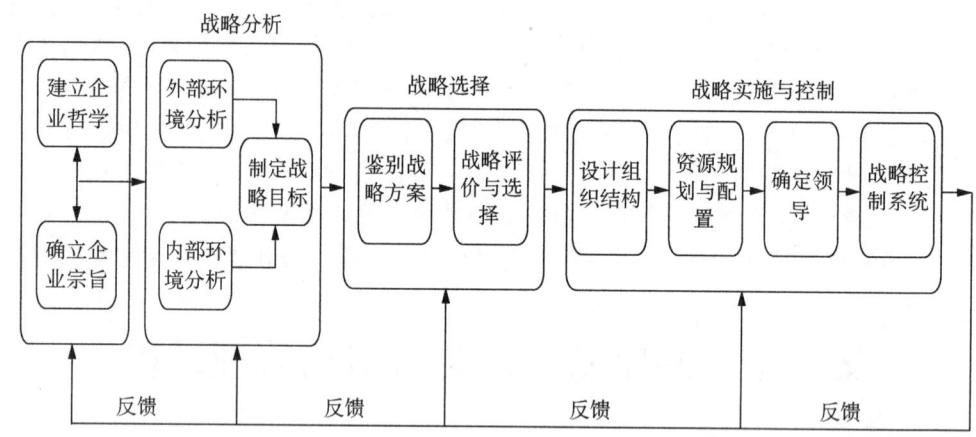

图 2.1 战略管理过程

1. 战略分析

战略分析是整个战略管理过程的起点,其任务是对企业的战略环境进行分析、评价,并预测这些环境未来变化的趋势,以及这些趋势可能对企业造成的影响及影响方向。战略分析的主要工作包括以下几点。

(1) 明确企业的愿景、使命和目标。使命感和责任感是个人和组织建功立业的强大动力。明确企业的愿景、使命和目标等指导企业行动的纲领,是企业战略分析的起点。

(2) 企业外部环境分析,即外部因素分析。企业外部环境分析一般包括宏观环境、行业环境和经营环境分析。企业外部环境分析具体涉及以下因素:法律因素、经济因素、技术因素、社会因素,以及企业所处行业环境、市场竞争环境。外部环境分析的目的是适时地寻找和发现影响企业发展的机会和威胁,做到"知彼",以便企业在制定和选择战略时能够利用外部条件所提供的机会而避开对企业的威胁因素。

(3) 企业内部环境或条件分析,即内部因素分析。企业内部环境是企业本身所具备的条件,也就是企业所具备的素质,它包括生产经营活动的各个方面,如生产、技术、市场营销、财务、研究与开发、员工情况、管理能力等。企业内部因素分析的主要内容包括内部资源分析和企业能力分析。重点分析企业的资源和能力的目的是发现企业所具备的优势或弱点,以便在制定和实施战略时能扬长避短、发挥优势,有效地利用企业自身的各种资源。

战略分析的主要内容如图2.2所示。

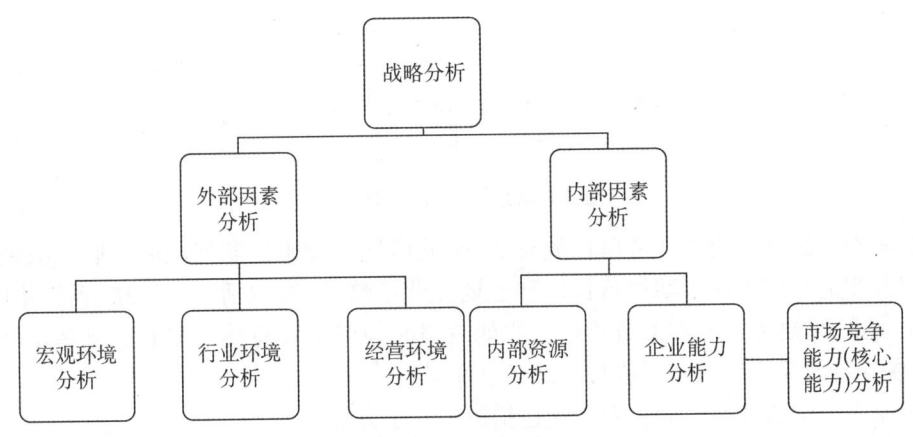

图2.2 战略分析的主要内容

2. 战略选择

战略选择阶段的任务是决定达到战略目标的途径,是为实现战略目标确定适当的战略方案,其主要解决两个基本的战略问题:一是企业的经营范围或战略经营领域,即规定企业从事生产经营活动的行业,明确企业的性质和所从事的事业,确定企业以什么样的产品或服务来满足哪一类顾客的需求;二是企业在某一特定经营领域的竞争优势,即要确定企业提供的产品或服务,以及要在什么基础上取得超过竞争对手的优势,这涉及企业总体战略和业务单位战略的选择。

(1)总体战略。总体战略又称公司战略,是指为实现企业总体目标,对企业未来基本发展方向作出的长期性、总体性的谋划。总体战略的主要任务是确定企业的业务组合,并决定企业活动所涉及的业务范围和种类,合理安排各类业务活动在企业总量中的比重和作用,明确各类业务之间的相互关系,以及这些业务在战略时期内的发展方向,决定企业的长期经营目标,提出协调各项业务和各种职能的经营对策,提出企业应建立何种竞争优势,以及如何发挥这些优势。公司战略包括成长型战略、稳定型战略和收缩型战略。成长型战略是以扩张经营范围或规模为导向的战略,包括一体化战略、多元化战略和密集型成长战略;稳定型战略是以巩固经营范围或规模为导向的战略,包括暂停战略、无变战略和维持利润战略;收缩型战略是以缩小经营范围或规模为导向的战略,包括扭转战略、剥离战略和清算战略。

(2)业务单位战略。业务单位战略也称竞争战略,是指在给定的一个业务或行业内,企业用于区分自己与竞争对手业务的方式,或者说是企业在特定市场环境中如何营造、获得竞争优势的途径或方法,主要包括成本领先战略、产品差异化战略和集中化战略。

战略选择的具体内容如图2.3所示。

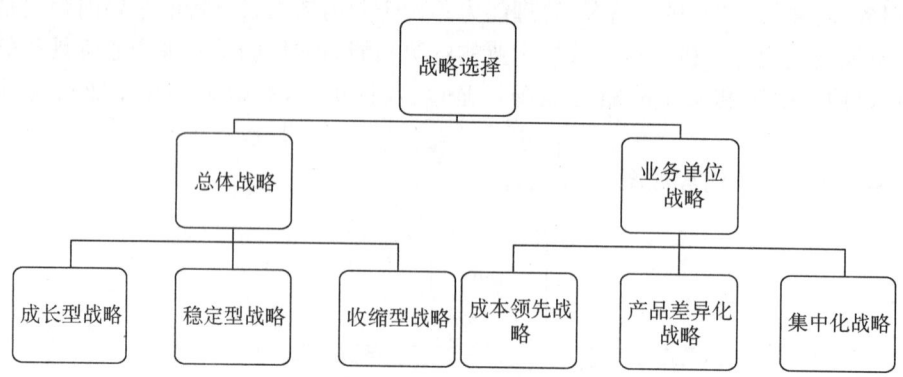

图 2.3　战略选择的具体内容

在明确了总体战略和业务单位战略后,企业应进一步确定职能战略。职能战略主要是确定各职能领域中的近期经营目标和近期经营策略,一般包括生产策略、营销策略、研究与开发策略、财务策略和人事策略。职能战略必须以企业总体战略和业务单位战略为依据,在各自的职能领域内形成特定的竞争优势。

企业在战略选择阶段的主要工作包括以下几个方面。

(1) 产生战略方案。根据企业外部环境、企业内部条件、企业使命、企业愿景和目标,拟订可供选择的几种战略方案。

(2) 评价战略方案。评价战略方案的标准主要包括该战略是否适宜企业环境、是否符合利益相关者的预期,以及从企业的资源和能力来看是否实际可行。

(3) 选出可执行的满意战略。

3. 战略实施与控制

战略实施是指将战略转化为实践,其主要内容是组织调整、调动资源和管理变革,具体内容如图 2.4 所示。

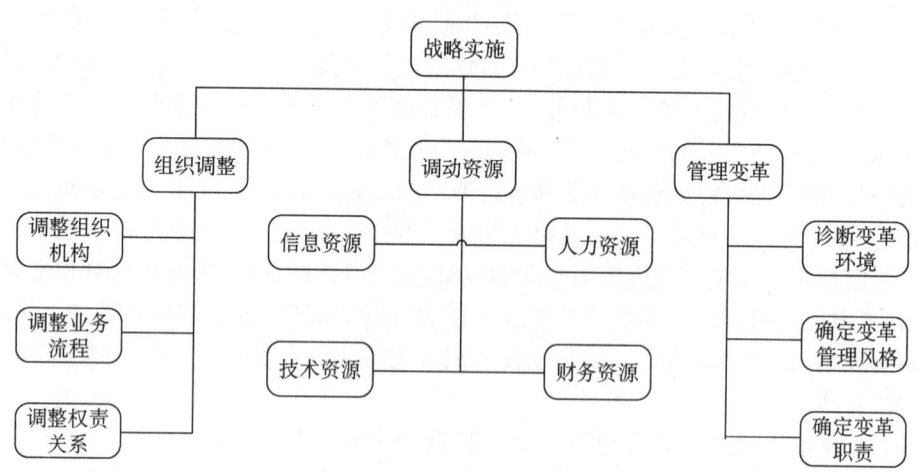

图 2.4　战略实施的具体内容

(1) 组织调整。企业组织应适应战略的要求,为了实施新战略,需设计与战略方向一致的组织结构,为战略实施提供组织保障。组织调整主要包括调整组织结构、业务流程、权责关系及它们之间的相互关系。

(2) 调动资源。调动资源是指调动企业不同领域的资源来适应新战略,主要包括调动人力、财务、技术和信息资源。

(3) 管理变革。企业调整战略时,需要改变企业日常惯例,转变文化观念,克服政治阻力,其内容主要包括:①诊断变革环境,包括确定战略变革的性质(渐进与突变)、变革的范围(转型与调整)、变革需要的时间、变革程度的大小、员工对变革的思想准备程度、资源满足程度、企业文化与战略的冲突、变革的推动力量和阻碍力量等;②确定变革管理风格,包括教导、合作、干预、指令等备选类别;③确定变革职责,包括战略领导和中层管理人员应当发挥的作用。

战略控制是战略管理过程中一个不可忽视的重要环节,它伴随着战略实施的整个过程,主要是指在企业经营战略的实施过程中,检查企业为达到目标所进行的各项活动的进展情况,评价企业实施战略后的企业绩效,并把该绩效与既定的战略目标与绩效标准相比较,发现偏差,分析产生偏差的原因,纠正偏差,使企业战略的实施更好地与企业当前所处的内外环境、企业目标协调一致,使企业战略得以实现。

在整个战略管理过程中,企业还要根据内外部环境的变化进行战略评价和调整。战略评价是指企业通过检测战略实施进程,评价战略执行效果,审视战略的科学性和有效性,不断修正战略举措,以期达到预期目标。企业一般应从以下方面进行战略评价:战略是否适应企业的内外部环境、是否有效进行资源配置、战略涉及的风险程度是否可以接受、战略实施的时间和进度是否恰当等。战略调整是指根据企业情况的发展变化和战略评价结果,即参照营运事实、变化的营运环境、新思维、新机会和战略执行等情况,对所制定的战略及时进行调整,以保证战略对企业管理活动的有效指导。战略调整一般包括调整企业的愿景、长期发展方向、战略目标及其战略举措等。

第二节 战略管理会计的基本理论

一、传统管理会计无法适应企业战略管理的要求

战略管理对传统管理会计提出了挑战,迫切要求传统管理会计更新观念,克服其"轻战略、重战术"的不足,重视企业全局性、长期性的战略。具体而言,传统管理会计存在以下三个方面的不足。

第一,注重内部环境而忽略外部环境变化的影响。传统管理会计在大批量、标准化生产的环境下,侧重降低企业内部的经营成本以获取更大的市场份额,因此,其目光更多地局限于企业内部,倾向于使用账簿中已有的财务数据来看问题。传统管理会计仅是财务会计的"副产品"。随着全球经济一体化趋势的形成和市场的进一步开发,企业应站在战略高度,从全球范围来看待企业的目标和行为,关注跟企业息息相关的环境因素的变化,并考虑这些变化对企业的影响。

第二,注重短期利益、忽略企业长远健康发展。传统管理会计以"利润最大化"为最终目标,忽视了企业的长远发展,忽视了市场经济条件下的一个重要因素——风险,容易造

成企业行为的短期化,如为了一时的利益降低质量标准、放弃研发投入、不重视核心能力的培育、忽视利益相关者权益等,但这些最终将损害企业声誉和品牌形象及至长远利益。从战略角度来说,管理会计的最终目标跟企业目标一样,也应是企业价值最大化,以获得一种持久竞争优势。相应地,对企业进行绩效评价应采用战略业绩评价方式。

第三,提供的信息不全面,不利于战略决策。传统管理会计局限于对企业内部财务信息的收集与分析,过度注重企业的短期决策,忽略了对外部环境的审视和其他相关信息的组合,尤其是对战略决策信息的提供。战略管理要求提供超越企业自身的、更为广泛的、更有用的与战略管理相关的信息,不仅包括内部信息和财务信息,更重要的是诸如市场需求量、市场占有率等外部信息和非财务信息。

二、战略管理会计的内涵和特点

1. 战略管理会计的内涵

为了弥补传统管理会计的缺陷,战略管理会计应运而生,它是企业战略管理与管理会计相结合的产物。尽管这一概念早在1981年就由英国学者西蒙斯在其论文《战略管理会计》[1]中最先提出。但战略管理会计至今仍处于探索阶段,人们对其内涵的理解还存在分歧,战略管理会计究竟是"为战略管理服务的会计"或是"战略视角的管理会计",还是二者兼而有之,学者们对其理解也不一致。我们可以从狭义和广义两个视角进行界定,狭义的战略管理会计可以理解为"为战略管理服务的会计",主要是为战略管理提供相关信息,并参与战略管理活动;广义的战略管理会计是"战略视角的管理会计",主要是从战略视角来分析企业的管理会计活动,注重管理会计活动的全局性以及长期性影响。

早期的战略管理会计被界定为"为战略管理服务的会计"。西蒙斯(1981)认为,战略管理会计是对关于企业及其竞争者管理会计数据的准备和分析,用来建立和控制企业战略。他将概念重点放在战略管理方面,重视企业在市场中的竞争地位,不再从企业内部效率的角度看待利润增长,是与当时历史背景相符的。布朗维奇等(1994)[2]关注最终商品市场,将战略管理会计定义为收集并分析企业产品在市场和竞争对手方面的成本以及成本结构的信息,并在一定时期内监察企业和竞争对手的战略。Shank 和 Covindajan (1992)[3]认为战略管理会计是成本信息在战略管理的战略表述、战略传达、战略实施和战略控制等4个阶段中所起的作用,并给出了"战略成本管理"的框架。

英国特许管理会计师公会(The Chartered Institute of Management Accountants, CIMA)认为,战略管理会计应内外兼顾,在战略管理会计理念下,企业在重视非财务信息和内部信息的同时,也同等重视涉及企业外部因素的信息。

余绪缨(2005)认为,战略管理会计可从战略的高度,提供与顾客和竞争对手具有战略

---

[1] Simmonds K. Strategic management accounting[J]. Management Accounting, 1981, 59(4): 26-30.

[2] Bromwich M, Bhimani, A. The strategic dimension in management accounting: pathways to progress[R]. The Chartered Institute of Management Accountant, 1994.

[3] Shank J K, Covindajan V. Strategic cost analysis of technological investments[J]. Sloan Management Review, 1992, 34(1): 39.

相关性的外向型信息,并对本企业的内部信息进行战略审视,帮助企业决策层知己知彼地进行战略的制定和实施,并不断创造竞争优势,以促进企业长足、健康发展。

王化成等(2017)将战略管理会计定义为以企业价值最大化为最终目标,运用灵活多样的方法,搜集、加工、整理与企业战略管理相关的各种信息,并据此来协助企业管理当局确立战略目标、进行战略规划、评价战略管理业绩的一个管理会计分支。

夏宽云(2007)认为,战略管理会计就是一种明确强调战略问题的管理会计方法,它把管理会计建立在一个更广泛的背景上,将财务信息用于战略以取得持续的竞争优势。其主要职能为:一方面为企业的战略管理决策提供有用的信息,另一方面以战略眼光来评价企业的内部信息。

温素彬(2016)认为,战略管理会计是适应企业战略管理需要的管理会计信息系统和重要的决策工具,是管理会计向战略管理领域的延伸和渗透,是会计人员利用专门方法,为企业提供自身和外部市场以及竞争者的信息,通过战略分析、比较和选择,帮助企业管理当局制定、实施战略以取得竞争优势的手段。

从以上界定可以看出,尽管战略管理会计突破了传统管理会计的局限,但它的落脚点仍然是会计信息,它改变的是管理会计的观念、内容和方法,并没有改变其性质和职能。它是对传统管理会计的发展和完善,以获得整体竞争优势为主要目标,以战略观念审视企业外部和内部信息,强调财务和非财务信息、数量和非数量信息并重,为企业战略的制定、执行和考评服务,揭示企业在整个行业中的地位及其发展前景,建立预警分析系统,提供全面、相关和多元化信息。战略管理会计较好地克服了传统管理会计的不足,使会计活动紧紧适应企业经营管理的实际和市场环境的变化,能够提供企业外部市场和竞争对手的信息,协助企业制定、实施战略,以取得竞争优势。

2. 战略管理会计的特点

尽管对战略管理会计内涵的理解还存在争议,但战略管理会计作为一门新兴学科,有其自身特点,具体如下。

(1) 外向性。战略管理会计将视角更多地投向影响企业的外部环境,重视对市场和竞争对手的分析,不局限于本企业这一个环节,强调企业发展与环境变化的协调一致,关注价值链变化,围绕本企业、顾客和竞争对手形成的"战略三角",收集、整理、比较、分析竞争对手的战略相关性信息,向管理者提供关于本企业与对手间竞争实力的信息,以保持和加强企业在市场上的相对竞争优势。

(2) 长期性。战略管理的宗旨是取得长期持久的竞争优势,以便企业长期生存和发展。战略管理会计以战略视角和企业长期发展的战略目标为基础,从长远利益来分析、评价企业的投资经营行为,并随企业发展战略的改变而改变,其目标具有长期性。

(3) 整体性。战略管理会计既重视主要生产经营活动,又重视辅助活动;既重视生产制造,又重视其他价值链活动;既重视现有的经营范围内的活动,又重视各种可能的活动。因此,战略管理会计应高瞻远瞩地把握各种潜在的机会,回避可能的风险,以便从战略的角度最大限度地增加企业的盈利能力和价值创造能力。

(4) 战略管理会计提供了更多的非财务信息。战略管理会计将信息的范围扩展到各种与企业战略决策相关的信息,既包括传统的财务信息,又包括大量的非财务信息,如质量、需求量、市场占有份额等。信息来源除了企业内部财务部门,还包括如供应商、客户、市场、政府等部门多样的信息来源。战略管理会计在提供信息的内容和处理信息的方法上均有拓展，能够帮助企业管理层掌握更广泛、更深层次的信息，全面研究分析企业的相对竞争优势，作出正确的决策。

（5）战略管理会计运用了新的业绩评价方法。与传统管理会计只重"结果"而不重"过程"的业绩评价指标相比，战略管理会计的业绩评价指标被称为整体业绩评价指标，贯穿战略管理过程的每一步，强调业绩评价必须满足管理者的信息需求，以利于企业寻找战略优势。

（6）战略管理会计运用的方法更灵活多样。战略管理会计不仅基于竞争对手进行相对成本动态分析、顾客盈利性动态分析和产品盈利性动态分析，而且采取了一些新的方法，如产品生命周期法、经验曲线、产品组合矩阵及价值链分析法等。

三、战略管理会计的目标和对象

1. 战略管理会计的目标

为了科学地建立起战略管理会计的理论体系，并使之有效地指导实践，人们面临的首要问题是如何确认战略管理会计的目标。当然，战略管理会计的最终目标与企业的最终目标应该是一致的，因此，可以把战略管理会计的最终目标确定为企业价值最大化。但作为会计体系的一个分支，战略管理会计的目标应更具体、更细化，战略管理会计的目标也可分为直接目标和具体目标。

战略管理会计的直接目标是为企业战略管理提供各种信息。从理论上讲，战略管理会计所提供的信息，也应符合会计信息所应具备的各种质量特征，但基于战略管理特性，战略管理会计应更加强调以下三个方面的质量要求：一是相关性，是指战略管理会计所提供的信息必须与企业战略管理决策密切相关；二是可靠性，是指战略管理会计所提供的信息必须准确地反映与之相关的业务活动情况；三是重要性，是指战略管理会计所提供的信息都是对企业前途和长远利益有重大影响的信息。

战略管理会计的具体目标是结合战略管理全过程，为每个阶段提供相应的会计信息。具体而言，可以概述为以下四方面：协助企业管理当局确定战略目标；协助企业管理当局编制战略规划；协助企业管理当局实施战略规划；进行战略性业绩评价。

2. 战略管理会计的对象

对于传统管理会计的对象，学术界尚未达成共识，主要有两种观点：一种观点认为管理会计的对象是"资金流动"；另一种观点认为管理会计的对象是企业生产经营活动中的资金运动，即价值运动，其主要表现形式是价值差量。无论是资金流动还是价值差量，都是企业内部的价值信息，但战略管理会计的对象与之有很大差异。第一，战略管理会计的对象不再局限于企业内部，除了要研究企业内部条件，还得研究外部环境，如宏观环境、行业环境和经营环境等；第二，战略管理会计的信息不再局限于价值信息，甚至不再局限于经济信息，还包含一些非价值方面的信息如人力资本的信息等。因此，可以把战略管理会计的对象界定为对企业战略决策和战略实施有重要影响的各种信息。

第三节 战略管理会计的主要内容

战略管理会计的具体内容是随着战略管理实践的发展而动态发展的。在战略管理会计发展的早期,它的内容与战略管理的内容有高度一致性,主要包括企业经营环境(企业外部环境和内部环境)的分析、竞争战略的选择和实施、企业战略绩效的评价等内容。本书讲述的战略管理会计的主要内容包括战略性经营投资决策、战略成本管理和战略性绩效评价。

一、战略性经营投资决策

传统管理会计在经营投资方面存在着短期化和简单化的错误倾向,战略管理会计从战略高度提供有关企业全局性和长远性的决策所需的信息,自然应该克服传统管理会计的不利方面,寻求企业运行的真实轨迹,提供与长期决策相关的有用信息。在进行经营决策和投资决策的分析时,具体表现在以下两个方面。

1. 在经营决策方面更多地采用长期本量利模式

短期本量利模式是建立在成本性态分类基础上的,不仅固定成本与变动成本的划分有限定条件,而且该模式还假定产销平衡、产销量变动不会影响价格,在这样严格的条件下建立的线性模式只能在很短的时期内适用。从较长时期来看,这些因素很难保持固定不变。而战略管理会计则采用长期本量利模式,长期本量利模式是以企业的收入、成本与销售量之间呈非线性关系,固定成本改变和产销量不平衡等为客观基础,利用高等数学建立本量利的关系图及其表达式,来确定保本点以及各指标与利润之间的敏感度。与传统管理会计相比,战略管理会计的长期本量利模式能为企业战略管理提供更相关、更可靠的信息,更符合企业战略管理的需要。

2. 在长期投资决策方面突破了传统的长期投资决策的局限

传统的长期投资决策模式建立在两个假定的基础之上:其一是资本性投资集中在建设期内,项目经营期不再追加投资;其二是流动资金在期初一次垫付,期末一次收回。事实上,资本性支出和流动资金在项目期间各年份会随着产品销售量的变化而不断变化,战略管理会计突破了这两个假定,把资本性投资与流动资金在项目经营期间随着产销量的变化而变动的部分考虑进去,这种情况下现金流量的计算公式如下:

$$\begin{aligned}第 n 年的现金流量 =\ & 第 n 年的销售收入 \times 第 n 年的销售利润率 \times (1-第 n 年的所得税税率) + \\& 第 n 年的折旧额 - 第 n 年销售收入增长额 \times (第 n 年固定资产投资率 + \\& 第 n 年流动资产投资率)\end{aligned} \quad (2-1)$$

式(2-1)中的现金流量为自由现金流量,是指支付所有费用、税金和追加投资后,尚未向利益关系人(债权人和所有者)支付现金前的剩余现金流量。将自然现金流量折现,可得出企业长期投资的预期净现值。长期投资决策模式采用自然现金流量作为基础,既符合企业经营实际,又可充分体现持续经营的思想,使管理者更科学地作出企业投资决策。

二、战略成本管理

战略成本管理(strategic cost management，SCM)是战略思想在成本管理中的具体应用。按照美国会计学界的库珀教授和斯拉莫德教授对战略成本管理的界定，战略成本管理是指企业运用一系列成本管理方法来同时达到降低成本和加强战略位置目的的过程。战略成本管理是传统成本管理的飞跃和发展，是企业战略管理系统的重要子系统之一。

与传统成本管理方法相比，战略成本管理实行企业全员管理、全过程管理、全环节管理和全方位管理，它克服了传统成本管理把成本局限在微观层面上的不足，其把重心转向企业整体战略这一更为广阔的研究领域。

在管理目的方面，SCM 的目的不仅仅是降低成本，更重要的是建立和保持企业长期的竞争优势，寻求提高竞争优势的成本降低途径。传统成本管理是就成本论成本，未能与企业发展战略相结合，不利于企业竞争力的形成，甚至会损害企业现有的竞争力。战略成本管理是要将成本管理与战略管理相融合，从战略高度进行成本总体规划，该加则加，该减则减，某些环节"增肥"，某些环节"减肥"，以此提高企业核心竞争力。例如，采用成本领先战略的企业，其企业战略重心是成本，企业战略与成本管理目标二者趋于一致；采用差异化战略的企业，如何实现差异化是核心，战略成本管理要有助于差异化战略的实施，成本管理不应妨碍战略的执行。

在管理范围方面，战略成本管理将管理触角伸向企业外部，扩充了成本管理在时间和空间上的范围。在时间上，将传统的只注重产品生产阶段的成本管理扩展到对整个产品生命周期的成本管理。战略成本管理不仅注重对筹资与投资、研发与设计、采购与物流、生产与销售及售后服务这一整体环节的成本管理，而且还将进一步拓展，强调社会总成本达到最低，将消费者成本也纳入考虑范围。在空间上，战略成本管理将企业内部成本管理向前延伸至供应商，向后延伸至销售商或者消费者。

在管理重点方面，与传统成本管理重在成本节约不同，战略成本管理立足于预防，从源头上控制和减少成本的发生；传统成本管理注重"料工费""期间成本"等有形、显性的低位成本，局限于节约"一度电""一张纸""一滴水"等简单狭隘的成本管理观念，这种做法是对的，但毕竟是"小打小闹"。战略成本管理则注重"无形成本""隐性成本"等高位成本(包括机会成本、边际成本、时间成本、制度成本、文化成本等)，以实现成本大幅节约为目标，从商业模式变革角度进行成本管理，从根本上颠覆成本发生的基础条件，如技术、制度、文化及外部协作关系等，采取的是改革而非改良手段，以达到成本降低的目的。变革主要有两条途径：一是从传统模式向电子商务模式变革，二是商业模式构成要素变革。

在管理方法方面，战略成本管理的方法相当广泛，虽然目前理论界尚无定论，但其包括企业价值链分析、目标成本法、产品生命周期成本法、成本动因分析、标杆管理等方法。这与传统的成本管理方法大不相同。

战略成本管理与传统成本管理的区别如表 2.1 所示。

表 2.1
战略成本管理与传统成本管理的区别

项目	传统成本管理	战略成本管理
目标不同	以降低成本为目标	以企业战略为目标
范围不同	较狭窄(考虑近期成本效益原则)	较长远(考虑长期的战略效益)
时间不同	短期(每月、每季、每年)	长期(产品生命周期)
效果不同	暂时性、直接性	长期性、间接性
对象不同	表层、直接成本动因	深层次、内在动因
概念不同	其成本仅指产品的短期成本	质量成本、责任成本、作业成本等
重点不同	重视成本结果信息和事后信息	重视成本过程信息和实时信息
观念不同	注重内部成本管理,难以超越会计主体范围	注重外部环境,可超越会计主体范围

资料来源:温素彬.管理会计[M].2版.北京:机械工业出版社,2016:340.

三、战略性绩效评价

战略性绩效评价是战略管理会计的重要组成部分。从战略管理的角度来看,绩效评价是连接战略目标和日常经营活动的桥梁。良好的绩效评价体系可以将企业战略目标具体化,并且有效地引导管理者的行为。

传统管理会计一般以投资报酬率来评价企业的业绩,它虽然简单易行,但缺陷明显。第一,投资报酬率以一定期间的会计收益为基础,作为考核指标极易导致决策者的短期行为;第二,投资报酬率只是对结果的考评,难以实现对过程的控制。实际上企业利润是否稳定在很大程度取决于企业的相对竞争地位。而战略管理会计则将战略思想贯穿于企业的绩效评价之中,通过对竞争对手的分析,运用财务和非财务指标,进行战略性绩效评价,以保持企业的长期竞争优势。

战略性绩效评价是指结合企业的战略,采取财务性与非财务性指标相结合的方法来动态衡量企业战略目标的完成程度,并及时提供反馈信息的过程。战略性绩效评价将评价指标与企业所实施的战略相结合,根据不同的战略采取不同的评价指标。

战略性绩效指标应当具备以下特征:①全面体现企业的长远目标;②集中反映与战略决策密切相关的内外部因素;③重视企业内部跨部门的合作;④综合运用不同层次的绩效指标;⑤注重绩效的可控性;⑥将战略性绩效指标贯穿于计划过程和评价过程。战略管理会计引入和强化非财务指标评价,可以有效弥补传统会计评价指标只关心产品成本而忽略顾客满意度的不足,有利于实现企业长远利益的最大化,更适用于现代的经营环境。非财务指标也可以有效地衡量管理者在打造员工工作环境、企业形象和顾客关系等方面的努力,以对企业长期健康发展起到促进作用。另外,非财务指标在时间和空间两个方面延伸了传统业绩评价的范围,因此,更完整、更准确。

平衡计分卡和标杆管理是用于战略性绩效评价的有效方法。平衡计分卡是由美国哈佛大学的罗伯特·S.卡普兰教授和戴维·P.诺顿教授首先提出来的,其特点是强调非财务指标在业绩评价中的重要性,从财务、客户、内部运营和学习与成长四个方面来进行绩效评价,具有战略性绩效评价的特征。标杆管理则是从企业外部寻求绩优企业作为标准,并以此为准评价本企业的产品、服务或工艺,以便发现差距,持续系统地加以改进。

第四节 价值链分析

一、企业价值链分析

价值链分析是企业战略管理创造和提高竞争优势的基本途径。每一种产品从最初的原材料投入至最终到达消费者手中,要经过无数个相互联系的作业环节,这就是作业链。这种作业链既是一种产品的生产过程,又是一种价值形成和增值的过程,最终会形成竞争战略上的价值链。价值链分析的基础是价值,价值是买方愿意为企业给他们提供的产品所支付的价格,也代表着顾客需求的实现。价值活动是企业所从事的物质上和技术上的界限分明的各项活动。迈克尔·波特将价值活动分为两类:基本活动和辅助活动。基本活动是涉及产品的生产、销售、交付和售后服务的各种活动;辅助活动是辅助基本活动的,它通过提供外购投入、技术、人力资源以及各种公司范围的职能以支持基本活动。各种价值活动共同构成了企业价值链。

价值链分析的任务是识别企业的价值链,明确企业各价值活动之间的关系,以提高企业价值创造的效率,为企业取得竞争优势提供支持。企业通过优化价值链尽可能提高"顾客价值",这是提高企业竞争优势的关键。价值链是作业链的价值表现,因此,价值链的优化应从作业链的优化着手。从作业链与顾客价值的关系看,在企业生产经营中,并不是所有作业的实施都能最终导致顾客价值的增加。据此,本书将作业区分为增值作业和非增值作业。增值作业包括产品的设计、加工制造、包装及营销方面的作业等。非增值作业包括与各种形式的存货有关的作业(存货的存储、维护、分类、整理等)和原材料、在产品、半成品、产成品等因质量不符合要求需进行加工、改造等而形成的追加作业等。它们之所以被视为非增值作业,是因为它们的存在并不会对顾客需求产生任何积极影响。

优化价值链要尽可能消除所有非增值作业,企业要以高新技术(包括电脑辅助设计、电脑辅助工程、电脑辅助制造、弹性制造技术、电子数控技术和机器人等)为基础,运用相应的先进管理形式,如实施适时生产系统,在企业生产经营各环节力求实现"零库存"。实施全面质量管理,在原材料的供应、产品的生产各环节力求实现"零缺陷"。同时,要尽可能提高增值作业运作效率,并减少其资源的占用和消耗,坚持以顾客为中心,按照顾客的特定要求,进行快速反应,按时、按质、按量满足顾客需要,提高顾客满意度,从产品的设计、制造、营销和售后服务等各方面,有效地协同运作,经济、合理地满足顾客多元化的需求。

传统管理会计的分析范围通常从采购开始,到销售结束。从战略的角度看,管理会计的分析"开始得太晚"又"结束得太早",因此,必须延伸其分析的链条,从前后联系的角度分析企业内部价值链及与之相连的前向和后向价值链,即进行社会价值链分析。价值链分析的目的就是找出创造价值的一系列活动之间的关系,进而进行流程优化,从而提高产品的差异和竞争力。它不仅关注企业内部活动各环节之间的关系,还关注企业和上游企业、企业和下游企业等之间的关系,致力于从中找出使企业利润最大化的方法。

与供应商或顾客协作,是指通过改进企业与供应商或顾客之间的作业协调,使彼此的价值链进一步优化,从而使彼此的盈利能力进一步提高。例如,糖果点心厂要从巧克力工业公司购进巧克力作为原料,巧克力工业公司通常是将巧克力加工成块状并包装后出售,如果糖果点心厂与巧克力工业公司达成协议,约定由巧克力工业公司将不成型的巧克力用罐装车运送到糖果点心厂的生产场地,直接投入生产,这样,巧克力工业公司可以消除巧克力的塑型、包装业务,糖果点心厂可以消除巧克力的融化等作业,双方均节约了成本,并增强了他们在市场上的相对竞争优势。上述糖果点心厂与巧克力工业公司的关系,从糖果点心厂看,是生产者与供应商的关系;从巧克力工业公司看,又表现为生产者与顾客的关系。因此,上述生产者与供应商协作关系的分析原理,对生产者和顾客协作关系的分析同样适用。

二、行业价值链分析

通过企业价值链分析,企业可以确定单元价值链上的成本与效益,并根据企业的战略目标进行价值作业之间的权衡、取舍,调整各价值链之间的关系。如果企业价值链上的所有活动的累计总成本小于竞争对手,该企业就具有了战略成本优势。实施战略成本管理时,企业应置身于行业价值链中,从战略高度探讨整个行业中企业的竞争地位和相应的组合问题,并考虑是否可以利用上、下游价值链进一步降低成本或调整企业在行业价值链中的位置及范围,以取得成本优势。

本节以 Shangk 和 Govindarajan(1993)提出的造纸行业的价值链分析为例,探讨行业价值链,如图 2.5 所示。

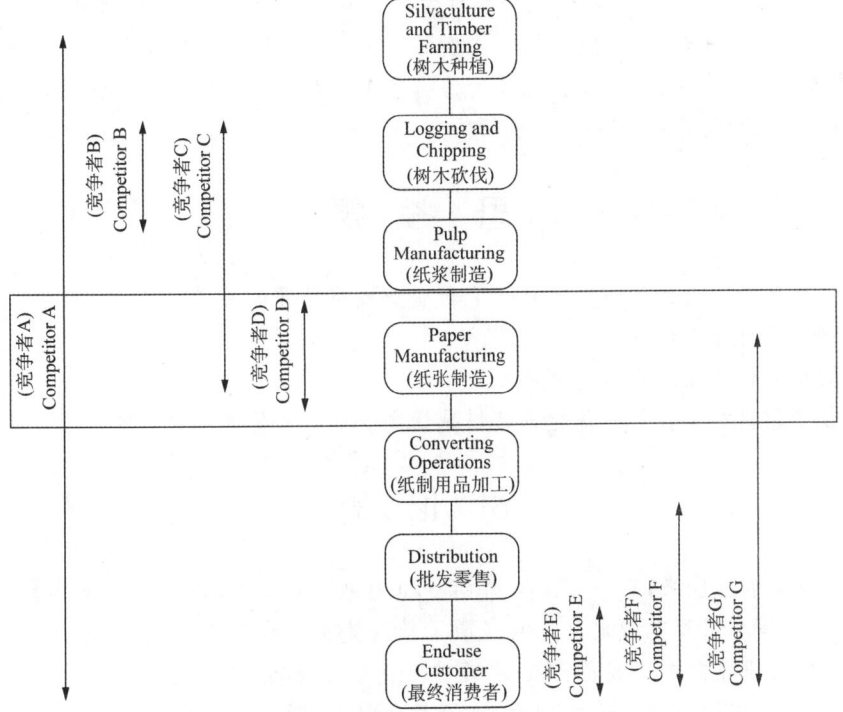

图 2.5 造纸行业价值链系统

从图 2.5 可见,造纸行业由许多经营范围各不相同的企业组成,经营范围相同的企业也数量众多,它们之间相互联系,也相互竞争。其中,A 企业(即指图 2.5 中竞争者 A,下同)经营范围最广,既拥有自己的林场,可进行木材砍伐、纸浆生产,并利用纸浆进行造纸,又进行纸张制品的加工和销售,最终将纸张送达最终用户手中,这类企业是该行业中"大而全"的企业。D 企业是一家高度专业化的造纸企业,只进行造纸。造纸企业是行业中的中心企业,在整个行业中居于中心地位。B 企业是行业中中心企业的上游企业,进行专门化的木材砍伐和纸浆生产。C 企业也经营 B 企业和 D 企业的业务,包括木材砍伐、纸浆生产和造纸业务。F 企业是行业中中心企业的下游企业,进行专业化纸张制品的生产和销售。E 企业是行业中中心企业的下游企业,专门进行纸张销售。G 企业是行业中的中心企业,经过前向一体化延伸到纸张制品的加工和销售。

上述企业以其特定的作业来执行特定的专业任务,并形成各具特色的作业链,作业链的价值表现为价值链。为改善其价值链,企业应改进和完善其作业链。中心企业(造纸)的上游企业和下游企业宜有针对性地采取不同的策略和措施。中心企业及其上游企业宜以"产品"为中心,通过技术、管理、组织等方面的创新,力求在新工艺、新产品的开拓和现有产品的改进上不断取得新突破,不断推出新产品来满足顾客需求。同时,企业还应重视与相关企业(或业务)之间的协作,如 C 企业可以斟酌对比纸浆外购和自营的成本,选择更经济的生产方式。下游企业则宜以"用户"为中心,针对不同用户群的实际需求,分门别类地进行生产和销售,及时提供能切实满足他们需求的产品。

本 章 小 结

管理会计的基本职能是为单位合理制定战略规划提供支撑,本章简要地回顾了战略管理的发展历程和战略管理过程,探讨了新环境下传统管理会计的缺陷,分析了战略管理会计的特点和主要内容,进一步探讨了价值链在企业竞争优势获取中的作用,为明确管理会计在企业战略管理中的作用奠定了基础。

思 考 题

1. 什么是战略管理会计?你怎么认识它与企业战略管理的关系?
2. 战略管理会计有哪些特点?
3. 战略管理会计的基本内容有哪些?
4. 什么是价值链?为什么说优化价值链是提高企业竞争优势的关键?

讨 论 题

自 1994 年创立以来,三一重工不断调整和优化发展战略,逐步从一家小型焊接材料厂快速成长为世界工程机械龙头。它经历了从快速扩张到迅速洗牌、从国内上市到业务国际化,从工程机械向军工装备拓展,并逐步迈向数字化转型之路。

由于赶上了中国经济飞速发展的 30 年黄金时期,国内工程机械行业一路高歌猛进,三一重工从一个小型焊接材料厂快速成长为世界排名前十的工程机械龙头。2012年,国内基础建设发展放缓,再加上房地产投资收缩,市场风险持续爆发,国内工程机械行业的业务遭遇断崖式下跌并持续衰落数年,三一重工遭遇了前所未有的压力,营业收入及净利润从2012年开始逐年大幅度下滑。在认识到周期和风险之后,三一重工积极反思,大力梳理内部流程,建立了较为完善的风险控制体系,形成了一套行之有效的风控方法策略,并顺应国家"一带一路"倡议,推动国际化战略和实施海外收购,积极推进数字化、智能化转型。

三一重工坚定推动国际化战略。一方面,三一重工通过实施工业互联网战略,在国际市场推动O2O电商模式;通过组团出海、国际产能合作和大项目输出,实现其国际化运营模式的升级;重点参与"一带一路"沿线市场,大力拓展发达国家市场。自2010年至今,三一重工国际市场收入稳定增长,国际市场销售收入的70%~80%来自"一带一路"沿线国家。另一方面,三一重工收购了世界混凝土机械龙头企业普茨迈斯特,这一"蛇吞象"式并购使三一重工在品牌和技术方面的实力得到提升。同时,三一重工联合产业基金斥资3.6亿欧元收购德国普迈公司100%股权,通过收购加速国际化进程,占领了更大的国际市场。

三一重工全面推进信息化和数字化,推进由"单一设备制造"向"设备制造+服务"转型。三一重工推广应用机器人、自动化系统、物联网、视觉识别、人工智能(AI)等技术,提升制造工艺水平、生产效率,大幅改善制造成本;依托SCM项目实施及制造执行系统(MES)升级优化,实现制造管理过程数字化;运用智能检测和大数据分析等技术,实现质量检测过程的数字化、在线化。建立和完善数字化服务网络和管理体系,从800绿色通道、4008呼叫中心到企业控制中心,三一重工不断创新服务模式与管理手段,实现行业跨越式发展。三一重工还积极探索数字化营销与服务,大幅提升营销能力和售后服务效率。

资料来源:倪霞.三一重工的崛起繁荣、迷失与回归|亿欧解案例[EB/OL].(2019-11-25)[2022-9-30].https://www.iyiou.com/news/20191125118824.

请讨论:

1. 三一重工为什么要进行战略变革?请结合相关资料进行分析。
2. 以三一重工为例,结合管理会计基本职能,描述管理会计如何为企业战略服务。

参考文献及推荐阅读

1. 财政部.管理会计应用指引第100号——战略管理,2017-09-29.
2. 中国注册会计师协会组织编写.公司战略与风险管理[M].北京:中国财政经济出版社,2021.
3. 李海舰,孙凤娥.战略成本管理的思想突破与实践特征[J].中国工业经济,2013(2):91-103.
4. 温素彬.管理会计[M].2版.北京:机械工业出版社,2016.
5. 李守明.成本与管理会计[M].武汉:武汉大学出版社,2002.
6. 王耕,王志庆,成进等.战略成本管理在国有制造业企业中应用的探索——兼论作业成本法[J].会计研究,2000(9):49-53.

7. 傅元略.价值管理的新方法:基于价值流的战略管理会计[J].会计研究,2004(6):48-52,96.
8. 王化成,刘金钊,孙昌玲,等.基于价值网环境的财务管理:案例解构与研究展望[J].会计研究,2017(7):11-19,96.
9. 沙秀娟,王满,钟芳,等.价值链视角下的管理会计工具重要性研究——基于中国企业的问卷调查与分析[J].会计研究,2017(4):66-72,96.
10. 王满,顾维维.战略管理会计方法体系研究[J].财经问题研究,2011(1):124-129.
11. 余绪缨.管理会计学[M].2版.北京:中国人民大学出版社,2005.
12. 夏宽云.战略管理会计:用数字指导战略[M].厦门:复旦大学出版社,2007.
13. 王化成,杨景岩.试论战略管理会计[J].会计研究,1997(10):47-50.
14. Shangk J K, Govindarajan V. Strategic Cost Management[M]. New York: The Free Press, 1993:52.

第三章 平衡计分卡及战略地图

【学习目标】 本章介绍了战略与平衡计分卡,平衡计分卡的目标、指标和标杆,战略地图,以及运用平衡计分卡进行管理等基本内容。通过本章的学习,学生需要了解平衡计分卡的基本内容,理解平衡计分卡的4个维度以及相关指标的选择,掌握战略地图在将战略转化为4个维度方面的作用,了解平衡计分卡的适用范围和条件。

【知识引导】 客观、量化的考核是当下很多企业管理的重点。企业用事先承诺的标准来考核员工实际完成的绩效,以达到绩效改善的目的。这种标准是具体的、客观的、基本可量化的。但在现实中,我们发现一个有趣的现象:某些企业从个体到部门、从部门到整体的绩效俱佳,但企业却面临着危机,这是由于企业的战略未能得到有效的实施,企业的可持续发展能力受到限制——这就是绩效与战略的脱节。因此,量化考核或者目标考核真正面临的问题在于:企业的绩效考核在多大限度上能支撑企业的战略?企业是否存在个体绩效与部门绩效的脱节、部门绩效与企业整体绩效的脱节,继而产生短期绩效同长期发展战略之间的脱节?让员工了解并利用企业内在的多重相互关系,发挥员工推动组织战略实施的整体优势,需要在部门绩效之间的内在逻辑与组织战略实施之间建立明确的关系,需要使战略的导向贯彻于员工的绩效考核与行为改进方面以取得突破。

第一节 战略与平衡计分卡

一、平衡计分卡的概念及维度

1992年罗伯特·S.卡普兰和戴维·P.诺顿提出了企业战略经营业绩衡量与评价体系——平衡计分卡。平衡计分卡是在保留企业原有财务评价控制系统成功做法的基础上,注入有关无形资产和生产能力的内容而形成的一项新的经营业绩评价系统。它是把企业及其内部各部门的任务和决策转化为多样的、相互联系的目标,并把目标分解成多项指标的多元业绩评价系统。这个系统由财务、客户、内部运营、学习与成长4个维度组成,该系统有助于企业实现战略目标,帮助企业寻找成功的关键因素,建立综合衡量的指标,以促使企业竞争的成功、战略目标的实现。平衡计分卡的4个维度如图3.1所示。

自平衡计分卡创立以来,有报道称,福布斯全球财富1 000强中有超过50%的企业组织开发了平衡计分卡系统,北美有将近70%的企业在经营中运用了平衡计分卡的理念,甚至连政府机构、公共部门和非营利组织也运用平衡计分卡来实施战略。因此,平衡计分卡被《哈佛商业评论》评为"过去75年来最具影响力的战略管理系统"。

平衡计分卡是从财务、客户、内部运营、学习与成长4个维度,将组织的战略落实为可

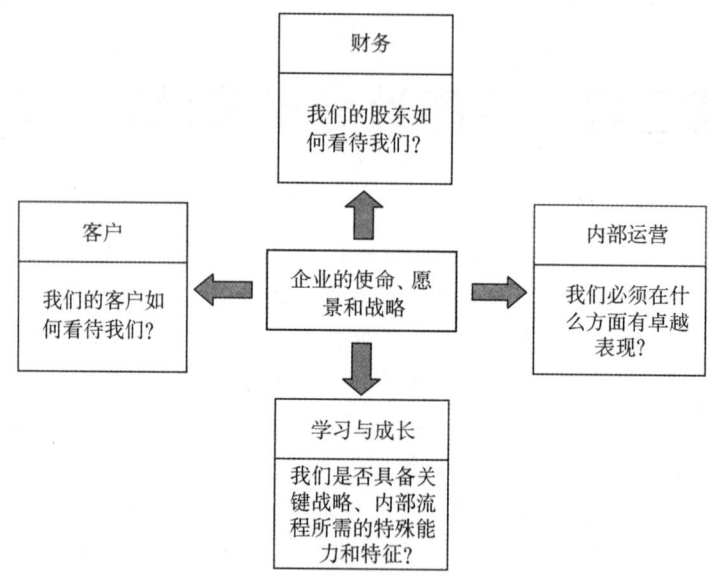

图 3.1　平衡计分卡的 4 个维度

操作的衡量指标和目标值的一种新型绩效管理体系。设计平衡计分卡的目的是建立"实现战略制导"的绩效管理系统,从而保证企业战略得到有效的执行。因此,人们通常称平衡计分卡是提高企业战略执行力最有效的战略管理工具。其核心思想强调"客户至上、追求卓越、以人为本",具体通过运用包括财务和非财务维度之间的相互驱动关系来展现公司的战略轨迹,实现从绩效考核到绩效改进、战略实施到战略修正的整个战略管理过程。

平衡计分卡作为一种新型的绩效管理体系,除了评价传统的财务业绩,还提出了 3 个新的需考核的领域:客户、内部运营以及学习与成长。

(1) 财务维度——公司是否能够为股东创造价值?

(2) 客户维度——购买公司提供的产品和服务的直接客户如何评判公司的业绩表现?

(3) 内部运营维度——公司如何管理内部业务运作以满足客户的期望?这些内部运作包括满足客户需求、保留客户、财务计划等。

(4) 学习与成长维度——公司是否有能力不断创新、改善,从而实现持续增长?

之所以要从以上 4 个维度进行分析,是因为它们彼此之间存在着密切的因果关系,平衡计分卡 4 个维度的因果逻辑关系如图 3.2 所示。良好的学习与成长能力是形成卓越内部业务流程的基础,卓越的内部业务流程是提高客户满意度、增加市场份额的根本动因,只有强大的市场份额才能保证企业长期良好的财务状况,这些维度和绩效指标不仅前后一致、因果相连,而且相互强化。

二、平衡计分卡与战略的关系

企业战略体现了其如何为股东、客户和社会创造价值。如果企业的无形资产价值占总资产价值 75% 以上,那么它的战略制定和执行需要清晰地说明无形资产的运用和协

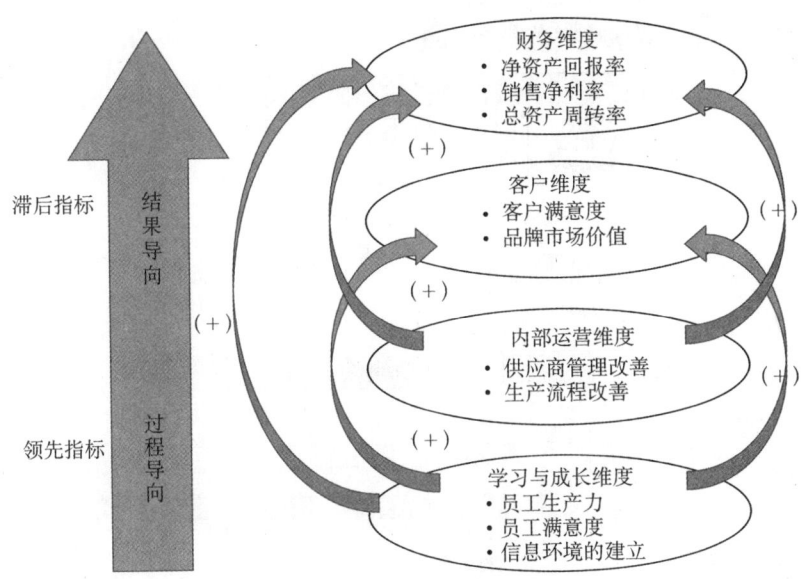

图 3.2　平衡计分卡 4 个维度的因果逻辑关系

调。没有两家企业用同样的方式来描述它们的战略。企业对于战略的描述角度可谓五花八门,如收入和利润增长、产品或服务、目标客户、质量和流程、人力资源或学习角度等。目前,学者们对于战略也没有一个统一的描述方法,因此,描述战略的公认方法还不存在。

由于无法全面地描述战略,管理者之间以及管理者与员工之间无法轻松地进行沟通。由于无法对战略达成共识,管理者也无法使战略协调一致,管理者就无法实施环境改变后的新战略。如果战略不能描述,那么就不能衡量;如果战略不能衡量,那么就不能用于管理。为使企业精心制定的战略得到有效实施,企业必须精准而全面地描述战略。只有这样,管理者和员工才能对企业战略达成一致的认识,管理者和员工才能就战略进行有效沟通和交流,启发企业产生新的战略,以应对内外部环境的变化,进而才能有效地执行战略。

平衡计分卡提供了一个描述价值创造的战略框架,该框架有几个重要的因素,具体如下。

(1) 财务业绩。它是滞后指标,为组织成功提供了最终定义,该因素描述一个企业如何创造持续增长的股东价值。

(2) 目标客户的成功为组织改善后的财务业绩提供了一个主要佐证。除了衡量客户成功的滞后结果指标,如客户满意度、客户保持率、客户增长率,该框架在客户维度还定义了目标细分客户的价值主张。

(3) 内部运营为客户创造并传递价值主张。

(4) 无形资产是持续创造价值的最终源泉。学习与成长目标描述了如何将人力、技术和组织氛围结合起来支持战略。

4 个维度的目标连接为一条因果关系链,可以使无形资产与企业战略方向协调一致,并改善企业流程业绩,进而驱动客户和股东成功。

价值创造的简单模型如图 3.3 所示。

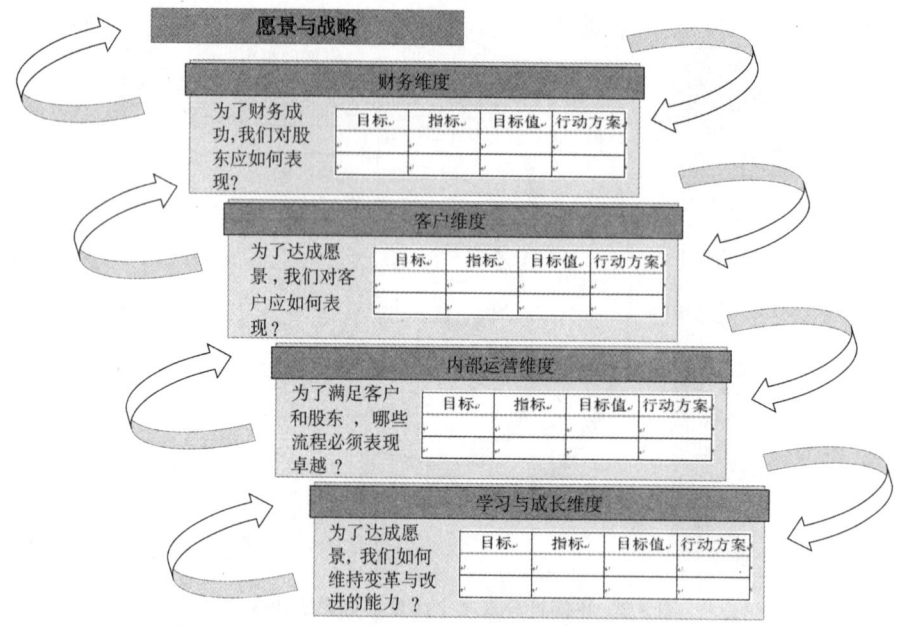

图 3.3　价值创造的简单模型

平衡计分卡之所以受到青睐,是因为它有两大特点。

一是以企业的愿景和战略为核心,化战略为行动。它从愿景和战略出发,选择目标和指标,层层分解,将它们转变为具体的目标和绩效指标,使战略规划和行为措施紧密相连;并将目标转化为企业日常的各项具体工作,使之成为全体员工的具体奋斗目标。

二是突出强调多种平衡关系,即财务指标和非财务指标的平衡、结果性指标与动因性指标之间的平衡、战略管理与经营管理的平衡、企业组织内部与外部之间的平衡、领先指标与滞后指标之间的平衡、定量指标与定性指标之间的平衡。这些平衡关系集中体现了一个独立经营的经济实体在运作过程中所涉及的人力、物力和财务三大要素之间的相互作用及其相互关系,充分揭示了企业的资金流、物资流和人力资源流之间在一定的环境条件下实现最有效配置的客观规律。

三、平衡计分卡的平衡作用

1. 财务与非财务的平衡

平衡计分卡致力于克服单一财务指标的弊端,它要求从财务和非财务的角度去思考企业战略目标及考核指标。因财务指标只是一种滞后的结果性指标,它只能反映企业过去发生的情况,不能反映企业如何改善业绩。财务与非财务的平衡强调企业不仅要关注财务绩效,还要关注对财务绩效产生直接影响的驱动因素。

2. 短期与长期的平衡

平衡计分卡既要关注短期的经营目标和绩效指标,又要关注长期的战略目标与绩效指标。也就是说,平衡计分卡既关注企业的长期发展,又关注企业的近期目标,使企业的战略规划和年度计划得到有效的结合,使企业的年度计划和企业的长远发展方向保持一致。

3. 内部与外部的平衡

平衡计分卡将评价的视线范围由传统的企业内部，扩大到企业外部。关注企业内外部的相关利益方，能有效地实现外部（如客户和股东）与内部（如流程和员工）衡量之间的平衡。

4. 领先与滞后的平衡

平衡计分卡强调领先与滞后的平衡，主要涉及两个方面。它一方面强调企业不仅要关注事后的结果，还要关注影响结果的因素和过程。另一方面强调企业既要关注能反映企业过去绩效的滞后指标，又要关注能反映、预测企业未来绩效的领先指标。

第二节 平衡计分卡的目标、指标和标杆

一、平衡计分卡的目标

企业构建平衡计分卡，先要描述自己打算实现哪些战略目标。在选定了四个维度的目标之后，企业就可以为每个维度的目标选择指标，这些指标代表了对战略目标的表现进行评估的定量标准。平衡计分卡的4个维度通常要达到的目标如下。

（1）通过向现有顾客扩大销售来增加收入（财务维度）。

（2）为目标顾客提供全面的解决方案（客户维度）。

（3）通过持续的流程改进在订单完成方面取得优异的业绩（内部营运维度）。

（4）将员工激励和报酬与公司战略挂钩（学习与成长维度）。

无论企业的战略目标写得有多好，员工们在日常工作中仍会按照自己的方式来理解和阐释。此外，如果目标无法被转化为具体的指标，那么员工就不会知道当前目标的完成进度，也搞不清楚在实现目标方面有无进展。

二、平衡计分卡的指标

为实现战略目标，企业需要量化和评估财务、客户、内部运营、学习与成长4个维度相关的指标。指标用更为准确的术语描述如何确定组织在实现目标方面所取得的成功。指标降低了语言陈述固有的模糊性，向员工提供了明确的标尺，用以评价他们的改进、努力。因此，指标是一个有力的工具，能够清楚无误地传递公司在战略目标、使命和愿景的语言陈述中要表达的意思。

1. 财务指标

无论组织如何专注于某项创新，如全面质量管理、知识管理、改善客户关系，如果不能将这些创新活动与财务指标的改善结合起来，这些创新本身将成为单纯的目标，无法带来具体的成效。因此，所有的因果关系链最终都应使用财务指标来度量其结果。财务指标与企业的营利性相关，如净资产收益率、经济附加值。同时，在不同的经营战略阶段，企业财务绩效评价的侧重点不同，如处于成长阶段的企业，其财务目标更侧重于销售收入增长率以及目标市场、客户群体和地区销售增长等指标；处于维持阶段的企业则大多采用与获

利能力相关的财务指标,如营业收入、毛利、投资报酬率等;处于收获阶段的企业则重视现金流。无论企业是处于成长期还是成熟期,其财务目标是通过"开源""节流"来增加股东财富,"开源"主要通过增加收入机会和提高客户价值来实现,"节流"强调改善成本结论和提高资产利用率。每个企业应根据所在行业及企业战略、经营情况,拟订符合企业实际要求的指标。

表 3.1 给出了各种财务目标与常用财务指标。企业通常会为每个目标选择一个指标,而且会基于自己的战略决定是否将所有可能的财务目标都放在战略地图或平衡计分卡中。

表 3.1

财务目标与常用财务指标

财务目标		常用财务指标
增加股东价值		净资产收益率
		经济附加值
		账面净资产
节流	改善成本结构	与竞争对手相比,单位产品的成本降低率
		管理费用或销售费用占销售收入的降低率
	提高资产利用率	总资产周转率
		存货周转率
		固定资产周转率
开源	提高现有顾客的价值	现有顾客业务增长率
		收入增长率
	扩大收入机会	来自新产品的收入增长率
		来自新顾客的收入增长率

2. 客户指标

要想获得长远出色的财务绩效,企业就必须创造出客户青睐的产品或服务,从客户的角度来观察企业,回答"客户如何看待我们"的问题。平衡计分卡选择了两套评价方法来评价客户维度。一是企业在客户维度期望达到绩效目标而采取的指标,主要包括提高客户满意度、实现客户忠诚度、发展新客户、增加市场份额和提高客户获利能力 5 个目标,可分别设置客户满意度、客户保持率、客户获得率、市场占有率和客户获利率5个指标来衡量,且这 5 个指标之间形成一个因果关系链(图 3.4):客户满意度决定了客户保持率和客户获得率,客户保持率和客户获得率决定市场占有率,客户满意度、客户保持率和客户获得率决定客户获利率。二是针对上述目标,分析达到各项指标应采取的措施和影响因素来加以测评。对各分项指标,又制定细分评估手段,如此逐层细分,制定评分表。

表 3.2 给出了企业经常用来衡量这 5 个客户目标常用的一些指标。

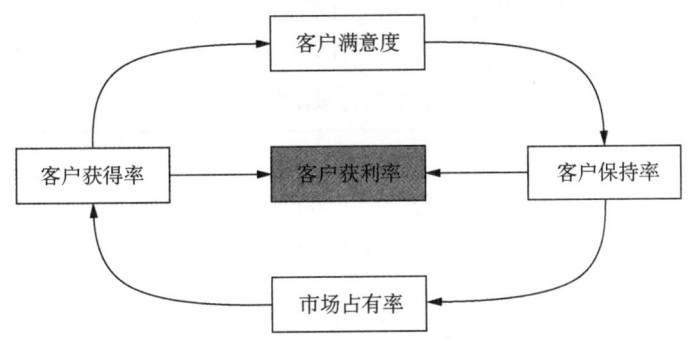

图 3.4 客户维度:结果量度指标形成的因果关系链

表 3.2

客户目标与常用指标

客户目标	常用指标
提高客户满意度	目标细分市场的客户满意度
实现客户忠诚度	老客户所占的百分比
	来自老客户的销售收入增长率
发展新客户	客户向其他人推荐公司的意愿
	发展新客户的数量
	发展新客户的成本
	来自新客户的销售收入所占的百分比
增加市场份额	在目标客户细分市场上的市场份额
提高客户获利能力	不赢利客户的数量或百分比

3. 内部运营指标

内部运营是指企业日常经营业务运营的流程。平衡计分卡的相关指标并不仅仅着眼于改善企业现有的业务流程,也不仅仅囿于企业现有职能部门的作用。平衡计分卡从满足投资者和客户需要的经营战略出发,以当前和未来的客户需要为出发点,沿着因果链所指示的路径,通过创新、运营、因果链上的其他领域,实现销售和客户服务。内部运营指标已经超越了简单的财务差异指标,还包括产出指标,如周期时间、产量、质量、订单完成量、生产计划、生产能力以及营业额等指标。然而,这些指标的改进还不足以将企业和竞争对手区分开。为使企业所有这些指标同时领先于行业,企业可能需要设计全新的内部流程。平衡计分卡下的内部业务流程包括 4 个主要流程,即创新流程、运营管理流程、客户管理流程、法规和社会流程。创新流程强调要不断开发新产品和服务;营运管理流程强调对顾客及时、有效、连续地提供产品和服务,时间、质量和成本是经营过程的关键绩效评价指标;客户管理流程强调如何使顾客更好、更快、更全面地使用产品;法规和社会流程则为企业在其生产和销售的社区和市场获取经营权利设定了标准。上述前 3 个流程都是企业围绕战略的自发行为,而法规与社会流程则是企业采取的符合外部法律和标准的行为,往往带有一定的强制性特征。

企业内部运营目标和常用指标如表 3.3 所示。

表 3.3

企业内部运营目标和常用指标

内部运营目标	常用指标
创新	研发强度(研发支出÷全部销售额)
	创新收益(新产品销售额占总销售额的比重)
	创新收益的竞争性(专利产品销售额占总销售额的比重)
	新产品利润率或研发有效性指数(新产品利润÷研发支出)
	进入市场的时间
运营管理	生产经营灵活性
	生产周期
	对顾客需求反应时间
	对顾客提供的产品多样性
	废品率/返工率
	单位成本(费用)
客户管理	服务反应时间
	人力成本
	物力成本
	售后服务一次成功率
法规与社会	环境保护和安全方面的事故数量
	工伤事故数量
	员工多元化指数
	来自欠发达社区的员工人数

资料来源:作者根据相关文献资料整理获得。

4. 学习与成长指标

按照罗伯特·S.卡普兰和戴维·P.诺顿在《战略地图》一书中的介绍,学习与成长目标描述企业无形资产及它们在战略中的作用,无形资产可以被分为如下三类。

(1) 人力资本:技能、培训和知识。

(2) 信息资本:数据库、信息系统、网络和技术基础设施。

(3) 组织资本:文化、领导力、员工协调一致、团队精神和知识管理。

企业的成长从根本上来源于企业自身不断的学习与进步,包括员工综合素质的提高、信息技术和信息系统及组织流程的完善、企业文化的提升等。企业只有把这三类无形资产进行整合,使之与企业战略协调一致,才能持续地改进内部流程,才能真正将无形资产转化为有形成果。因此,学习与成长目标可细分员工技能集,信息系统能力,员工授权、激励和组织一致三个目标。员工技能集主要包括员工满意程度、员工流动和员工培训等方面,故可设置员工满意度、员工保持率、员工积极性和员工培训率4个指标来反映员工状况的好坏。信息系统能力则包括信息系统的适应性、信息支持的准确性等,可相应地设置信息系统与员工适应度、信息支持准确度、客户信息的可得性和得到适当系统应用支持的关键流程所占百分比等来反映信息系统的有效性和效率。员工授权、激励和组织一致可以用由员工提出的改进和创新方案的数目、采纳员工建议后的奖励、采纳员工建议后企业效益的提高、员工文化调查等指标度量。

企业学习与成长目标及常用指标如表3.4所示。

表3.4

企业学习和成长目标及常用指标

学习与成长目标	常用指标
员工技能集	员工满意度
	员工保持率
	员工积极性
	员工培训率
信息系统能力	信息系统与员工适应度
	信息支持准确度
	客户信息的可得性
	得到适当系统应用支持的关键流程所占百分比
员工授权、激励和组织一致	由员工提出的改进和创新方案的数目
	采纳员工建议后的奖励
	采纳员工建议后企业效益的提高
	员工文化调查

资料来源:作者根据相关文献资料整理获得。

三、平衡计分卡的标杆

在将目标转化为指标后,管理者就会为每个指标选择标杆。标杆确定一个指标所衡量的业绩水平或者改进程度。管理者通过寻找和研究同行一流公司的最佳实践,并以此为基准进行比较、分析、判断,从而使企业得到不断改进,创造产生优秀业绩的良性循环过程。选择标杆的核心是向业内或业外的优秀企业学习。企业通过学习重新思考和改进经营实践,创造自己的最佳实践,这实际上就是模仿创新的过程。

通过比较实际业绩和标杆业绩,员工和管理者能够断定企业是否正在取得其期望的业绩水平,因此,业绩评价指标服务于多重目的:沟通、解释、激励、反馈和评价。鉴于业绩评价指标的多重作用,管理者应该认真选择业绩评价指标。平衡计分卡框架使管理者能够选择源自其战略的目标和计量指标,这些目标和指标以一种因果关系链的形式联系在一起。

第三节 战略地图

一、战略地图的原则

企业可基于平衡计分卡的 4 个维度绘制战略地图,以图形方式展示企业的战略目标及实现战略目标的关键路径。通用的战略地图是从平衡计分卡发展而来的,战略地图提供了一个描述战略的统一方法,使目标和指标可以被建立和管理。战略地图也为战略制定和战略执行之间的鸿沟搭起了一座桥梁。通过战略地图,我们可以描述组织如何创造价值。

战略地图建立在如下几项原则之上。

1. 战略需要平衡各种力量的矛盾

企业投资无形资产是为了长期的收入增长,削减成本是为了实现短期财务业绩,但这二者常常是相互矛盾的。因此,描述战略以平衡并连接短期财务目标(削减成本和生产率提高)和长期目标(盈利的增长)为起点。企业财务战略主要通过"开源""节流"来实现,"开源"即收入增长战略,主要通过增加收入机会和提高客户价值来实现;"节流"即生产率战略,强调优化成本结构和提高资产利用率。这 2 个战略关注的视角不同,通常生产率战略会比收入增长战略获得更快的成效。企业在短期财务压力下,会更倾向于采取短期财务战略。但一味关注短期财务指标可能会使企业丧失发展机会。因此,企业必须在这两种战略间取得平衡,保证企业在不降低成本时不致失去未来的发展机会。财务维度的战略地图如图 3.5 所示。

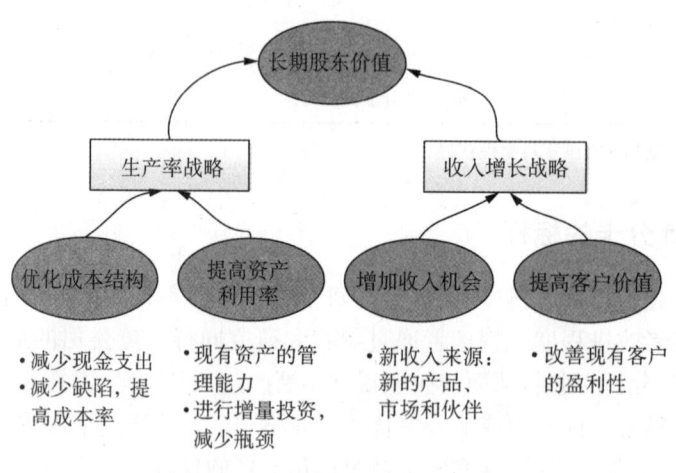

图 3.5 财务维度的战略地图

2. 战略以差异化的客户价值主张为基础

企业战略的核心功能是为客户提供清晰的价值主张。价值主张是企业提供给客户的产品、服务、价格、关系和形象等一系列有形、无形的资源集合。特殊的价值主张可以使企业明确其目标客户群体,阐释将通过何种方式为目标客户持续创造差异化的价值增长。

满意的客户是企业持续创造价值的源泉,战略要求在目标细分客户和令他们愉悦的价值主张之间建立清晰的联系。清晰的价值主张是一个重要的战略维度。企业一般采取4种类型的价值定位战略,即总成本最低、产品领先、全面客户解决方案、系统锁定,每一种价值定位战略都清晰地界定了它们的特征,即为使客户满意而必须传送的价值。

客户维度的战略地图如图 3.6 所示。

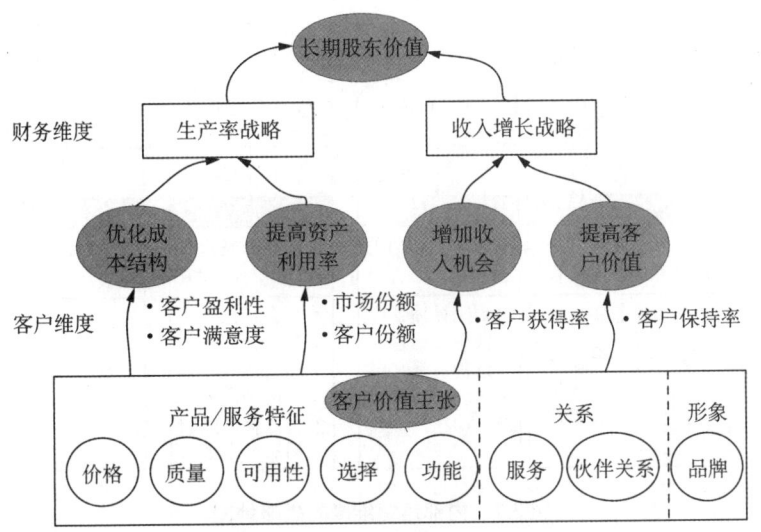

图 3.6　客户维度的战略地图

3. 价值通过内部运营来创造

战略地图和平衡计分卡的财务和客户维度描述了结果,也就是企业希望实现什么:企业通过收入增长和生产率提高来增加股东价值;通过客户获得率、满意度、保持率等来增加客户在本公司消费的份额。内部运营以及学习与成长维度的流程驱动了战略,它们描述了企业如何实施战略。高效协调的内部运营流程决定了价值的创造和持续。企业必须关注少数几个关键内部运营流程,因为这些流程不但传递了差异化的价值主张,而且对提高生产率和维持企业的经营特许权至关重要。内部运营维度的战略地图如图 3.7 所示。

运营管理流程是生产并向客户提供产品和服务的流程,是企业战略执行的中心环节。管理者对运营管理流程持续改进,可以提高产品和服务质量、降低成本、快速响应客户。运营管理流程包括 4 个有机组成部分,即开发和维护供应商关系、产品生产及服务、分销产品及提供服务、风险管理。

客户管理流程是建立并利用客户关系、提高客户价值的流程,建立和维护良好的客户关系决定了企业产品满足市场需求和创造收入的能力。客户管理流程包括识别目标客户、获得目标客户、维护目标客户以及培养目标客户。

创新流程是创造和开发新产品、新服务的流程。创新是企业持续发展的必要条件,从时间维度看,创新流程主要包括机会识别、研发管理、设计或开发新产品和服务、推进新产品和新服务上市。

法规与社会流程是改善社区和环境的流程,目的是保证企业遵章守法,满足社会的期望,建立繁荣的社区。企业通常从以下 4 个维度对法规与社会流程进行管理:环境责任、

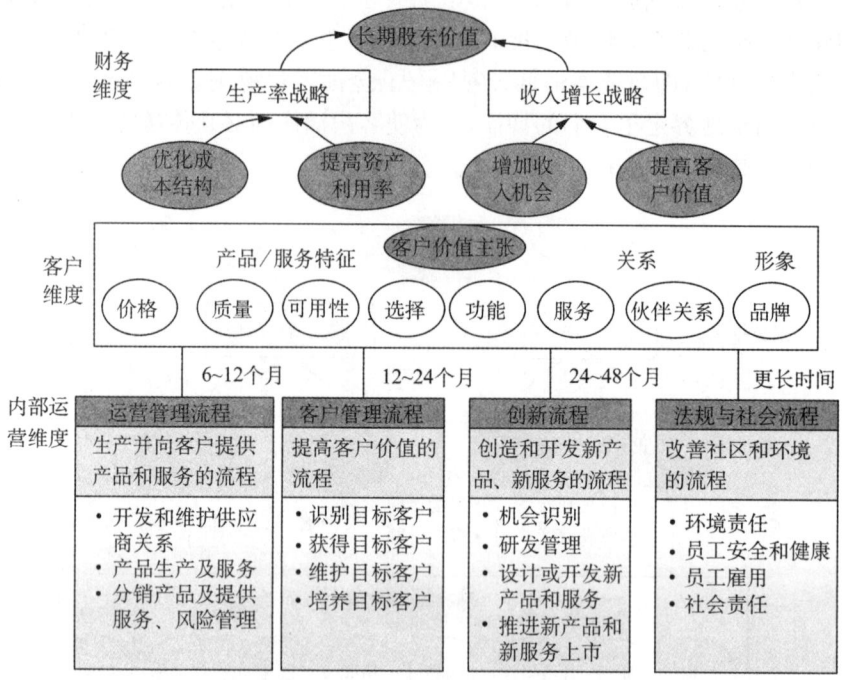

图 3.7 内部运营维度的战略地图

员工安全和健康、员工雇用、社会责任。

每一类流程可能还有差不多几百个以某种方法创造价值的子流程。运用这些战略艺术的管理者必须确定少量关键流程,这些流程对于建立并传送差异化的客户价值主张是最重要的。这些少量的关键流程称为战略主题。

4. 战略包括并存的、相互补充的主题

每一类内部运营流程可以在不同的时点给企业带来益处。运营管理流程的改善常常通过节约成本和提高质量带来短期成果;客户关系增强的收益会在客户管理流程改善后最初的6~12个月内逐步显现出来;创新流程通常要花费更长时间来提高客户收入和经营利润;加强法规与社会流程的益处可能体现在未来。战略应该是平衡的,在4类内部运营流程中,每类至少包含一个战略主题进来。这样4个内部运营流程都有战略主题,企业将会逐步认识到它们的好处,并创造持续的股东价值增长。

5. 战略的协调一致决定无形资产的价值

学习与成长维度的战略地图(图 3.8)描述了企业的无形资产及它在战略中的作用。无形资产可以被分为如下三类。

(1) 人力资本:技能、培训和知识。

(2) 信息资本:信息系统、数据库、网络和技术基础设施。

(3) 组织资本:文化、领导力、员工协调一致、团队精神和知识管理。

这些无形资产的价值不可能被个别地或独立地衡量出来。它们的价值来自它们帮助企业实施战略的能力。如果不能在战略和人力资源、信息技术计划之间建立起牢固的协调一致关系,在人力资源和信息技术计划上所投入的巨资将脱离目标,即它们不能促进企业提高战略实施的能力。

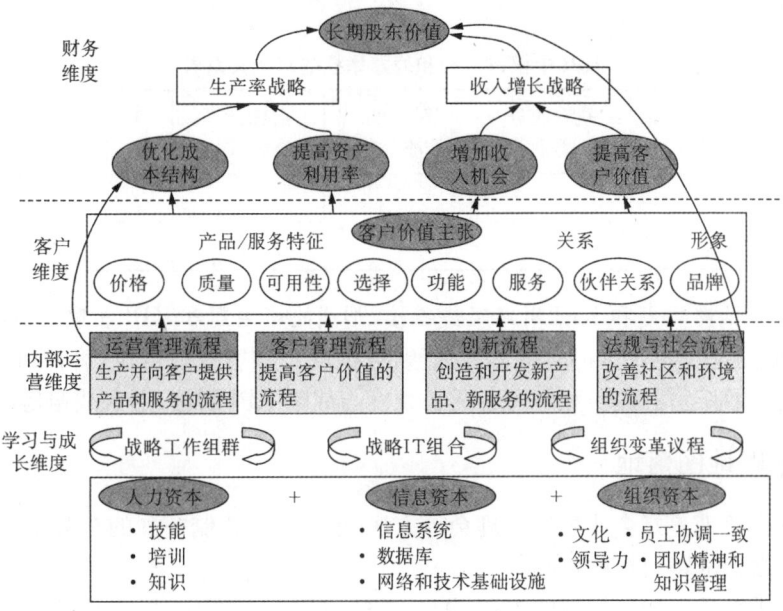

图 3.8 学习和成长维度的战略地图

战略地图的内部运营维度确定了能为客户和股东创造预期成果的几个关键流程。无形资产必须与这些价值创造内部流程保持一致。管理者可以使用下面的 3 个协同技术来沟通战略地图和无形资产。

(1) 战略工作组群:使人力资本与战略主题协调一致。

(2) 战略 IT 组合:使信息资本与战略主题协调一致。

(3) 组织变革议程:使组织资本整合并协调一致,持续学习和改善战略主题。

二、战略地图的绘制

战略地图的具体绘制步骤如下。

1. 确立战略地图的总体主题

总体主题是对企业整体战略目标的描述,应清晰表达企业愿景和战略目标,并与财务层面的战略主题和关键绩效指标(KPI)对接。

2. 根据企业的需要,确定 4 个维度的名称

把确定的 4 个维度战略主题对应纳入各自战略地图内,每一主题可以通过若干 KPI 进行描述。

相关表格如表 3.5 和表 3.6 所示。

表 3.5

战略主题及相应分解

战略主题	战略目标	战略举措	责任部门	起始时间

表 3.6

KPI 中权、责、利和战略举措的对应关系表

序号	KPI	关键业务类别	对应的战略举措	指标计算公式	执行情况报告	协调责任部门

3. 将各个战略主题和 KPI 用路径线链接，形成战略主题和 KPI 相联的战略地图

在绘制过程中，企业应将战略总目标（财务维度）、顾客价值定位（客户维度）、内部运营流程主题（内部运营维度）和学习与成长维度与战略 KPI 联接，形成战略地图。

三、战略地图落地

战略地图落地是指企业利用管理会计方法，借助管控机制拓展的有关工具和方法，确保企业实现既定战略目标的过程。

战略地图落地一般包括战略 KPI 设计、战略 KPI 责任落实、战略举措执行、战略执行报告、持续改善战略、评价激励 6 个步骤。

1. 战略 KPI 设计

企业应用战略地图，应设计一套可以使企业的各个部门主管明确自身责任与战略目标之间联系的考核指标，即进行战略 KPI 设计。

2. 战略 KPI 责任落实

企业应对战略 KPI 进行分解，落实责任并签订责任书，具体可分为以下两个步骤。

（1）将战略 KPI 分解为责任部门的 KPI。企业应从企业最高层开始，将战略 KPI 分解到各责任部门，再分解到责任团队。每一责任部门和责任团队（或责任人）都有对应的 KPI，且每一 KPI 都能找到对应的具体战略举措。企业可编制责任表，描述 KPI 中的权、责、利和战略举措的对应关系，以便实施战略管控和形成相应的报告。

每一责任部门的负责人可根据责任表，将 KPI 在本部门进行进一步分解和落实，层层建立战略落地责任制度。

（2）签订责任书。企业应在分解、明确各责任部门 KPI 的基础上，签订责任书，以督促各执行部门落实责任。责任书一般由企业领导班子（或董事会）与执行层的各部门签订。责任书应明确规定一定时期内（一般为一个年度）要实现的 KPI 任务、相应的战略举措及相应的奖惩机制。

3. 战略举措执行

企业应以责任书中所签任务为基础，按责任部门的具体人员和团队情况，对任务和 KPI 进一步分解，并制定相应的执行责任书，进行自我管控和自我评价。同时，管理层以各部门责任书和职责分工为基础，确定不同执行过程的负责人及协调人，并按照设定的战略目标实现日期确定不同的执行指引表，采取有效战略举措，保障 KPI 实现。

4. 战略执行报告

企业应编制战略执行报告，反映各责任部门的动态变化情况，分析偏差产生的原因，提出具体管控措施。

(1) 每一层级责任部门应向上一层级责任部门提交战略执行报告,以反映战略执行情况,并制定下一步战略实施举措。

(2) 战略执行报告一般可分为三个层级:①战略层(如企业董事会)报告,包括战略总体目标的完成情况和原因分析;②经营层报告,包括责任人的战略行动方案中相关指标的执行情况和原因分析;③业务层报告,包括行动方案下具体任务的完成情况和原因分析。

(3) 企业应根据战略执行报告,分析责任人战略执行情况与既定目标是否存在偏差,分析偏差产生的原因,形成纠偏建议,并将其作为责任人绩效评价的重要依据。

5. 持续改善战略

企业在对战略执行情况进行分析的基础上,应持续改进执行情况,不断提升战略管控水平。

(1) 与既定目标相比,发现问题并进行改进。企业应根据战略执行报告,将战略执行情况与管控目标进行比对,分析偏差,及时发现问题,提出解决问题的具体措施和改善方案。企业在进行偏差分析时,一般应关注以下问题:所产生的偏差是否为临时性波动;战略 KPI 分解与执行是否有误;外部环境是否发生重大变化,从而导致原定战略目标脱离实际情况等。企业应在分析这些问题的基础上,找出产生偏差的根源所在,并及时进行纠正。

(2) 达到目标,并考虑如何提升。达成战略地图上所列的战略目标时,企业一般可考虑适当增加执行难度,提升目标水平,按持续改善的策略与方法进入新的循环。对于已达到优秀水准的目标,企业可将该项战略管控上升成为战略管控标杆,进行经验总结和内部推广。

6. 评价激励

企业应按照《管理会计应用指引第 100 号——战略管理》中战略评价的有关要求,对战略落地情况进行评价,并按照《管理会计应用指引第 600 号——绩效管理》的有关要求进行激励,引导责任人自觉、持续、积极工作,有效利用企业资源,提高企业绩效,实现企业战略规划。

第四节 运用平衡计分卡进行管理

一、平衡计分卡的优点

平衡计分卡主要有以下优点。

(1) 能有效地将组织的战略转化为组织各层级的绩效指标和行动,克服了企业战略规划操作性差的缺点。

(2) 有利于各级员工对组织目标和战略的理解,保证了组织的年度计划和组织长远发展方向的有效结合。

(3) 能够保持组织所有资源协调一致,服务于战略目标。

(4) 能够克服财务评估方法的短期行为,有利于组织和员工的学习成长及核心能力的培养。

(5) 使企业的战略成为一个持续的流程。

二、平衡计分卡的实施条件

1. 以目标、战略为导向的企业

平衡计分卡的成功之处就是将企业战略置于管理的中心，所以企业要应用平衡计分卡，必须以战略作为企业的导向。即使企业没有制定明确有效的战略，但只要企业有一个长远的发展目标，企业也可以引入平衡计分卡。引入平衡计分卡可以帮助企业重新认识和制定企业的战略。

2. 面临竞争压力较大的企业（且这一压力为企业所感知）

经济全球化的一个直接影响是所有企业面临着不断加剧的竞争，竞争的压力是企业谋求发展的内在动力，这正好是平衡计分卡得以实施的内在原因。但采取行动必须以竞争被企业所感知为前提条件。

3. 成本管理水平较高的企业

实施平衡计分卡的企业应具备较高的成本管理水平，因为在计算平衡计分卡中有些量化的指标时，在传统的成本管理方法下不可能得到所需的有效信息，如客户利润率等。

4. 具有良好的基础管理的企业

企业在实施平衡计分卡时，如果企业已具备良好的基础管理，那么在实施的过程中就会取得良好的效果。企业的基础管理包括人力资源管理、战略管理、质量管理、生产管理、成本管理、采购管理、营销管理等。

本 章 小 结

在信息时代，企业通过无形资产投资和管理获取成功。由于企业投资旨在获得这些资产提供的新能力，所以企业的成功不可能源于传统财务会计模型的激励和评价。平衡计分卡是综合性的业绩管理系统，它整合了各种战略指标，在保留反映历史业绩信息的财务指标的同时，引入了未来财务业绩动因。这些动因存在于财务、客户、内部运营、学习与成长等维度，这些业绩动因是企业从战略清晰、严格地转变成无形资产目标和指标的过程中选出。当企业将其新的评价系统融入管理流程的时候，人们才意识到平衡计分卡的好处。本章重点描述了平衡计分卡和战略地图这两个工具的基本理论和应用。

思 考 题

1. 什么是平衡计分卡？它的4个评价维度是什么？
2. 为什么随着无形资产重要性的增加，企业对平衡计分卡的兴趣也在不断增加？
3. 什么是战略地图？如何识别和评价战略地图关键流程？
4. 如何结合企业实际情况绘制企业的战略地图？如何实现4个维度的衔接？
5. 平衡计分卡的实施需要什么条件和要求？

讨 论 题

G公司是一家主要从事工程机械开发、生产、营销与服务的上市公司，拥有控股及参股企业 18 家。2×22 年年末，G 公司总资产为 62.72 亿元，净资产为 26.40 亿元，当年实现主营业务收入 92.68 亿元、净利润 3.4 亿元。G 公司在快速成长的同时，承受着巨大的市场竞争压力。为了扩大市场份额，抢占市场先机，G 公司决定进行战略转型，而战略转型的成败决定着该公司的未来发展。

要实现战略转型，先要解决战略的"落地"问题。为此 G 公司采用平衡计分卡理论设计公司战略地图，对长期战略进行描述，绘制具体的战略地图，以实现公司战略的分解和"落地"，保证公司战略能从抽象到具体、从高端向低端延伸。在具体实施过程中，G 公司采用四步法进行战略地图设计。

第一步，分析企业现状及发展前景。G 公司先收集各类相关信息，运用 SWOT 方法，对市场和产业等外部信息进行分析，明确企业生存环境及发展前景。

第二步，企业任务系统设计。G 公司通过对总体环境的分析，结合公司自身特点和企业文化，形成公司的使命、愿景和核心价值观。其中，将公司使命确定为"致力于为客户提供卓越的工程机械产品与服务"，愿景确定为"成为工程机械行业世界级企业"，核心价值观确定为"客户导向，品质成就未来；以人为本，合作创造价值"。G 公司根据自身商业模式，分析了投资项目的风险与可行性，了解到客户的价值取向，在剖析企业资源整合能力后制定了公司的战略，并进行业务系统设计，使战略"落地"，将公司使命、愿景和核心价值观转化为公司战略。其公司战略侧重于市场转型、业务领域转型、价值转型，并被细化为业务层战略，如"技术、品牌、成本领先""服务创新""产业、资本双引擎""人才工程"等内容。G 公司以平衡计分卡联结公司战略与企业管理，期望结果为"公司战略实现、股东价值最大化、客户满意度最大化、内部流程优化、员工技能素质领先"。

第三步，理顺战略地图的假设思路。在明确战略并完成业务系统设计后，G 公司开始着手理顺战略地图的假设思路。G 公司将企业管理中的各个模块基于利益相关者视角进行拆分和梳理后分别纳入 4 个维度（财务维度、客户维度、内部运营维度、学习与成长维度）中。基于利益相关者视角模块的相关内容如表 3.7 所示。

表 3.7

基于利益相关者视角模块的相关内容

序号	利益相关者	主要期望	具体指标	涉及维度
1	股东、国资委、管理层、未来的战略投资者、地方政府	财务表现	提高资产回报率、利润、长期股东回报	财务
		主营收入增长	收入增长战略	财务
		成本费用控制与领先	控制成本和各类费用	内部运营/财务
		生产率增长	提高生产效率，内部挖潜	内部运营/财务
		资产管理能力、存货控制水平	优化资源配置，加强资源管理	内部运营/财务
		任务的完成	完成各项指标	内部运营/财务
		公众形象	良好的社会形象	客户

(续表)

序号	利益相关者	主要期望	具体指标	涉及维度
2	供应商、客户、潜在客户、经销商、地方政府	价格	合理价格	客户
		质量	产品的稳定性	内部运营/客户
		品牌	市场领先品牌、产品供货准确率及及时率、研发及创新能力	内部运营/客户
		客户关系	出色的客户管理流程和建立长期的客户关系	内部运营/客户
		环保	节能和环保	客户
		社会治安及其他	政治责任	客户
3	集团高中层、各事业部领导、车间主任、班组长	提高开发营运水平	新产品开发率、单位产出率	内部运营/客户
		出色的生产管理	降低生产过程损耗	内部运营
		生产安全风险控制	安全生产率	内部运营
4	职工	能力提升	培养计划、员工培训计划	学习与成长
		关心认同	干部储备、企业文化建设和共享	学习与成长
		薪资福利	提供有竞争力的薪酬	学习与成长

通过对管理模块的梳理，G公司形成了战略地图的基础，并利用平衡计分卡将战略和管理有效地联接起来，形成了战略管理"落地"通路。

第四步，绘制战略地图。G公司通过平衡计分卡将战略分解为市场转型、业务领域转型和价值转型，与之对应的财务维度战略为生产率战略、收入增长战略、提高长期股东回报战略。按照战略"落地"流程，战略地图的纵轴按公司利益层重要性顺序排列，即以公司使命为起点，依照公司愿景、公司战略、财务维度、客户维度、内部运营维度、学习与成长维度的顺序进行排列，核心价值观作为整个框架的基石为各利益层提供支撑；战略地图的横轴则平行排列各维度具体内容。G公司运用战略地图描述各维度间的连接和沟通，完整地表达公司的战略意图和管理逻辑，使公司战略更具有执行力，管理更具透明度。可以为G公司业绩考核设置清晰的KPI指标。

战略地图的绘制过程实质上是对企业各部门以及人员进行权、责、利和资源重新配置的过程。企业通过将战略与管理进行挂钩，将长期利益和短期利益相结合，可以制订科学的业绩评价与考核机制，形成对员工行为的有效激励与约束，进而充分调动企业员工的积极性、主动性与创造性，引导企业员工自觉地尽力实现公司战略，并形成良好的企业文化。

通过战略地图，企业可设计出多维度的全面预算管理指标体系，为企业精益管理提供有效支撑。通过"看图说话"，企业管理层能够清晰地了解战略实施的路径，明确各管理维度的内容、关系，将长期战略与企业、部门、个人的短期目标挂钩。企业在战略分解过程中，在保证企业目标实现的前提下将目标层层分解，并在分解过程中上下沟通，达成共识，形成上下一致、左右协调的KPI指标，大大增加各级员工的执行力。

资料来源:谭如潮.战略地图实现记[J].新理财,2009(11):64-67.(选用时有所改编)

请讨论:

1. 战略地图包括哪些主要内容?其"落地"的流程有哪些?
2. 请根据以上资料,为 G 公司绘制相应的战略地图。

参考文献及推荐阅读

1. 财政部.管理会计应用指引第 101 号——战略地图,2017-09-29.
2. 罗伯特·S.卡普兰,大卫·P.诺顿.平衡计分卡:化战略为行动[M].刘俊勇,孙薇,译.广州:广东经济出版社,2004.
3. 罗伯特·S.卡普兰,大卫·P.诺顿.战略地图——化无形资产为有形成果[M].刘俊勇,孙薇,译.广州:广东经济出版社,2005.
4. 安东尼·A.阿特金森,罗伯特·S.卡普兰,埃拉·梅·马苏姆拉,等.管理会计[M].6版.北京:清华大学出版社,2011.
5. 温素彬,盛佳丽.战略地图:解读与应用案例[J].会计之友,2020(17):150-156.
6. 安娜,李鹤尊,刘俊勇.战略规划、战略地图与管理控制系统实施——基于华润集团的案例研究[J].南开管理评论,2020,23(3):87-97.
7. 白胜,徐玲芳,湛敬蓉.平衡计分卡理论批判的研究述评[J].财会月刊,2019(13):83-88.
8. 张悦玫,栾庆伟.基于平衡计分卡的战略实施框架研究[J].中国软科学,2003(2):86-90.
9. 张兆国,陈天骥,余伦.平衡计分卡:一种革命性的企业经营业绩评价方法[J].中国软科学,2002(5):110-112,103.
10. 王翔,李东,项保华.基于战略地图和 BSC 的企业整合型战略控制系统研究[J].管理工程学报,2007(2):110-114.

第四章 全面预算管理

【学习目标】 本章介绍预算及预算管理概述、预算编制方法与程序、全面预算的编制、预算的执行与考核等基本内容。通过本章的学习,学生需要了解预算及预算管理的基本理论,明确各种预算编制方法的优缺点,掌握全面预算的编制方法,了解全面预算管理流程,正确认识预算管理在企业管理中的作用。

【知识引导】 预算编制是价值的驱动者还是破坏者?预算编制的价值一直备受争议,问题主要表现在预算编制过程中的四个方面:一是过程太耗费时间且价格昂贵;二是由于市场变化频繁且难以预计,预算并不准确;三是由于预算被用来评价业绩,管理者会调整他们的预算,导致不准确的规划;四是预算的目的是刺激个人采取行动达到目标,但有时个人为完成目标甚至不惜牺牲整个公司的利益。尽管很多公司在预算管理过程中会遇到各种各样的问题,但它们没有舍弃预算管理,而是不断修改完善预算编制方法,如根据同类公司和经营中的佼佼者的实际业绩编制预算,以及把计划预算从控制预算中分离出来,一些公司还把它们的实际业绩和标杆(而不是预算)进行比较。有公司使用新科技来更改它们的预算编制方法;也有公司想尽办法把它们的预算编制过程和公司整体战略更紧密地结合起来,拓展了业绩评价方法,不仅仅局限于传统的财务方法,也考虑了非财务指标,如开拓新业务所需的时间。大部分管理者赞同正确的预算编制对管理有着重要的价值,将预算作为行之有效的成本管理工具。对北美150多个组织的一项调查显示,预算是使用频率最高的管理成本工具。

第一节 预算及预算管理概述

一、预算概述

(一)预算的特征

"凡事预则立,不预则废"。预算是企业在预测与决策的基础上,以数量和金额的形式反映企业未来一定时期的经营、投资、财务等活动的具体计划,是企业为实现目标而对各种资源和企业活动的详细安排。预算以战略规划目标为导向,既是决策的具体化,又是控制经营和财务活动的依据。预算是计划的数字化、表格化、明细化的表达。

预算具有两个特征:第一,编制预算的目的是使企业以最经济有效的方式实现预定目标,因此,预算必须与企业的战略或目标保持一致;第二,预算是一种可据以执行和控制经济活动的最为具体的数量化计划,是对目标的具体化,是将企业活动导向预定目标的有力工具。

(二)预算的作用

预算的作用主要表现在以下几个方面。

(1) 预算通过引导和控制经济活动,使企业经营达到预期目标。企业通过预算指标可以控制实际活动过程,随时发现问题,采取必要的措施,纠正不良偏差,避免经营活动的漫无目的、随心所欲,从而有效实现预期目标。因此,预算具有规划、控制、引导企业经济活动有序进行的功能,企业可以以经济有效的方式实现预定目标。

(2) 预算可以实现企业内部各个部门之间的协调。从系统论的观点来看,局部计划的最优化对全局来说不一定是最合理的。为了使各个职能部门向着共同的战略目标前进,它们的经济活动必须密切配合,相互协调,统筹兼顾,全面安排。基于各部门预算,各部门管理人员能够清楚地了解本部门在全局中的地位和作用,尽可能地做好部门之间的协调工作。全面预算经过综合平衡后可以提供解决各级各部门冲突的最佳办法以及代表企业的最优方案,可以使企业各级各部门的工作在此基础上协调进行。

(3) 预算可以作为业绩考核的标准。预算作为企业财务活动的行为标准,使各项活动的实际执行有章可循。预算标准可以作为各部门责任考核的依据。经过分解落实的预算规划目标能与部门、责任人的业绩考评结合起来,成为奖勤罚懒、评估优劣的准绳。

(三)预算的分类

企业预算可以按不同标准进行多种分类,具体如下。

1. 根据预算涉及的业务活动不同分类

(1) 业务预算。业务预算也称经营预算,是指与企业日常经营活动直接相关的经营业务的各种预算。它主要包括销售预算、生产预算、材料采购预算、直接材料预算、直接人工预算、制造费用预算、产品生产成本预算、销售费用和管理费用预算等。

(2) 专门决策预算。专门决策预算是指企业不经常发生的、一次性的重要决策预算,如资本预算。例如,企业在购置固定资产时,都必须在事先做好可行性分析的基础上编制预算,具体反映为投资额需要多少、何时进行投资、资金从何处筹得、投资期限多长、何时可以投产、未来每年的现金流量多少等。

(3) 财务预算。财务预算是关于预计现金收支、财务状况和经营成果的预算。财务预算作为全面预算体系的最后环节,是从价值方面总括地反映企业业务预算与专门决策预算的结果,也就是说,业务预算和专门决策预算中的资料都可以用货币金额反映在财务预算内,这样一来,财务预算就成为各项业务预算和专门决策预算的整体计划,故亦称为综合预算,其他预算则相应称为辅助预算或分预算。显然,财务预算在全面预算中占有举足轻重的地位。

2. 按预算覆盖的时间长短分类

按预算覆盖的时间长短划分,企业预算可分为长期预算和短期预算,通常将预算期在1年以内(含1年)的预算称为短期预算,预算期在1年以上的预算则称为长期预算。预算的编制时间可以视预算的内容和实际需要而定,可以是1周、1月、1季、1年或若干年等。一般情况下,长期预算包括长期销售预算和资本预算,有时还包括长期资本筹措预算和研发预算。短期预算是指年度预算,或者时间更短的季度或月度预算,如企业的业务预算和财务预算。

(四) 全面预算

企业各种预算是一个有机联系的整体,而全面预算是通过对企业内外部环境的分析,在预测与决策基础上,调配相应的资源,对企业未来一定时期的经营和财务等作出一系列具体计划。全面预算体现了预算的全员、全过程、全部门的特征。完整的全面预算包括业务预算、专门决策预算(资本预算)和财务预算三个组成部分。它应根据长期市场预测和生产能力,编制长期销售预算,以此为基础,确定本年度的销售预算,按照企业既定的经营目标,对企业未来特定期间的销售、生产、成本、现金等方面的活动进行预测,并据此编制出一套预测的利润表、资产负债表等财务报表及其附表,来反映企业预期的经营成果和财务状况。企业全面预算体系如图 4.1 所示。

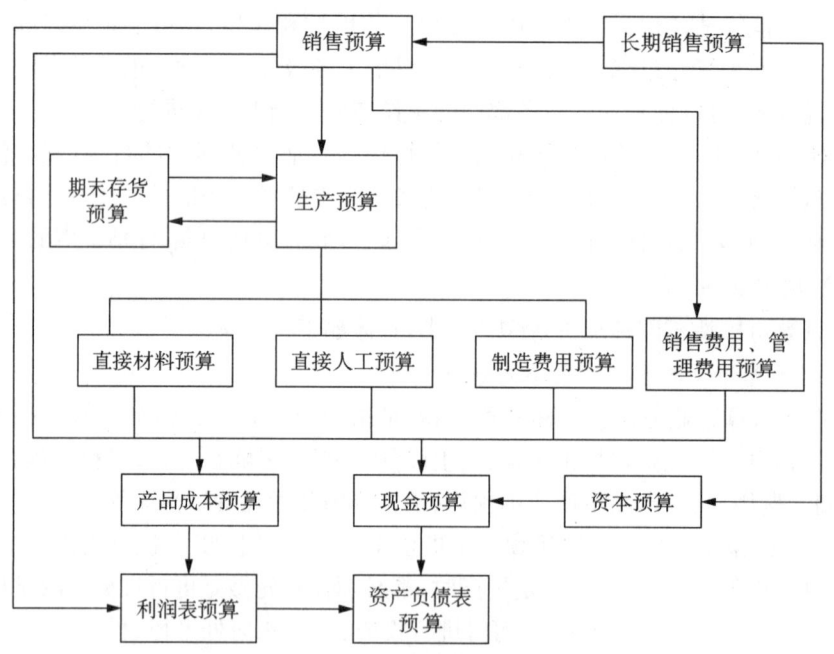

图 4.1 企业全面预算体系

二、预算管理的基本内容及原则

预算管理是指企业围绕预算开展的一系列管理活动,是以编制财务预算为起点,并以此为标准和尺度,围绕财务预算的实施、控制、评价和考核而展开的一系列的企业内部活动,具体包括预算编制、预算实施和调整、预算评价和考核。预算管理旨在落实战略规划,优化资源配置,提高营运绩效,强化风险控制,推动企业战略规划实现。

企业实施预算管理时,一般应遵循以下原则。

(1) 战略导向原则。预算管理应围绕企业的战略规划和业务计划有序开展,引导各预算责任主体聚焦战略、专注执行、达成绩效。

(2) 过程控制原则。预算管理应建立在企业相关定额、标准基础之上,通过差异分析,监控预算目标的实现进度,提高预算管理的过程管控能力。

(3) 融合业务原则。预算管理应嵌入企业业务管理的各个领域、层次、环节,促进各预算责任主体围绕预算目标开展沟通与协调,提高资源的配置效率和使用效益。

(4)平衡管理原则。预算管理应平衡长期目标与短期目标、整体利益与局部利益、收入与支出、结果与动因等关系,促进企业可持续发展。

企业应整合预算与战略管理领域的管理会计工具方法,强化预算对战略规划的决策支持;整合预算与成本管理领域的管理会计工具方法,强化预算对战略实施的监督机制;整合预算与绩效管理领域的管理会计工具方法,强化预算对战略目标的标杆引导。

企业预算管理一般包括预算编制、预算执行、预算考核等。

三、预算工作的组织

预算工作的组织包括决策层、管理层、执行层和考核层。

(1)企业董事会或类似机构应当对企业预算的管理工作总体负责。企业董事会或者经理办公会可以根据情况设立预算委员会或指定财务管理部门负责预算管理事宜,并对企业法定代表人负责。

(2)预算委员会或财务管理部门主要拟订预算的目标、政策,制定预算管理的具体措施和办法,审议、平衡预算方案,组织下达预算,协调解决预算编制和执行中的问题,组织审计、考核预算的执行情况,督促企业完成预算目标。

企业财务管理部门具体负责企业预算的跟踪管理,监督预算的执行情况,分析预算与实际执行的差异及原因,提出改进管理的意见与建议。

(3)企业内部生产、投资、物资、人力资源、市场营销等职能部门具体负责本部门业务涉及的预算编制、执行、分析等工作,并配合预算委员会或财务管理部门做好企业总预算的综合平衡、协调、分析、控制与考核等工作。其主要负责人参与企业预算委员会的工作,并对本部门预算执行结果承担责任。

(4)企业所属基层单位是企业预算的基本单位,在企业财务管理部门的指导下,负责本单位现金流量、经营成果和各项成本费用预算的编制、控制、分析工作,接受企业的检查、考核。其主要负责人对本单位财务预算的执行结果承担责任。

第二节 预算编制方法与程序

一、预算的编制方法

常见的预算方法主要包括增量预算与零基预算、固定预算与弹性预算、定期预算与滚动预算,这些方法广泛应用于营业活动有关预算的编制。

(一)增量预算与零基预算

1. 增量预算

增量预算是指以历史期实际经济活动及其预算为基础,结合预算期经济活动及相关影响因素的变动情况,通过调整历史期经济活动项目及金额形成预算编制方法。它的编制遵循如下假定:第一,企业现有业务活动是合理的;第二,企业现有各项业务的开支水平是合理的;第三,企业以现有业务活动和各项活动的开支水平确定预算期各项活动的预算数。

增量预算的缺点是可能导致无效费用开支项目无法得到有效控制。

2. 零基预算

零基预算是指企业不以历史期经济活动及其预算为基础,以零为起点,从实际需要出发分析预算期经济活动的合理性,经综合平衡,形成预算编制方法。零基预算适用于企业各项预算的编制,特别是不经常发生的预算项目或预算编制基础变化较大的预算项目。

零基预算的主要优点如下:一是以零为起点编制预算,不受历史期经济活动中的不合理因素影响,能够灵活应对内外部环境的变化,预算编制更贴近预算期企业经济活动需要;二是有助于增加预算编制透明度,有利于进行预算控制。

零基预算的主要缺点如下:一是预算编制工作量较大、成本较高;二是预算编制的准确性受企业管理水平和相关数据标准准确性影响较大。

(二) 固定预算与弹性预算

1. 固定预算

固定预算是指以预算期内正常的、最可能实现的某一业务量水平为固定基础,不考虑可能发生的变动的预算编制方法,一般适用于固定费用或者数额比较稳定的预算项目。

固定预算的缺点表现如下:一是过于呆板,因为编制预算的业务量基础是事先假定的某个业务量。在这种方法下,不论预算期内业务量水平实际可能发生哪些变动,企业都只能按事先确定的某一个业务量水平作为编制预算的基础。二是可比性差。当实际的业务量与编制预算所依据的业务量发生较大差异时,有关预算指标的实际数与预算数就会因业务量基础不同而失去可比性。例如,某企业预计业务量为销售 100 000 件产品,按此业务量给销售部门的预算费用为 5 000 元。如果该销售部门实际销售量达到 120 000 件,超出了预算业务量,但固定预算下的费用预算仍为 5 000 元。

2. 弹性预算

弹性预算是指企业在分析业务量与预算项目之间数量依存关系的基础上,分别确定不同业务量及其相应预算项目所消耗资源的预算编制方法。业务量是指企业销售量、产量、作业量等与预算项目相关的弹性变量。

弹性预算适用于企业各项预算的编制,特别是市场、产能等存在较大不确定性,且其预算项目与业务量之间存在明显的数量依存关系的预算的编制。

弹性预算的编制,可以采用公式法,也可以采用列表法。

(1) 公式法。公式法是假设成本和业务量之间存在线性关系,成本总额、固定成本总额、业务量和单位变动成本之间的变动关系可以表示如下:

$$预算总额 = 固定基数 + \sum (与业务量相关的弹性定额 \times 预计业务量)$$

公式法的优点是便于在一定范围内计算任何业务量的预算成本,可比性和适应性强,编制预算的工作量相对较小。缺点是按公式进行成本分解比较麻烦,企业需要对每个费用子项目甚至细目逐一进行成本分解,工作量很大。

(2) 列表法。列表法是指通过列表的方式,将与各种业务量对应的预算数列示出来的一种弹性预算编制方法。

列表法的优点如下:不管实际业务量为多少,预算人员不必经过计算即可找到与业务量相近的预算成本。但是,运用列表法编制预算,在评价和考核实际成本时,往往需要使用插值法来计算"实际业务量的预算成本",比较麻烦。

弹性预算的主要优点如下:考虑了预算期可能的不同业务量水平,更贴近企业经营管理实际情况。

弹性预算的主要缺点如下:一是编制工作量大;二是市场及其变动趋势预测的准确性、预算项目与业务量之间依存关系的判断水平等会对弹性预算的合理性造成较大影响。

(三)定期预算与滚动预算

编制预算的方法按其预算期的时间特征不同,可分为定期预算方法和滚动预算方法两大类。

1. 定期预算

定期预算是指在编制预算时,以不变的会计期间(如日历年度)作为预算期的一种编制预算的方法。这种方法的优点是能够使预算期间与会计期间相对应。

2. 滚动预算

滚动预算是指企业根据上一期预算执行情况和新的预测结果,按既定的预算编制周期和滚动频率,对原有的预算方案进行调整和补充,逐期滚动,持续推进的预算编制方法。

预算编制周期是指每次预算编制所涵盖的时间跨度。滚动频率是指调整和补充预算的时间间隔,一般可以为月度、季度、年度等。

滚动预算一般由中期滚动预算和短期滚动预算组成。中期滚动预算的预算编制周期通常为3年或5年,以年度作为预算滚动频率。短期滚动预算通常以1年为预算编制周期,以月度、季度作为预算滚动频率。滚动预算适用于各类企业。

企业通过持续滚动预算编制、逐期滚动管理,动态反映市场,建立跨期综合平衡,强化预算的决策与控制职能。企业应用滚动预算方法时,预算滚动的频率越高,对预算沟通的要求越高、预算编制的工作量越大。但过高的滚动频率容易增加管理层的不稳定感,导致预算执行者无所适从。

二、预算的编制程序

企业应根据战略规划制定年度计划,并通过预算编制予以具体化和数量化。一般按照分级编制、逐级汇总的方式,采用自上而下、自下而上、上下结合的流程编制预算。预算编制流程与编制方法的选择应支持和强化企业的管理模式。

企业应建立和完善预算编制的工作制度,明确编制依据、编制内容、编制程序和编制方法,确保预算编制依据合理、内容全面、程序规范、方法科学。

1. 下达目标

企业董事会或经理办公会根据企业发展战略和预算期经济形势的初步预测,在决策的基础上,提出下一年度企业预算目标,包括销售或营业目标、成本费用目标、利润目标和现金流量目标,并确定预算编制的政策,由预算委员会下达各预算执行单位。

2. 编制上报

各预算执行单位按照企业预算委员会下达的预算目标和政策,结合自身特点以及预测的执行条件,提出详细的本单位预算方案,上报企业财务管理部门。

3. 审查平衡

企业财务管理部门对各预算执行单位上报的财务预算方案进行审查、汇总,提出综合平衡的建议。在审查、平衡过程中,预算委员会应当进行充分协调,对发现的问题提出初步调整意见,并反馈给有关预算执行单位予以修正。

4. 审议批准

企业财务管理部门在有关预算执行单位修正调整的基础上,编制出企业预算方案,报预算委员会讨论。对于不符合企业发展战略或者预算目标的事项,企业预算委员会应当责成有关预算执行单位进一步修订、调整。在讨论、调整的基础上,企业财务管理部门正式编制企业年度预算方案,提交企业董事会或经理办公会审议批准。

5. 下达执行

企业财务管理部门对企业董事会或经理办公室审议批准的年度总预算,一般在次年3月底以前,分解成一系列的指标体系,由预算委员会逐级下达各预算执行单位执行。

第三节 全面预算的编制

一、业务预算的编制

(一)销售预算

销售预算是全面预算的起点,企业其他预算的编制都必须以销售预算为基础。销售预算编制的基础是销售预测。

(1)预计销售收入的计算公式如下:

$$预计销售收入 = 预测销售量 \times 销售单价$$

(2)预计现金收入是指依据收款条件及预计销售收入,将其作为现金预算的数据来源。

在编制销售预算时,通常还需要依据收款条件及预计现金收入预测预算期末应收账款余额,将其纳入预计资产负债表。

预算期末应收账款余额的计算公式如下:

$$预算期末应收账款余额 = 预算期初应收账款余额 + 预算期销售收入合计 - 预算期现金收入合计$$

假设某公司2×22年的销售预算如表4.1所示,其中每季度预计销售收入中,本季度获得70%的现金收入,下季度收到剩余的30%的现金收入(4个季度的现金收入分别为200 000元、600 000元、800 000元、400 000元)。

表4.1

销售预算　　　　　　　　　　　　　　　单位:元

项目	1季度	2季度	3季度	4季度	全年
预计销售量(件)	10 000	30 000	40 000	20 000	100 000
预计销售单价	20	20	20	20	20
预计销售收入	200 000	600 000	800 000	400 000	2 000 000

(续表)

项目		1季度	2季度	3季度	4季度	全年
	上年应收账款	90 000				90 000
预计现金收入（实现进度）	第1季度销售收入（200 000）	140 000	60 000			200 000
	第2季度销售收入（600 000）		420 000	180 000		600 000
	第3季度销售收入（800 000）			560 000	240 000	800 000
	第4季度销售收入（400 000）				280 000	280 000
	现金收入合计	230 000	480 000	740 000	520 000	1 970 000

（二）生产预算

生产预算是在销售预算的基础上编制的，其主要内容有预计销售量、预计期初和期末存货、预计生产量。某公司生产预算如表4.2所示。

通常，企业的生产和销售不能做到"同步同量"，需要设置一定的存货，以保证能在发生意外需求时按时供货，并可均衡生产，节省赶工的额外支出。期末存货数量通常按下期销售量的一定百分比确定，按下期销售量的20%安排期末存货。年初存货是编制预算时预计的，年末存货根据长期销售趋势来确定，假设年初有存货2 000件，年末留存3 000件。存货预算也可单独编制。

生产预算的"预计销售量"来自销售预算，其他数据可在表4.2中计算得出，公式如下：

$$预计期末存货 = 下季度销售量 \times 20\%$$

$$预计期初存货 = 上季度期末存货$$

$$预计生产量 =（预计销售量 + 预计期末存货）- 预计期初存货$$

表4.2

生产预算　　　　　　　　　　　　　　　　　　　　单位：件

项目	1季度	2季度	3季度	4季度	全年
预计销售量	10 000	30 000	40 000	20 000	100 000
加：预计期末存货	6 000	8 000	4 000	3 000	3 000
预计需要量合计	16 000	38 000	44 000	23 000	103 000
减：预计期初存货	2 000	6 000	8 000	4 000	2 000
预计生产量	14 000	32 000	36 000	19 000	101 000

（三）直接材料预算

直接材料预算是以生产预算为基础编制的，同时要考虑原材料存货水平。

表 4.3 是某公司的直接材料预算,表 4.4 是某公司的预计现金支出。表 4.3 中各季度"期末存量"根据下季度生产量的一定百分比确定,本例按 50% 计算;各季度"预计期初存量"是上季度的期末存货;各季度预计材料采购量计算公式如下:

$$预计材料采购量 = (生产需要量 + 期末存量) - 期初存量$$

为了便于以后编制现金预算,通常要预计材料采购各季度的现金支出。每个季度的现金支出包括偿还上期应付账款和本期应支付的采购货款。此处假设材料采购的货款有 50% 在本季度内付清,另外 50% 在下季度付清。

表 4.3

直接材料预算

项目	1 季度	2 季度	3 季度	4 季度	全年
预计生产量(件)	14 000	32 000	36 000	19 000	101 000
单位产品材料用量(千克)	5	5	5	5	5
生产需要量(千克)	70 000	160 000	180 000	95 000	505 000
加:预计期末存量(千克)	16 000	18 000	9 500	7 500	7 500
合计	86 000	178 000	189 500	102 500	512 500
减:预计期初存量(千克)	7 000	16 000	18 000	9 500	7 000
预计材料采购量(千克)	79 000	162 000	171 500	93 000	505 500
单价(元)	0.6	0.6	0.6	0.6	0.6
预计采购金额(元)	47 400	97 200	102 900	55 800	303 300

表 4.4

预计现金支出　　　　　　　　　　　　　　　　　　　　　单位:元

	项目	1 季度	2 季度	3 季度	4 季度	全年
	上年应付账款	25 800				25 800
采购货款支出进度	第 1 季度预计采购金额(47 400)	23 700	23 700			47 400
	第 2 季度预计采购金额(97 200)		48 600	48 600		97 200
	第 3 季度预计采购金额(102 900)			51 450	51 450	102 900
	第 4 季度预计采购金额(55 800)				27 900	27 900
	合计	49 500	72 300	100 050	79 350	301 200

(四) 直接人工预算

直接人工预算也是以生产预算为基础编制的。某公司的直接人工预算如表 4.5 所示。人工工资都需要使用现金支付,所以不需另外预计现金支出,可直接参加现金预算的汇总。

表 4.5

直接人工预算

项目	1 季度	2 季度	3 季度	4 季度	全年
预计生产量(件)	14 000	32 000	36 000	19 000	101 000
单位产品工时(小时)	0.8	0.8	0.8	0.8	0.8
人工总工时(小时)	11 200	25 600	28 800	15 200	80 800
每小时人工成本(元)	7.5	7.5	7.5	7.5	7.5
人工总成本(元)	84 000	192 000	216 000	114 000	606 000

(五) 制造费用预算

制造费用预算通常分为变动制造费用和固定制造费用两部分。变动制造费用以生产预算为基础来编制。如果有完善的标准成本资料,用单位产品的标准成本与产量相乘,即可得到相应的预算金额。如果没有标准成本资料,就需要逐项预计计划产量需要的各项制造费用。固定制造费用需要逐项进行预计,通常与本期产量无关,按每季实际需要的支付额预计,然后求出全年数。表 4.6 是某公司的制造费用预算。

表 4.6

制造费用预算   金额单位:元

项目	1 季度	2 季度	3 季度	4 季度	全年
预计人工总工时(小时)	11 200	25 600	28 800	15 200	80 800
变动制造费用分配率	2	2	2	2	2
变动制造费用预算	22 400	51 200	57 600	30 400	161 600
固定制造费用预算	60 600	60 600	60 600	60 600	242 400
制造费用合计	83 000	111 800	118 200	91 000	404 000
减:折旧	15 000	15 000	15 000	15 000	60 000
现金支出的制造费用	68 000	96 800	103 200	76 000	344 000

为了便于以后编制现金预算,在制造费用预算中还对非现金支出的制造费用作了剔除计算,在本例中,只有折旧属于非现金支出费用。我们假设涉及现金支出的全部制造费用都是在发生的当季支付的。

(六) 产品成本预算

产品成本预算是生产预算、直接材料预算、直接人工预算、制造费用预算的汇总,其主要内容是产品的单位成本和总成本。单位产品成本的有关数据来自前述三个预算。生产数量、期末存货数量来自生产预算,销售数量来自销售预算。生产成本、存货成本和销货成本等数字可以根据单位成本和有关数据计算得出。表 4.7 是某公司的成本预算。

表 4.7

成本预算　　　　　　　　　　　　　　　　　　　金额单位:元

项目		数量	成本	合计
单位成本	直接材料	5 千克	每千克 0.60 元	3
	直接人工	0.8 小时	每小时 7.50 元	6
	制造费用	0.8 小时	每小时 5.00 元	4
	合计			13
期末存货成本	期末存货数量			3 000
	单位生产成本			13
	期末存货金额			39 000

(七) 销售及管理费用预算

销售及管理费用(以下简称"销管费用")包括除制造费用的其他所有费用,这些费用的预算编制方法与制造费用预算的编制方法相同,也是按照费用的不同性态分别进行编制的。同时,公司还要编制相应的现金支出预算。表 4.8 是某公司的销售及管理费用预算。

表 4.8

销售及管理费用预算　　　　　　　　　　　　　　金额单位:元

项目	1 季度	2 季度	3 季度	4 季度	全年
预计销售数量(件)	10 000	30 000	40 000	20 000	100 000
每单位变动销管费用	1.8	1.8	1.8	1.8	1.8
预计的变动销管费用	18 000	54 000	72 000	36 000	180 000
固定性销管费用	75 000	76 900	112 750	93 150	357 800
其中:(1) 广告费	40 000	40 000	40 000	40 000	160 000
(2) 管理人员工资	35 000	35 000	35 000	35 000	140 000
(3) 保险费用	—	1 900	37 750	—	39 650
(4) 其他费用	—	—	—	18 150	18 150
销管费用合计	93 000	130 900	184 750	129 150	537 800

表 4.8 中,每单位变动销管费用包括佣金、办公费用和运费。

二、专门决策预算的编制

专门决策预算主要是长期投资预算(资本支出预算),通常是指与项目投资决策相关的专门预算,它往往涉及长期建设项目的资金的投放与筹集,并经常跨越多个年度。其编制的依据是项目财务可行性分析资料、企业筹资决策资料。专门决策预算反映项目资金投资支出与筹资计划,也是编制现金预算和预计资产负债表的依据。某公司专门决策预算如表4.9所示。

表4.9

专门决策预算　　　　　　　　　　　单位:元

项目	1季度	2季度	3季度	4季度	全年
投资支出预算	30 000	20 000	—	—	50 000

三、财务预算的编制

(一) 现金预算

如前所述,现金预算由四个部分组成,即现金收入、现金支出、现金多余或不足、资金的筹集和运用。

某公司的现金预算如表4.10所示。

表4.10

现金预算　　　　　　　　　　　　单位:元

项目	1季度	2季度	3季度	4季度	全年
期初现金余额	42 500	40 000	40 000	40 500	42 500
加:销货现金收入	230 000	480 000	740 000	520 000	1 970 000
现金收入合计	272 500	520 000	780 000	560 500	2 012 500
减:现金支出					
直接材料	49 500	72 300	100 050	79 350	301 200
直接人工	84 000	192 000	216 000	114 000	606 000
制造费用	68 000	968 000	103 200	76 000	344 000
销管费用	93 000	130 900	184 750	129 150	537 800
所得税	18 000	18 000	18 000	18 000	72 000
购进设备	30 000	20 000	—	—	50 000
现金股利	10 000	10 000	10 000	10 000	40 000
现金支出合计	352 500	540 000	632 000	426 500	1 951 000
现金多余或不足	−80 000	−20 000	148 000	134 000	61 500
向银行借款	120 000	60 000	—	—	180 000
还银行借款	—	—	−100 000	−80 000	−180 000
借款利息(10%)	—	—	−7 500	−6 500	−14 000
银行借款类交易现金合计	120 000	60 000	−107 500	−86 500	−14 000
期末现金余额	40 000	40 000	40 500	47 500	47 500

"现金多余或不足"部分列示可供使用现金合计与现金支出合计的差额。差额为正，说明收大于支，现金有多余，现金可用于偿还企业过去向银行取得的借款，或者用于短期投资；差额为负，说明支大于收，现金不足，企业要向银行取得新的借款。表 4.10 中，该企业需要保留的现金余额为 40 000 元，不足此数时需要向银行借款。假设银行借款的金额要求是 1 000 元的倍数，那么，第一季度借款额如下：

$$第一季度借款额 = 最低现金余额 + 现金不足额 = 40\,000 + 80\,000 = 120\,000(元)$$

第三季度现金多余，可用于偿还借款。还款后，仍需保持最低现金余额，因此，企业只能部分归还借款。利息一般按"每期期初借入，每期期末归还"的原则来预计，故该企业在第三季度还债时，借款期为 9 个月，假设利率为 10%，先偿还 100 000 元，则应计利息为 7 500 元，计算过程如下：

$$利息 = 100\,000 \times 10\% \times 9 \div 12 = 7\,500(元)$$

在第四季度偿还借款时，利息应为 6 500 元，计算过程如下：

$$利息 = 20\,000 \times 10\% + 60\,000 \times 10\% \times 9 \div 12 = 6\,500(元)$$

现金预算的编制以各项营业预算和资本预算为基础。它反映各预算期的收入款项和支出款项，并作对比说明。其目的在于资金不足时筹措资金，资金多余时及时处理现金余额，并提供现金收支的控制限额，发挥现金管理的作用。

（二）预计财务报表

预计的财务报表是财务管理的重要工具，包括预计利润表和预计资产负债表等。

预计利润表是预算中一个重要的计划，表明对预算期内盈余情况的预期。一旦编制出来，它就成为计量评价预算期业绩的标准。表 4.11 是某公司的预计利润表，它是根据上述各有关预算编制的。

表 4.11

预计利润表　　　　　　　　　　　　　　　　　　单位：元

项目	金额
销售收入(100 000 单位，单价 20 元)	2 000 000
减：产品销售成本(100 000 单位，单价 13 元)	1 300 000
毛利	700 000
减：销管费用	537 800
净营业收益	162 200
减：利息费用	14 000
税前收益	148 200
减：所得税	72 000
净利润	76 200

预计资产负债表与实际的资产负债表内容、格式相同，只不过数据是反映预算期末的

财务状况。预计资产负债表是利用本期期初资产负债表,根据销售、生产、资本等预算的有关数据加以调整编制的。表 4.12 为某公司的预计资产负债表。

表 4.12

预计资产负债表 单位:元

资产			负债及所有者权益		
项目	上年年末余额	期末余额	项目	上年年末余额	期末余额
现金	42 500	47 500	应付账款	25 800	27 900
应收账款	90 000	120 000	普通股	175 000	175 000
直接材料	4 200	4 500	未分配利润	449 900	486 100
产成品	26 000	39 000			
土地	80 000	80 000			
房屋及设备	700 000	750 000			
累计折旧	292 000	352 000			
设备净值	488 000	478 000			
资产合计	650 700	689 000	负债及所有者权益合计	650 700	689 000

预计资产负债表数字的说明包括以下几点:

(1) 期末现金余额见表 4.10 现金预算。

(2) "应收账款"是根据表 4.1 的第四季度的销售收入和本期收现率计算的:

$$期末应收账款 = 本期销售收入 \times (1 - 本期收现率)$$
$$= 400\ 000 \times (1 - 70\%) = 120\ 000(元)$$

(3) "直接材料"取自表 4.3,预计期末存量为 7 500 千克,每千克 0.6 元,从而期末直接材料金额为 4 500 元(7 500×0.6)。

(4) "产成品"取自表 4.7 中期末存货金额。

(5) "土地"来自期初资产负债表。

(6) "房屋及设备"是在期初资产负债表 700 000 元的基础上,预算年度将增购 50 000 元的设备(表 4.9),预算期末的余额为 750 000 元。

(7) 预算期将计提 60 000 元的折旧(表 4.6),使预算期末的"累计折旧"达到 352 000 元。

(8) "应付账款"是根据表 4.3 的第四季度的预计采购金额和本期付现率计算的,计算过程如下:

$$期末应付账款 = 本期采购金额 \times (1 - 本期付现率) = 55\ 800 \times (1 - 50\%)$$
$$= 27\ 900(元)$$

(9) "普通股"数字来自期初资产负债表。

(10)"未分配利润"是在年初未分配利润的基础上,加上预计净利润(表4.10),减去现金股利(表4.10),即:

期末未分配利润 = 449 900 + 76 200 − 40 000 = 486 100(元)

第四节 预算的执行、调整、分析与考核

一、预算的执行

企业预算一经批复下达,各预算执行单位就必须认真组织实施,将预算指标层层分解,从横向到纵向落实到内部各部门、各单位、各环节和各岗位,形成全方位的预算执行责任体系。

企业应当将预算作为预期内组织、协调各项经营活动的基本依据,将年度预算细分为月份和季度预算,通过分期预算控制,确保年度预算目标的实现。

企业应当强化现金流量的预算管理,按时组织预算资金的收入,严格控制预算资金的支付,调节资金收付平衡,控制支付风险。

对于预算内的资金拨付,企业应按照授权审批程序执行。对于预算外的项目支出,应当按预算管理制度规范支付程序;对于无合同、无凭证、无手续的项目支出,不予支付。

企业应当严格执行销售、生产和成本费用预算,努力完成利润指标。在日常控制中,企业应当健全凭证记录,完善各项管理规章制度,严格执行生产经营月度计划和成本费用的定额、定率标准,加强适时监控。对预算执行中出现的异常情况,企业有关部门应及时查明原因,提出解决办法。

企业应当建立预算报告制度,要求各预算执行单位定期报告预算的执行情况。对于预算执行中发现的新情况、新问题及出现偏差较大的重大项目,企业财务管理部门以至预算委员会应当责成有关预算执行单位查找原因,提出改进经营管理的措施和建议。

企业财务管理部门应当利用财务报表监控预算的执行情况,及时向预算执行单位、预算委员会以至董事会或经理办公会提供财务预算的执行进度、执行差异及其对企业预算目标的影响等财务信息,促进企业完成预算目标。

二、预算的调整

企业正式执行的预算,一般不予调整。预算执行单位在执行中由于市场环境、经营条件、政策法规等发生重大变化,致使预算的编制基础不成立,或者将导致预算执行结果产生重大偏差的,可以调整预算。

企业应当建立内部弹性预算机制,对于不影响预算目标的业务预算、资本预算、筹资预算之间的调整,企业可以按照内部授权批准制度执行,鼓励预算执行单位及时采取有效的经营管理对策,保证预算目标的实现。

企业调整预算应当由预算执行单位逐级向企业预算委员会提出书面报告,阐述预算

执行的具体情况、客观因素变化情况及其对预算执行造成的影响程度,提出预算指标的调整幅度。

企业财务管理部门应当对预算执行单位的预算调整报告进行审核分析,集中编制企业年度预算调整方案,提交预算委员会以至董事会或经理办公会审议批准,然后下达执行。

对于预算执行单位提出的预算调整事项,企业进行决策时,一般应当遵循以下要求:
(1) 预算调整事项不能偏离企业发展战略。
(2) 预算调整方案应当在经济上能够实现最优化。
(3) 预算调整重点应当放在预算执行中出现的重要的、非正常的、不符合常规的关键性差异方面。

三、预算的分析与考核

企业应当建立预算分析制度,由预算委员会定期召开预算执行分析会议,全面掌握预算的执行情况,研究、解决预算执行中存在的问题,纠正预算的执行偏差。

开展预算执行分析,企业管理部门及各预算执行单位应当充分收集有关财务、业务、市场、技术、政策、法律等方面的信息资料,根据不同情况分别采用比率分析、比较分析、因素分析、平衡分析等方法,从定量与定性两个层面充分反映预算执行单位的现状、发展趋势及其存在的潜力。

针对预算的执行偏差,企业财务管理部门及各预算执行单位应当充分、客观地分析产生的原因,提出相应的解决措施或建议,提交董事会或经理办公会研究决定。

企业预算委员会应当定期组织预算审计,纠正预算执行中存在的问题,充分发挥内部审计的监督作用,维护预算管理的严肃性。

预算审计可以采用全面审计或者抽样审计。在特殊情况下,企业也可组织不定期的专项审计。审计工作结束后,企业内部审计机构应当形成审计报告,直接提交预算委员会以至董事会或经理办公会,作为预算调整、改进内部经营管理和财务考核的一项重要参考。

预算年度终了,预算委员会应当向董事会或者经理办公会报告预算执行情况,并依据预算完成情况和预算审计情况对预算执行单位进行考核。

企业内部预算执行单位上报的预算执行报告,应经本部门、本单位负责人按照内部议事规范审议通过,作为企业进行财务考核的基本依据。企业预算按调整后的预算执行,预算完成情况以及企业年度财务会计报告为准。

企业预算执行考核是企业绩效评价的主要内容,应当结合年度内部经济责任制进行考核,与预算执行单位负责人的奖惩挂钩,并作为企业内部人力资源管理的参考。

本 章 小 结

本章讨论了企业如何通过预算来计划在预算期内要完成的事项——针对各项目分配资源、监督实现财务目标的过程。预算以战略规划目标为导向,是计划数字化、表格化、明细化的表达。企业可根据自身特点,选择合适的预算编制方法和编制程序。全面预算管理包括预算编制、实施、调整、分析和考核的一系列过程,需要协同各种业务活动和管理方案,使企业内部各部门、各环节均能统筹规划,协调行动。全面预算管理是企业综合的、全面的管理,是具有全面控制约束力的机制。

思 考 题

1. 全面预算管理是如何落实企业战略目标的?
2. 企业应该如何选择合适的预算编制方法?
3. 全面预算应该如何编制?
4. 企业如何进行全面预算管理?各环节的重点在哪?

讨 论 题

振江公司是一家以加工定制零件为主业的小型机械加工企业。凭着质优价廉的产品和良好的信誉,该公司深受几家大型机械制造商的青睐。2×21年年底,振江公司接到了一单大生意,2×22年全年为公司老客户——鸿运机械制造有限公司生产4 600件某种专用备件。据估计,如果接下这份订单,公司将再无剩余生产能力生产其他产品。

根据合同规定,该专用备件的价格是每件1 200元,振江公司需按季度向客户交货,四个季度的供货量分别为800件、1 100件、1 500件和1 200件。合同规定的付款方式为:各季度的货款应在当季支付60%,其余40%在下季付讫。目前,该客户尚欠振江公司500 000元货款,预计将在2×22年第一季度付清。

振江公司预计,为保证供货的连续性,预算期内各季度的期末产品库存量应达到下期销售量的20%。同时根据与客户的长期合作关系来看,公司预算年末的产品库存量应维持在和年初一致的水平,大约为200件,能够保证及时为客户供货。

振江公司生产该备件主要使用一种合金材料。根据以往经验来看,平均每件产品需用料5千克。这种合金材料振江公司一直以每千克200元的价格跟一位长期合作的供应商定购,并且双方约定,购货款在购货当季和下季各付一半。

目前,振江公司尚欠该供应商货款400 000元,预计将在2×22年第一季度付清。公司为保证生产的连续性,规定预算期内各期期末的材料库存量应达到下期生产需要量的10%,同时规定各年年末的预计材料库存应维持在600千克左右。

公司根据以往的加工经验预计,生产一件备件大约需要7个工时。而依据公司与工人签订的劳动合同规定,每工时需要支付工人工资10元。

公司下年度可能会发生以下几项制造费用:辅助材料与水电费为变动费用,每工时的开支额分别是3元和2元;车间管理人员工资和设备折旧费为固定费用,估计每季度的开支总额分别为10 000元和15 250元;设备维护费为混合成本,每季度要进行一次基本维护,费用大约为15 000元,日常维护费用则与开工时数有关,估计每工时的维护费约为2元。

公司预计2×22年度的销售费用只有运输费一项,按照与运输公司的合同约定,每季度支付13 000元运费;管理费用包括管理人员工资、办公费和房租三项,均属于固定成本,每季开支额分别为6 000元、4 000元和10 000元。

公司产品生产成本包括直接材料、直接人工、制造费用。

公司财务部门根据公司的经营特点和现金流转状况,确定公司的最佳现金持有量是10 000元。

当预计现金收支净额不足10 000元时,公司通过变现有价证券及申请短期银行借款来补足;预计现金收支净额超过10 000元时,超出部分用于归还借款和购入有价证券。振江公司估计,2×22年年初,公司会有23 000元左右的有价证券储备。此外,公司已和银行商定了为期1年的信贷额度,公司随时可按6%的年利率向银行借款,借款为1 000元的整数倍。

除了日常经营活动所引起的各项现金收支,估计振江公司2×22年还会发生下列现金支付业务。

(1) 公司的一台专用机床必须在一季度更新,预计需要支出购置及安装等费用共计130 000元。

(2) 公司将在2×22年年初向股东派发2×21年度的现金股利20 000元。

(3) 估计公司每个季度需要缴纳所得税款5 600元。

公司财务人员估计,如果前面各项日常业务预算和现金预算都能在预算期内予以落实,那么公司在2×22年度的盈利前景还是相当乐观的。估计公司2×22年度的股利分配额能在2×21年基础上增长50%,达到30 000元。

要求:

(1) 请根据上述资料编制振江公司2×22年全面预算。

(2) 全面预算编制和全面预算管理是一回事吗?如何保证全面预算得到有效实施?

(3) 在什么情况下企业要进行预算调整?企业应如何实施预算调整?

参考文献及推荐阅读

1. 财政部.管理会计应用指引第200号——预算管理,2017-09-29.
2. 财政部.管理会计应用指引第201号——滚动预算,2017-09-29.
3. 财政部.管理会计应用指引第202号——零基预算,2018-08-17.
4. 财政部.管理会计应用指引第203号——弹性预算,2018-08-17.
5. 财政部.管理会计应用指引第204号——作业预算,2018-12-27.
6. 中国注册会计师协会.注册会计师全国统一考试辅导教材:财务成本管理[M].北京:中国财政经济出版社,2021.
7. 王化成,陈昕琨,陈占燎.基于战略导向的全面预算管理研究——以铁路运输企业G集团为例[J].会计之友,2020(11):10-18.
8. 柳砚风,温素彬.敏感性分析在企业集团全面预算管理中的应用[J].会计之友,2017(24):132-135.
9. 温素彬,卫晋芳.管理会计工具及应用案例——全面预算管理在高速公路BOT项目运营期的应用[J].会计之友,2017(2):134-136.

第五章 成本管理系统

【学习目标】 本章介绍作业成本法及作业管理、产品生命周期成本法、目标成本法、质量成本法等基本内容。通过本章的学习,学生需要了解各种成本法产生的时代背景,理解各种成本法的基本原理,明确各种成本法的优缺点,掌握作业成本法的计算、特点以及其在管理上的重大开拓性,正确认识各种成本法在企业管理中的作用。

【知识引导】 尽管使用和实施作业成本法没有问题,并且作业成本法早在30多年前就已经存在,但是调查表明,作业成本法的传播过程并不像人们预期的那样顺利,这就是所谓的"作业成本法之谜"。一方面,作业成本法被收录到了大多数管理会计教材中,作业成本法研讨班和咨询活动,以及作业成本法软件也层出不穷,学者们发表了大量关于作业成本法的论文;另一方面,许多公司并不采用作业成本法,有些公司采纳了作业成本法但最终又放弃了它。

罗伯特·S.卡普兰在分析管理会计方法为何在企业实务中使用滞后时认为主要存在4个原因,即缺乏足够的角色模型、电算化会计系统的盛行、过于重视财务会计、高层管理人员并不注重改进他们管理会计系统的适当性。Kennedy 和 Affleck-Graves(2001)也为作业成本法之谜提出了三个答案:作业成本法也许不适合每个公司;作业成本法也许不能增加价值,而仅仅和其他真正增加价值的动因变量相关;几乎没有证据表明,使用作业成本法系统可以提高所有者权益或者公司盈利水平[①]。

第一节 作业成本法及作业管理

一、作业成本法的产生

成本会计的变化源于企业制造环境的变化和管理理论与方法的创新。特别是进入20世纪90年代以后,企业外部环境发生了巨大变化,主要体现在:产品需求的多样化和个性化;国际分工合作日趋密切,世界经济一体化;技术不断革新,主要是围绕材料、产品、设备等生产技术的革新和以微电子技术为中心的革新;生产技术进一步自动化。外部环境的变化使得传统的成本会计技术与方法所计算的成本扭曲了信息,无法解决现实问题。也就是说,企业在面对新制造环境的冲击时,其传统成本计算和控制方法受到严重挑战:

第一,成本信息的严重歪曲。在新制造环境下,机器人和电脑辅助生产系统在某些工

---

① Tom Kennedy, John Affleck-Graves. The impact of ABC techniques on firm performance[J]. Journal of Management Accounting Research, 2001(13):19-45.

作上已经取代了人工,人工成本比重从传统制造环境下的20%～40%降到了现在的不足5%,但制造费用剧增,作业形式变得多样化,分摊标准如果只用人工标准去分配已难于正确反映各种产品的成本。

第二,成本控制可能产生反功能行为。传统成本会计将预算与实际业绩对比形成差异报告,即将实际成本与标准成本相比较计算出差异,以便及时发现问题采取措施加以纠正。在新制造环境下,这一控制系统将产生反功能的行为。例如,为获得有利的效率差异,可能导致企业片面追求大量生产,造成存货的增加;又如,为获得有利价格差异,采购部门可能购买低质量的原材料或进行大宗采购,造成质量问题或材料库存积压等。同时,多品种生产频繁地根据订货不同而交换作业,重复性作业大大减少,使得标准成本失去了存在的意义。

第三,成本信息的片面性。传统成本信息过分注重制造过程,忽略产品设计、售后服务等其他环节;重视业务量,视业务量为驱动成本的唯一因素,忽略其他因素(如质量、技术、规模、生产复杂程度等)对产品成本的影响;重视"产品"层次的成本计算,忽略工艺、流程、零部件、产品、服务、分销渠道、客户、作业、作业链等需要计量和分配成本的项目。

针对传统成本会计不适应新制造环境的局面,美国会计学者提出了作业成本法。作业成本法是指企业将资源费用准确分配到产品、服务等成本对象的一种成本计算方法,是以"作业消耗资源、产品消耗作业"为原则,按照资源动因将资源费用追溯或分配至各项作业,计算出作业成本,然后再根据作业动因,将作业成本追溯或分配至各成本对象,最终完成成本计算的过程。

作业成本法与传统成本法二者最重要的区别是成本分配到整个价值链上的程度。传统成本会计一般只会将生产成本分配到产品中去,而不能将价值链上其他职能的费用分配到产品中,因为传统成本会计通常只关注存货价值计量,而且会计准则也不允许将非生产成本分配到存货中。相比而言,作业成本法关注于对决策者来说重要的成本,它往往将分配成本的范围扩大到生产之外的流程中,如设计、市场推广、订单处理和客户服务。因此,作业成本法更为复杂,但能够带来更为准确的成本,有利于决策的制定。作业成本法的应用目标包括以下几点:

(1)通过追踪所有资源费用到作业,再到流程、产品、分销渠道或客户等成本对象,提供全口径、多维度的更加准确的成本信息。

(2)通过作业认定、成本动因分析以及对作业效率、质量和时间的计量,更真实地揭示资源、作业和成本之间的联动关系,为资源的合理配置以及作业、流程和作业链(价值链)的持续优化提供依据。

(3)通过作业成本法提供的信息及其分析,为企业更有效地开展决策、规划、控制、考核、激励等各种管理活动奠定坚实基础。

二、作业成本法的基本概念

作业成本法是指以作业为计算产品成本的中间桥梁,通过资源动因来确认和计量各作业中心的成本,并以作业动因为基础来分配间接费用的一种成本计算方法。其中涉及的四大核算要素是:作业、资源及资源费用、成本对象、成本动因。其中作业、资源及资源费用和成本对象是成本的承担者,是可分配对象。在企业中作业、资源及资源费用和成本对象往往具有比较复杂的关系。成本动因则是导致生产中成本发生变化的因素,只要能导致成本发生变化,就是成本动因。

(一)作业

作业是指企业基于特定目的重复执行的任务或活动,是连接资源和成本对象的桥梁。例如,签订材料采购合同、将材料运达仓库、对材料进行质量检测、入库登记等均为作业。一项作业既可以是一项非常具体的任务或活动,也可以泛指一类任务或活动。作业是作业成本法的核心要素。表5.1为某变速箱制造企业系列作业清单。

表5.1

某变速箱制造企业系列作业清单

作业名称	作业说明
材料订购	包括选择供应商、签订合同、明确供应方式等
材料检验	对每批购入的材料进行质量、数量检验
生产准备	每批产品投产前,进行设备调整等准备工作
发放材料	每批产品投产前,将生产所需材料发往各生产车间
材料切割	将管材、圆钢切割成适于加工的毛坯工件
车床加工	使用车床加工零件(轴和连杆)
铣床加工	使用铣床加工零件(齿轮)
刨床加工	使用刨床加工零件(变速箱外壳)
产品组装	人工装配变速箱
产品质量检验	人工检验产品质量
包装	用木箱将产品包装
车间管理	组织和管理车间生产、提供维持生产的条件

资料来源:中国注册会计师协会.财务成本管理[M].北京:中国财政经济出版社,2019.

由若干个相互关联的具体作业组成的作业集合被称为作业中心。企业可按照受益对象、层次和重要性,将作业分为以下五类,并分别设计相应的作业中心。

1. 产量级作业

产量级作业是指明确地为个别产品(或服务)实施的、使单个产品(或服务)受益的作业。该类作业的数量与产品(或服务)的数量呈正比例变动,包括产品加工、检验等。

2. 批别级作业

批别级作业是指为一组(或一批)产品(或服务)实施的、使该批该组产品(或服务)受益的作业。该类作业的发生是由生产的批量数而不是单个产品(或服务)引起的,其数量与产品(或服务)的批量数呈正比变动,包括设备调试、生产准备等。

3. 品种级作业

品种级作业是指为生产和销售某种产品(或服务)实施的、使该种产品(或服务)的每个单位都受益的作业。该类作业用于产品(或服务)的生产或销售,但独立于实际产量或批量,其数量与品种的多少呈正比例变动,包括新产品设计、现有产品质量与功能改进、生产流程监控、工艺变换需要的流程设计、产品广告等。

4. 顾客级作业

顾客级作业是指为服务特定客户所实施的作业。该类作业保证企业将产品(或服务)销售给个别客户,但作业本身与产品(或服务)数量独立,包括向个别客户提供的技术支持活动、咨询活动、独特包装等。

5. 设施级作业

设施级作业是指为提供生产产品(或服务)的基本能力而实施的作业。该类作业是开展业务的基本条件,其使所有产品(或服务)都受益,但与产量或销量无关,包括管理作业、针对企业整体的广告活动等。

(二) 资源及资源费用

资源作为一个概念外延非常广泛,涵盖了企业所有价值载体,包括物料、能源、设备、资金和人工等。但在作业成本管理中的资源费用是指企业在一定期间内开展经济活动所发生的各项资源耗费,既包括各种房屋及建筑物、设备、材料、商品等各种有形资源的耗费,又包括信息、知识产权、土地使用权等各种无形资源的耗费,还包括人力资源耗费以及其他各种税费支出等。为便于将资源费用直接追溯或分配至各作业中心,企业还可以按照资源与不同层次作业的关系,将资源分为如下五类。

1. 产量级资源

产量级资源包括为单个产品(或服务)所取得的原材料、零部件、人工、能源等。

2. 批别级资源

批别级资源包括用于生产准备、机器调试的人工等。

3. 品种级资源

品种级资源包括为生产某一种产品(或服务)所需要的专用化设备、软件或人力等。

4. 顾客级资源

顾客级资源包括为服务特定客户所需要的专门化设备、软件和人力等。

5. 设施水平资源

设施水平资源包括土地使用权、房屋及建筑物,以及所保持的不受产量、批别、产品、服务和客户变化影响的人力资源等。

(三) 成本对象

成本对象是指企业追溯或分配资源费用、计算成本的对象物。成本对象可以是工艺、流程、零部件、产品、服务、分销渠道、客户、作业、作业链等需要计量和分配成本的项目。企业根据需要可以把每一个生产批别作为成本对象,也可以把一个品种作为成本对象。在顾客组合管理等新的管理工具中,企业需要计算出每个顾客的利润,以此确定目标顾客群体,这里的每个顾客就是成本对象。

成本对象可以分为市场类成本对象和生产类成本对象。市场类成本对象主要是按照不同的市场渠道和不同顾客的成本对象来确定,它主要衡量不同渠道和顾客带来的实际收益,核算结果主要用于市场决策,并支持企业的产品决策。生产类成本对象是在企业内部的成本对象,包括各种产品和半成品,用于计量企业内部的生产成果。

（四）成本动因

成本动因是指诱导成本发生的原因，也称成本驱动因素，是成本对象与其直接关联的作业和最终关联的资源之间的中介。它决定了成本的产生，并可作为分配成本的标准。按其在资源流动中所处的位置和作用，成本动因可分为资源动因和作业动因。

资源动因是引起资源耗用的成本动因，它反映了资源耗用与作业量之间的因果关系，是引起作业成本变动的因素，是把资源费用分配到作业的基本依据。企业应识别当期发生的每一项资源消耗，分析资源耗用与作业中心作业量之间的因果关系，选择并计量资源动因。企业一般应选择那些与资源费用总额呈正比例关系变动的资源动因作为资源费用分配的依据。

作业动因是引起作业耗用的成本动因，它反映了作业耗用与最终产出的因果关系，是将作业成本分配到流程、产品、分销渠道、客户等成本对象的依据。作业动因需要在交易动因、持续时间动因和强度动因间进行选择。其中，交易动因是指用执行频率或次数计量的成本动因，包括接受或发出订单数、处理收据数等；持续时间动因是指用执行时间计量的成本动因，包括产品安装时间、检查小时等；强度动因是指不易按照频率、次数或执行时间进行分配而需要直接衡量每次执行所需资源的成本动因，包括特别复杂产品的安装、质量检验等。

在作业成本法下，企业应将当期所有的资源费用，遵循因果关系和受益原则，根据资源动因和作业动因，分项目经由作业追溯或分配至相关的成本对象，确定成本对象的成本。

三、作业成本法的特点和程序

（一）作业成本法的特点

作业成本法的特点是相对于以产量为基础的传统成本计算法而言的。

1. 作业成本法对制造费用的核算作了根本性变革

该特点主要体现在对间接制造费用的核算上，表现为如下几点：

（1）将制造费用由全厂统一或按部门归集和分配，改为由若干个成本库分别进行归集和分配。

（2）增加分配标准，由单一标准分配改为按引起制造费用发生的多种成本动因进行分配。

因此，作业成本法下制造费用的分配路径是"资源→作业→产品"，其对直接材料、直接人工等直接成本的核算与传统成本计算方法相同。作业成本法计算步骤如图 5.1 所示。

2. 成本分配强调可追溯性

作业成本法认为，将成本分配到成本对象有三种不同的形式：直接追溯、动因追溯和分摊。作业成本法的一个突出特点，就是强调以直接追溯或动因追溯的方式计入产品成本，而尽量避免分摊方式，因此能够提供更加准确、真实的成本信息。

（1）直接追溯是指将成本直接确认分配到某一成本对象的过程。这一过程是可以实地观察的。使用直接追溯方式得到的产品成本是最准确的。例如，生产电视机耗用集成电路板，集成电路板的成本就可以直接追溯到电视机。

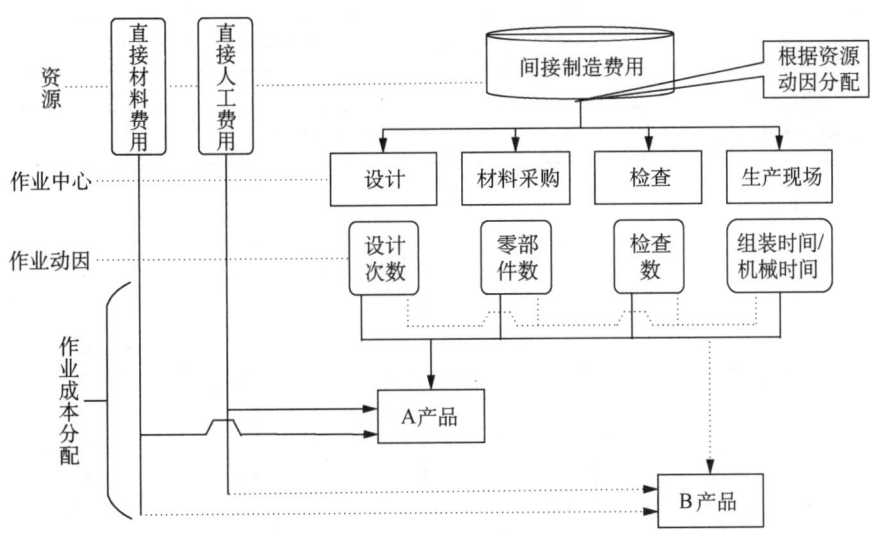

图 5.1 作业成本法计算步骤

(2) 动因追溯是指根据成本动因将成本分配到各成本对象的过程。对于不能直接追溯的成本,作业成本法强调使用动因追溯方式。采用这种方式需要首先找到引起成本变动的真正原因,即成本与成本动因之间的因果关系。动因追溯虽然不像直接追溯那样准确,但只要因果关系建立恰当,成本分配的结果同样可以达到较高的准确程度。

(3) 分摊方式是一种简便易行且成本较低的成本分配方式。这种方式建立在某种特定的假设前提之下。当这一特定的假设前提符合成本与成本对象之间的因果关系时,分配的结果是相对准确的,否则,就会扭曲成本,影响成本的真实性。

3. 成本分配使用众多不同层面的成本动因

在作业成本法下,一个车间发生的制造费用细分为各个成本动因的费用,各个成本动因就按各自的标准进行分配。例如,质量检验费以送检数量和次数为标准分配,设备调整、维修费用按调整、维修的工时,设备耗用电费、机油等则按机器工时为标准分配。以制造费用发生的成本动因分别设立作业中心,按作业中心建立制造费用成本库。制造费用分配标准由单标准改为多标准,提高了产品成本中制造费用项目的准确性。

(二) 作业成本法的程序

根据作业成本法"作业消耗资源、产品消耗作业"的基本指导思想,产品成本计算过程可以分为两个阶段(图 5.2)。

第一阶段,识别作业,根据作业消耗资源的方式,将作业执行中耗费的资源分派到作业,计算作业的成本。

第二阶段,根据产品所消耗的成本动因,将第一阶段计算的作业成本分派到各有关成本对象。

实施作业成本法的具体步骤如下。

1. 设立资源费用库,并归集资源费用库价值

企业在生产产品或提供劳务过程中会消耗各种资源费用,企业应先为各类资源设置相应的资源费用库,并对一定期间内耗费的各种资源价值进行计量,将计量结果归入各资

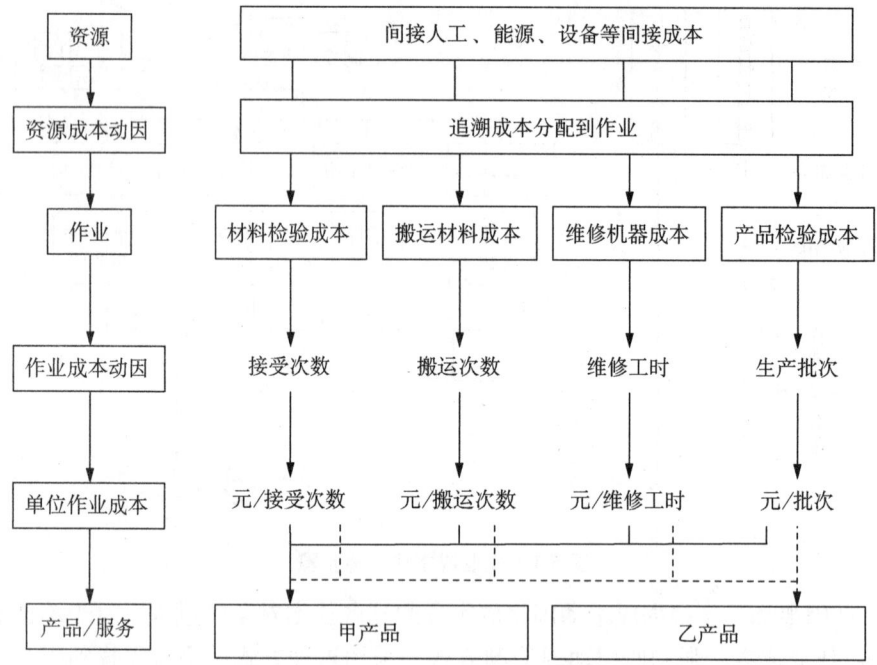

图 5.2 作业成本法分两阶段分配成本

源费用库中。

2. 确认主要作业,并设立相应的作业中心

在进行作业确认时,一般按照重要性和同质性的要求进行划分,纳入同一个作业组应具备两个条件:一是属于同一类作业,二是对于不同产品来说,它们有着大致相同的消耗比率。在作业认定后,企业应设计作业成本库,按照前述的产量级作业成本库、批别级作业成本库、品种级作业成本库、顾客级作业成本库以及设施级作业成本库进行分类,如图 5.3 所示。

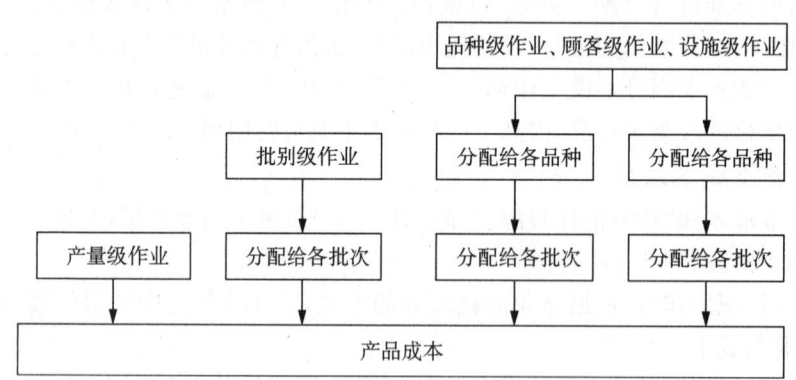

图 5.3 不同层级的作业成本

3. 确定资源动因,并将各资源库汇集的价值分派到各作业中心

资源动因是把资源库价值分派到各作业中心的依据。第一,企业应根据不同的资源,选择合适的资源动因。第二,根据各项作业所消耗的资源动因数,将各资源库的价值分配到各作业中心。作业的资源动因如表 5.2 所示。

表 5.2

作业的资源动因

作　业	资源动因
机器运行作业	机器小时
安装作业	安装小时
清洁作业	平方米
材料移动作业	搬动次数、搬运距离、吨公里
人事管理作业	雇员人数、工作时间
能源消耗	电表、流量表、装机功率和运行时间
制作订单作业	订单数量
顾客服务作业	服务电话次数、服务产品品种数、服务的时间

4. 选择作业动因,并确定各作业成本的成本动因分配率

在确定了作业成本后,根据作业动因计算成本动因分配率,再根据作业量计算成本对象应负担的作业成本。其公式如下:

$$单位作业成本 = 本期作业成本库归集总成本 \div 本期作业量$$

5. 计算作业成本和产品成本

根据每种产品所耗用的成本动因单位数和作业成本分配率,可以计算该产品应负担的作业成本和产品成本。

第一,计算耗用的作业成本,计算公式如下:

$$某产品耗用的作业成本 = \sum(该产品耗用的作业量 \times 实际作业成本分配率)$$

第二,计算当期发生成本,即产品成本,直接材料成本、直接人工成本和各项作业成本共同构成某产品当期发生的总成本,计算公式如下:

$$某产品当期发生成本 = 当期投入该产品的直接成本(直接材料成本 + 直接人工成本) + 当期耗用的各项作业成本$$

【例 5 - 1】 某企业生产甲、乙两种产品,甲产品产量小,但工艺过程较为复杂;乙产品产量大,技术工艺较为简单。有关资料如下:

(1) 甲、乙产品的基本资料如表 5.3 所示。

表 5.3

甲、乙产品基本资料　　　　　　　　金额单位:元

产品名称	年产量(台)	单位产品机器工时(小时)	直接材料单位成本	直接人工单位成本
甲	10 000	10	50	20
乙	40 000	10	30	20

(2) 企业每年制造费用总额为 2 000 000 元。甲、乙两种产品的复杂程度不一样,所耗用的作业量也不一样。依据作业动因设置五个成本库。有关资料如表 5.4 所示。

表 5.4

甲、乙产品作业成本资料

作业名称	成本动因	作业成本(元)	作业动因数(次数)		
			甲产品	乙产品	合计
机器调整	调整次数	600 000	3 000	2 000	5 000
质量检验	检验次数	480 000	5 000	3 000	8 000
生产订单	订单份数	120 000	400	200	600
机器维修	维修次数	600 000	600	400	1 000
材料验收	验收次数	200 000	300	100	400
合计		2 000 000			

要求:分别用作业成本法与传统成本法计算上述两种产品的单位成本。

首先,用作业成本法计算各项作业的成本动因分配率,计算结果如表 5.5 所示。

表 5.5

作业成本动因分配率 单位:元

作业名称	成本动因	作业成本	作业动因数(次数)			分配率
			甲产品	乙产品	合计	
机器调整	调整次数	600 000	3 000	2 000	5 000	120
质量检验	检验次数	480 000	5 000	3 000	8 000	60
生产订单	订单份数	120 000	400	200	600	200
机器维修	维修次数	600 000	600	400	1 000	600
材料验收	验收次数	200 000	300	100	400	500
合计		2 000 000				

其次,计算作业成本法下两种产品的制造费用,计算结果如表 5.6 所示。

表 5.6

按作业成本法计算的制造费用 单位:元

作业名称	作业成本	作业动因数(次数)		分配率	分配的制造费用	
		甲产品	乙产品		甲产品	乙产品
机器调整	600 000	3 000	2 000	120	360 000	240 000
质量检验	480 000	5 000	3 000	60	300 000	180 000
生产订单	120 000	400	200	200	80 000	40 000
机器维修	600 000	600	400	600	360 000	240 000
材料验收	200 000	300	100	500	150 000	50 000
合计	2 000 000				1 250 000	750 000

再次,使用传统成本法分别计算甲、乙两种产品的制造费用。

甲、乙两种产品的机器工时分别为 100 000 小时(10 000×10)和 400 000 小时(40 000×10),制造费用总额为 2 000 000 元。

$$制造费用分配率 = 2\ 000\ 000 \div (100\ 000 + 400\ 000) = 4(元/小时)$$
$$甲产品制造费用 = 100\ 000 \times 4 = 400\ 000(元)$$
$$乙产品制造费用 = 400\ 000 \times 4 = 1\ 600\ 000(元)$$

最后,比较两种成本计算法下制造费用分配的结果,如表 5.7 所示。

表 5.7

两种成本计算法下制造费用对照表　　　　　单位:元

项目	甲产品(产量 10 000 台)				乙产品(产量 40 000 台)			
	总成本		单位成本		总成本		单位成本	
	传统	作业	传统	作业	传统	作业	传统	作业
直接材料	500 000	500 000	50	50	1 200 000	1 200 000	30	30
直接人工	200 000	200 000	20	20	800 000	800 000	20	20
制造费用	400 000	1 250 000	40	125	1 600 000	750 000	40	18.75
合计	1 100 000	1 950 000	110	195	3 600 000	2 750 000	90	68.75

通过以上计算,可以看出,在传统成本计算法下,批量较小、技术上较复杂的产品,其成本在很大程度上被低估;批量大、技术上较为简单的产品,其成本在很大程度上被高估。这说明在传统成本法下,批量越大、技术越简单的产品,成本信息被高估的可能性越大;反之,成本信息被低估的可能性越大。在作业成本法下,企业以作业量为基础分配制造费用,即为不同的作业消耗选择相应成本动因向产品分配制造费用,可以使成本计算准确性大大提高。

四、作业管理

(一)作业管理的含义

作业成本法及其核算结果,从动因角度解决了成本"是多少"的问题,但并没有直接回答产品成本"应该是多少""为什么是多少"等更核心的问题。由作业成本法而引出的作业管理(activity-based management,ABM)在一定程度上则是要解决此类问题。

作业管理将企业看作由顾客需求驱动的一系列作业组合而成的作业集合体,在管理中努力提高增加顾客价值的作业效率,消除或遏制不增加顾客价值的作业,实现企业生产经营的持续改善。传统的企业价值观认为,企业是一个为社会提供产品的营利性经济组织,其核心是产品;现代的企业价值观认为,企业是为最终满足顾客需要而设计的一系列作业的集合体(余绪缨,1994)。从作业角度看,企业是一个由此及彼、由内到外的作业链。企业经营目标就是实现最终顾客价值最大化,企业管理的重点是持续改善以及优化作业链和价值链。作业管理的基本思想是以顾客价值为导向,以作业链—价值链为中心,对企业的作业流程进行根本、彻底的改造,强调协调企业内外部顾客关系,从企业整体发展,协调各部门各环节关系。

Turney(1990)提出,作业成本法是一个包括"成本分配观"和"过程(流程)分析观"的二维成本概念(图5.4)。"成本分配观"可以概括为"资源→作业→成本对象(产品)",成本分配观提供了关于资源、作业及成本对象的有关信息,它是以"成本对象引起作业需求,而作业需求进而引起资源需求"为基本依据,先将资源分配至作业,再由作业分配至成本对象。

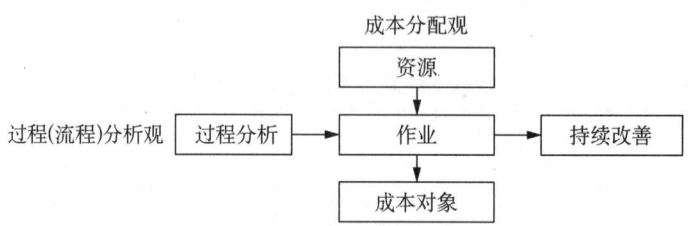

图 5.4 作业成本法的二维成本概念

"过程分析观"可以概括为"资源→作业→成本对象(产品)"。过程分析观提供的是"何种因素引起作业以及作业完成效果如何"的信息,企业可以利用这些信息不断优化经营过程,从而实现持续改善。作业管理体现了作业成本法的过程分析观,其目的在于对作业链—价值链进行持续改善,以便使企业获得竞争优势,同时利用作业管理信息支持企业的经营决策。

(二)作业管理的实施步骤

尽管作业管理在不同行业、不同经济技术条件、不同规模的企业实施各具特点,但是根据作业管理的基本原理,借鉴西方企业的实施经验,我国企业具体实施时,一般应遵循下列程序进行操作。

1. 确认和分析作业

确认和分析作业,先要区分增值作业与非增值作业。增值作业与非增值作业是站在客户角度划分的,最终增加顾客价值的作业是增值作业;否则,就是非增值作业。在一个企业中,区别增值作业和非增值作业的标准就是看这个作业发生是否有利于增加顾客价值,或者说是否有增加顾客的效用。作业管理的核心就是识别出不增加顾客价值的作业,从而找到可以改进的地方。

一般而言,在一个制造型企业中非增值作业有如下几种。

(1) 等待作业。
(2) 材料或在产品堆积作业。
(3) 产品或者在产品在企业内部迂回运送作业。
(4) 废品清理作业。
(5) 次品处理作业。
(6) 返工作业。
(7) 无效率重复某工序作业。
(8) 由于订单信息不准确造成没有准确送达需要再次送达等。

2. 作业价值分析

作业价值分析是通过对作业的识别与计量、资源费用的归集与确认、产出消耗作业的确认与计量、产出成本费用的归集等步骤和方法,分析评价作业的有效性和增值性,以提高作业效率、减少资源消耗、增加产出价值的一种分析方法。

作业价值分析从分析层次上可以分为资源动因价值分析、成本动因价值分析、作业综合分析和作业执行效果分析四部分。

3. 经营过程改善

作业管理的目的之一在于企业经营过程的持续改善。作业分析为实现这一目的提供了必要的信息,利用这些作业管理的信息,企业可以从重构作业链、合理配置资源、优化作业等方面着手进行经营过程的持续改善。

4. 建立健全业绩评价体系

实施作业管理,必须结合责任会计制度建立健全相应的绩效评价体系,将作业中心的确立与责任中心的划分衔接一致,明确经济责任和权限范围。企业通过使用合适的成本动因,保证成本指标和经营绩效的真实性与可靠性,从而有助于管理当局从非财务的角度进行业绩评价,进一步从理论上完善责任会计。

作业管理将控制成本、降低成本的视野由以"商品"为中心转移到以"作业"为中心,它不是以"成本"论成本,而是联系成本发生的前因(成本动因)与后果(成本耗费)来寻求控制成本的途径和方法;它不是简单、盲目地削减成本,而是通过对作业的跟踪和动态反映,通过事前、事中、事后的作业链及价值链分析,实现企业持续低成本、高效益目标。

与作业管理系统相关的一个管理方法是标杆管理,它是将产品、服务和业务活动与最佳行业标准比较的持续过程。标杆管理可以衡量一个组织自身的竞争力状况。标杆既可以从组织内部产生,又可以从竞争对手或其他类似流程的组织中获得。标杆管理的基本思想是以最强的竞争企业或那些在行业中领先和最有名望的企业在产品、服务或流程方面的绩效及实践措施为基准,树立学习和追赶的目标。通过资料收集、比较分析、跟踪学习、重新设计并付诸实施等一系列规范化的程序,将本企业的实际情况与这些基准进行定量化的比较和评价,在此基础上选取改进本企业绩效的最佳策略,争取赶上或超过竞争对手。

五、作业成本管理

1. 作业成本管理的含义

与此相关,作业成本管理是应用作业成本法提供的信息,从成本角度,合理安排产品或劳务的销售组合,寻找改变作业和生产流程、改善和提高生产率的一种成本管理方法。它主要是从成本方面来优化作业链和价值链,是作业管理的一个中介和核心内容。

2. 作业成本管理与传统成本控制的区别

作业成本管理属于一种全新的成本控制方法,它与传统成本控制的区别主要表现在以下几个方面:

(1) 成本控制的对象不同。作业成本管理以作业为基础实施成本控制,而传统成本控制以产品为对象实施成本控制。

(2) 成本控制的性质不同。作业成本管理站在战略的高度,以客户的需求为出发点进行作业价值分析,它属于战略管理不可缺少的一个组成部分;而传统的成本控制仅限于企业的内部,没有站在客户的角度进行成本的控制与分析。

(3) 研究范畴不同。作业成本管理进行作业链分析常常将分析的视角延伸至供应商或客户;传统成本控制的研究范畴仅限于企业内部的供产销分析。

(4) 分析内容不同。作业成本管理以作业为基础,从资源动因、作业动因、作业链等角度进行价值分析;传统成本控制是从成本项目角度进行分析。

(5) 成本改进的侧重点不同。作业成本管理为消除非增值作业,常常采用先进的方法,如适时生产系统、全面质量管理等,这些方法的采用大大缩短了产品的生存时间;传统的成本控制着眼于成本本身而非产品生产时间,显然二者对于成本改进的侧重点是不同的。

作业成本管理与传统成本控制的区别如表 5.8 所示。

表5.8

作业成本管理与传统成本控制的区别

区别维度	作业成本管理	传统成本控制
成本控制对象	以作业为对象	以产品为对象
成本控制性质	以客户的需求为出发点	局限于企业内部
研究范畴	分析视角延伸至供应商和客户	局限于企业内部的供产销
分析内容	从作业链角度分析	从成本项目角度分析
成本改进的侧重点	缩短产品的生产时间	成本本身的降低

第二节 产品生命周期成本法

一、传统成本管理的局限

面对日益激烈的全球化竞争,企业要击败竞争对手,就必须降低产品成本,同时要满足顾客个性化、多样化的需求,注重产品的质量和科技含量。因此,企业对产品成本的观念需有所变化,不应只是料工费(中游)的简单组合,还要延伸到产品的设计产品、研究和开发成本(上游),甚至还包括使用成本、维护保养成本和废弃成本(下游)的一系列与产品有关的所有资源消耗,这就衍生出了产品生命周期成本(life cycle cost)的概念。同时,随着工艺技术和生产能力的不断提高,上游成本和下游成本在成本总额中所占的比重越来越大,按照 Kaplan 和 Atkinson(1998)估计,产品生命周期成本中有 60%~80%在产品设计阶段就已经"锁定",产品一旦投入生产,降低成本的潜力就无法提高,因此企业应该从生命周期成本的角度降低产品成本。而传统成本管理因其自身缺陷已经很难满足环境变化的需求。

第一,传统成本管理只关注产品的生产成本,且重点关注直接材料和直接人工,没有考虑上游和下游的成本;即使考虑生产过程中的料工费,也仅仅出于单纯财务报表核算要求,没有对其进行认真细致的分类和管理,其成本范围过于狭窄。

第二,传统成本管理下仅仅关注产品制造过程的成本,在成本控制方面仅为控制成本而控制成本,易产生短期行为的管理倾向,同时也使企业忽略产品生命周期内的社会责任成本,不利于企业社会责任的履行。

第三,传统成本管理没有将成本管理与竞争优势联系起来,不利于企业分析所处环境、行业特点和竞争对手,不利于企业根据产品生命周期成本各阶段的分布情况,确定成本监督控制的重点,作出积极的定价和投资决策,影响了企业竞争力的形成。

二、产品生命周期及产品生命周期成本

产品生命周期是指特定产品从其创意设计开始,直到最后被淘汰退出市场的全过程所经历的时间。在产品生命周期的各个阶段所发生的各项成本之和称为产品生命周期成本。从企业、顾客、社会不同的视角,对产品生命周期成本进行预测分析,更有利于企业从不同角度加强成本的管理和控制。

从企业角度看,产品生命周期是指一个产品在企业中,经过创意的产生、研究与开发、产品设计、加工制造、完工入库直至产品销售给用户的过程,即产品从创意产生到交付给顾客的过程。基于这个角度,产品生命周期成本主要包括以下几种:

(1) 产品生产之前的研究开发费用。研究开发费用主要有市场调查成本、创意设计成本、产品测试成本等。

(2) 生产成本。生产成本主要包括生产过程发生的直接材料、直接人工和制造费用。

(3) 营销成本。营销成本主要是指营销过程发生的包装费、储存费、运输费、广告费等。

我们以产品为对象,对企业视角下的产品生命周期成本进行全面计量分析,与传统产品成本相比,其主要优点有:第一,便于企业在产品推向市场之前,更好地做好成本效益预测工作,以决定应否开发该产品。第二,为产品销售价格的制定提供更客观的依据。在此视角下,企业要求补偿的成本不仅限于生产成本,还应包含研发成本和销售成本产品,只有在补偿成本之后确定的销售价格,才能形成利润。第三,便于管理者了解产品不同阶段内的成本分布情况及成本之间的内在联系,以寻找最佳成本控制点。

从顾客视角看,产品生命周期是自产品购入经过使用磨损直至报废所经历的时间,也是生产者售后服务的时间。其使用成本是指在使用期内,顾客为取得产品、实现产品功能、报废产品须支付的一定成本。顾客支付的各项成本之和称为顾客角度下的产品生命周期成本,主要包括以下几点:

(1) 购置成本,如买价、运费、安装费、保险费等。

(2) 运行维护成本,是指为实现顾客要求的功能所消耗的成本,如能源耗费支出、维护支出等。

(3) 报废成本,即产品报废时处置相关资产所发生的人工费、运费等。

尽管基于顾客视角下的产品生命周期成本的承担者是顾客,而非生产企业,但其成本水平的高低直接受生产企业行为影响,因此生产企业要想在激烈竞争的买方市场上立于不败之地,必须从顾客角度考虑,维护顾客利益,从产品研发阶段开始就要加强产品使用成本的降低和控制,减少顾客支出,只有这样,才能争取更多顾客,增加企业收益。企业从顾客的角度对产品生命周期成本进行预测分析并加以控制,可避免企业的短期行为,促进企业的成本管理思想由传统的过程管理转向战略管理。企业明确成本管理不仅仅是为了

降低自身生产经营成本,更重要的是借助成本规划和成本管理功能,巩固和提高企业的竞争优势。

从整个社会角度看,产品生命周期是产品从最初投入市场到最终退出市场所经历的时间,可以由产品开发、投放期、成长期、成熟期和衰退期等几个阶段构成。其成本大体上可理解为研发成本、制造成本、营销成本、使用成本和处置成本。其中研发成本、制造成本和营销成本由企业承担,并通过销售价格转化为顾客的购买成本;使用成本直接由顾客承担;处置成本主要体现为废弃物处置不当造成的环境成本,一般由社会承担。产品的社会生命周期成本将成本进一步扩展到全社会范围,不仅包括企业和消费者承担的成本,还包括主要由其他社会成员承担的环境成本,即产品的社会生命周期成本在产品的总成本中引入了环境成本。将环境成本引入社会产品生命周期成本中,这样可以最大限度地降低环境损害成本,并使企业获得诸如原材料利用率的提高、能源消耗的降低、产品的回收再利用、职工身体健康的增强等效益,大大提高产品的绿色程度,提升企业的环保形象,提高企业的市场竞争能力和可持续发展能力,并最终实现环境效益和企业经济效益最优的目的。

因此,对基于社会视角下的产品生命周期成本进行控制,可以促进企业更好地履行社会责任,提高企业形象,争取更多的潜在客户;同时,还可降低社会交易成本,优化生存环境,有利于企业的长期发展。

不同行业、不同产品在不同的生命周期阶段,其成本的细分是不同的,表 5.9 列出了四类产品生命周期不同阶段的成本构成。

表 5.9

四类产品生命周期不同阶段成本构成

生命周期中的阶段	产品类型			
	战斗机	商用飞机	核弹	计算机软件
研发和设计	21%	20%	20%	75%
制造	45%	40%	60%	—
售后服务和处置	34%	40%	20%	25%
平均生命周期(年)	30	25	2~25	5

资料来源:安东尼 A.阿特金森,罗伯特 S.卡普兰,等.管理会计[M].6 版.北京:清华大学出版社,2011:288.

对上述三种角度下,产品生命周期的跨度和相对应的产品生命周期成本给出了简要的列示(俞丽辉,龚轶丹,2010),如图 5.5 所示。

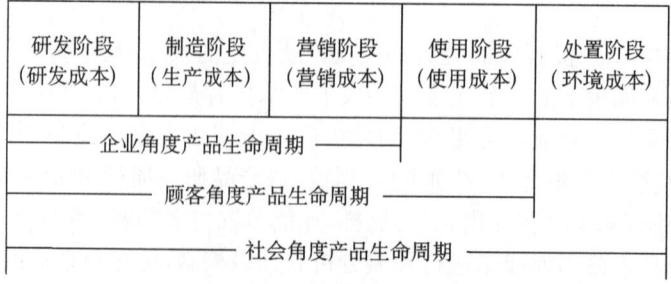

图 5.5 产品生命周期各阶段及其成本

传统产品成本计算只考虑产品生产阶段发生的、并由生产者负担的制造成本；企业视角的产品生命周期成本则拓展了产品成本范围,将产品策划、开发、设计、制造、营销和物流等过程发生的成本计入产品生命周期成本之中。社会视角的产品生命周期成本法除了要考虑以上由生产者负担的成本,还必须在质量、价格、交货期、环境保护等方面满足顾客及社会的需要,力求使顾客的使用、维修及废弃处置成本甚至社会成本尽可能低。这种立足于产品形成乃至消亡,并将产品生命周期由生产者阶段延续到消费者、社会阶段,并由此产生的成本计算方法,不仅拓宽了人们对成本的理解范围,明确了环境成本、废弃处置成本的重要性,并促使企业注意降低这些成本,也明确了成本控制重点,努力提供满足顾客从功能到使用直至处置等各方面需求的产品。显然,产品生命周期成本计算法对确立企业竞争优势、保持核心竞争能力具有重要的意义(朱朝晖,2005)。产品生命周期成本的演进如图5.6所示。

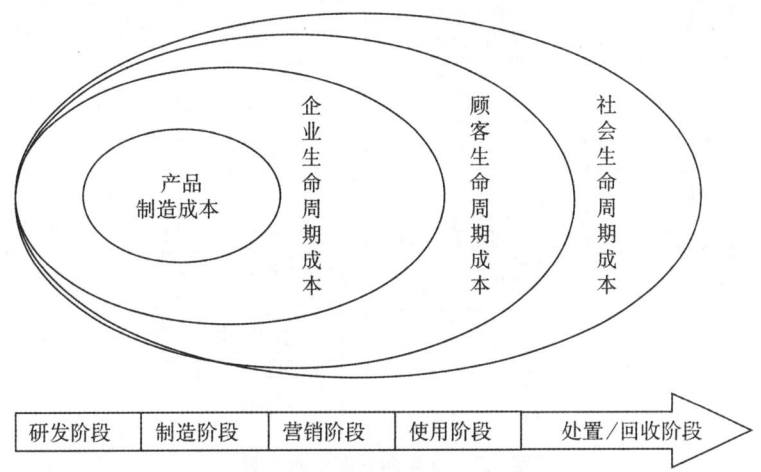

图5.6　产品生命周期成本的演进

三、产品生命周期成本法的特点

产品生命周期成本法是企业实施战略成本管理的立足点,它是一种全员参与、全面、全过程的成本管理,体现了可持续发展思想,即从产品的"出生"到"死亡"全过程来考虑成本问题。

按照该理论的思想,企业要树立大成本、系统管理的观点,将成本管理内容进一步扩展到产品设计、材料供应、售后使用、废弃处置各阶段,符合全面成本管理和管理会计的要求,对企业产品成本的分析更加准确全面。

在控制理念上,企业应实施产品生命周期成本管理,将成本管理与产品生命周期各阶段中的企业发展战略紧密结合,借助成本管理的功能建立和保持企业的竞争优势,实现短期效应和长期利益的结合。

在控制方法上,企业应注重分析部门与部门之间的相互联系,既要注重生产过程的成本节约,又要注重设计等过程的成本避免、成本改善和成本预防,通过多种方法持续系统地降低成本。

四、产品生命周期成本的计量

从产品生命周期的角度探讨成本的组成,成本一般包括研发成本、制造成本、销售成本、维修成本、使用成本和回收报废成本等(陈晓川,方明伦,2002),产品生命周期成本分解如图5.7所示。

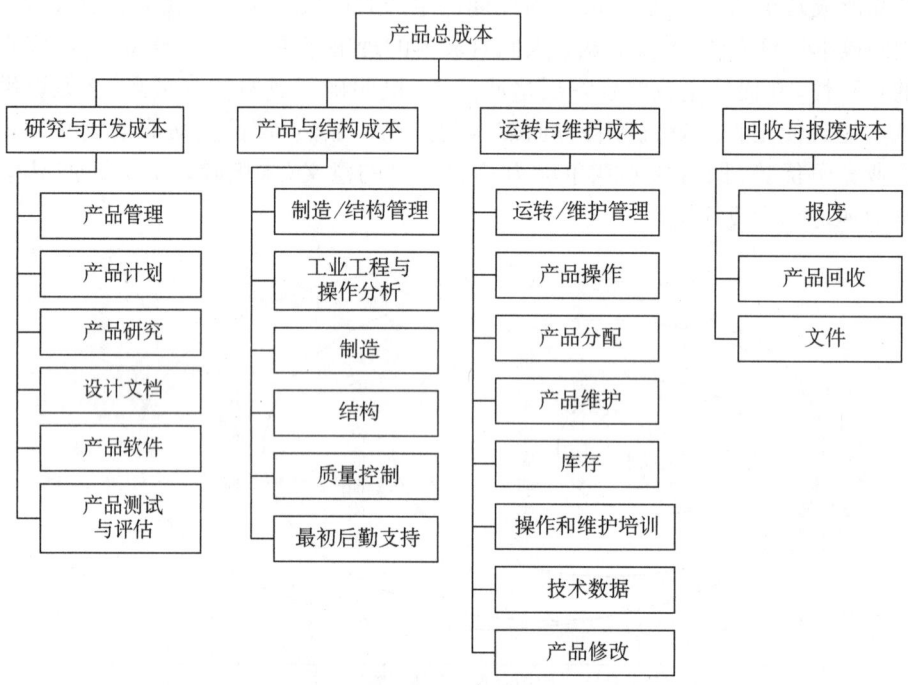

图 5.7 全生命周期成本分解

在明确其成本构成后,最重要的问题就是如何计量产品生命周期成本。从理论上看,在产品设计中寻求最低产品生命周期成本的方法,即通过比较不同设计方案的产品生命周期成本,找出产品生命周期成本最小的组合。

由于产品生命周期成本确认的复杂性,我们在此仅考虑其中的两种成本,即制造成本

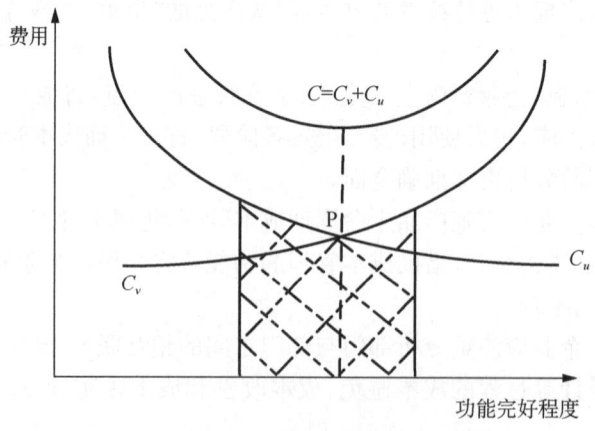

图 5.8 最低产品寿命周期成本的确定

C_v 和使用成本 C_u，通过比较不同设计方案的制造成本和使用成本，找出这两种成本的最佳组合，由于同种产品设计方案不同而实现功能的完善程度不同，所以它们的制造成本和使用成本也各不相同。最低产品寿命周期成本的确定如图 5.8 所示。曲线 C_v 表示随产品功能完善程度的提高，其制造成本有增加的趋势；曲线 C_u 表示随产品功能完善程度的提高，其使用成本有下降的趋势；两条曲线的交点（P 点）就是两种成本最合理的组合，与 P 点相对应的横轴点就是最低产品生命周期成本。

但以上模式过于简化，在此基础上，人们不断探索产品生命周期成本的计量问题，表 5.10 描述了成本估算方法及其特点，表 5.10 中的"不确定性"是指使用估算方法时所需要信息的"不确定性"程度，"应用阶段"是指估算方法应用时，其处在企业生产和经营过程中的前期或后期。

表 5.10

成本估算方法及其特点

方　　法	不确定性	应用阶段	精确度
详细估算	低	后	高
直觉估计	高	前	低
学习曲线	低	前	高
神经网络	中	前	高
模糊法	低	前	中
统计与参数估计	低	前	中
相似因素类比估计	高	后	中
人—负荷法	低	后	高
按手册估计	低	后	高
作业成本法	高	后	高

第三节　目标成本法

一、目标成本法的概念和特点

目标成本法是指企业从市场需求出发，在产品开发与设计时，便设定出符合顾客需求的产品功能、质量、价格等，并根据目标售价及目标利润倒推目标成本，利用源流管理，达成各部门、各环节乃至与供应商的通力合作，共同实现倒推出产品目标成本的一种成本管理方法。目标成本法主要适用于成熟制造业企业产品改造以及产品开发设计中的成本管理，是一种以市场导向（market-driven）、对有独立制造过程的产品进行利润计划和成本管理的方法。

为了更有效地实现供应链管理的目标，使客户需求得到最大程度的满足，成本管理应从战略高度分析,与战略目标相结合,使成本管理与企业经营管理全过程的资源消耗和资源配置协调起来,因而产生了适应供应链管理的目标成本法。目标成本法的目的是在产品生命周期的研发及设计阶段设计好产品的成本,而不是试图在制造过程降低成本。目标成本法是一种全过程、全方位、全人员的成本管理方法。

(1) 全过程是指供应链产品生产到售后服务的一切活动,包括供应商、制造商、分销商在内的各个环节。

(2) 全方位是指从生产过程管理到后勤保障、质量控制、企业战略、员工培训、财务监督等企业内部各职能部门各方面的工作以及企业竞争环境的评估、内外部价值链、供应链管理、知识管理等。

(3) 全人员是指从高层经理人员到中层管理人员、基层服务人员、一线生产员工。目标成本法在作业成本法的基础上来考察作业的效率、人员的业绩、产品的成本,弄清楚每一项资源的来龙去脉,每一项作业对整体目标的贡献。

总之,传统成本法局限于事后的成本反映,而没有对成本形成的全过程进行监控;作业成本法局限于对现有作业的成本监控,没有将供应链的作业环节与客户的需求紧密结合。而目标成本法则保证供应链成员企业的产品以特定的功能、成本及质量生产,然后以特定的价格销售,并获得令人满意的利润。

二、目标成本法的实施程序

基于案例分析,经过高度提炼和规范后,Robin 和 Regine(1997)①将目标成本法的过程划分为三个部分,如图 5.9 所示,并提出这三个部分并非严格的承接关系,三者可以同时进行,以进一步提高效率。

图 5.9 目标成本法的过程

按照我国《管理会计应用指引第 301 号——目标成本法》,目标成本法的应用程序一般包括:确定应用对象、成立跨部门团队、收集相关信息、计算市场驱动产品成本、设定可实现目标成本、分解可实现目标成本、落实目标成本责任、考核成本管理业绩、持续改善等九个环节。

1. 确定应用对象

企业应根据目标成本法的应用目标及其应用环境和条件,综合考虑产品的产销量和盈利能力等因素,确定应用对象。

企业一般应将拟开发的新产品作为目标成本法的应用对象,或选择那些功能与设计

---

① Robin Cooper, Regine Slagmulder. Target costing and value engineering [M]. Portland: Productivity Press, 1997.

存在较大的弹性空间、产销量较大且处于亏损状态或盈利水平较低、对企业经营业绩具有重大影响的老产品作为目标成本法的应用对象。

2. 成立跨部门团队

目标成本法的应用需要企业设立由研究与开发、工程、供应、生产、营销、财务、信息等有关部门负责人组成的跨部门团队。在该团队之下,企业可以建立成本规划、成本设计、成本确认、成本实施等小组,由业务主管负责,由管理层授权,开展目标成本法相关工作。

成本规划小组由业务主管及财务人员组成,负责设定目标利润,制定新产品开发或老产品改进方针,考虑目标成本等。该小组主要负责收集相关信息、计算市场驱动产品成本。

成本设计小组由技术及财务人员组成,负责确定产品的技术性能、规格,负责对比各种成本因素,考虑价值工程,进行设计图上成本降低或成本优化的预演等。该小组主要负责可实现目标成本的设定和分解。

成本确认小组由有关部门负责人、技术及财务人员组成,负责分析设计方案或试制品评价的结果,确认目标成本,进行生产准备、设备投资等。该小组主要负责可实现目标成本的设定与分解的评价和确认。

成本实施小组由有关部门负责人及财务人员组成,负责确认实现成本策划的各种措施,分析成本控制中出现的差异,并提出对策,对整个生产过程进行分析、评价等。该小组主要负责落实目标成本责任、考核成本管理业绩等工作。

3. 收集相关信息

目标成本法的应用需要企业的研究与开发、工程、供应、生产、营销、财务和信息等部门收集与应用对象相关的信息。这些信息一般包括以下几点:

(1) 产品成本构成及料工费等方面的财务和非财务信息。

(2) 产品功能及其设计、生产流程与工艺等技术信息。

(3) 材料的主要供应商、供求状况、市场价格及其变动趋势等信息。

(4) 产品的主要消费者群体、分销方式和渠道、市场价格及其变动趋势等信息。

(5) 本企业及同行业标杆企业产品盈利水平等信息。

(6) 其他相关信息。

4. 计算市场驱动产品成本

市场驱动成本的计算一般包括目标售价的确定、目标利润的设定以及容许成本的计算等程序。

目标售价的设定必须考虑顾客感知的产品价值、竞争产品的预期相对功能和售价,以及企业针对该产品的战略目标等因素。

目标利润的设定应综合考虑利润预期、历史数据、竞争地位分析等因素。

容许成本是指目标售价减去目标利润之后的余额。

5. 设定可实现目标成本

企业应将容许成本与新产品设计成本或老产品当前成本进行比较,确定二者的差异及成因,设定可实现的目标成本。

企业一般应在保证产品的功能和质量的前提下,采取价值工程、拆装分析、流程再造、全面质量管理、供应链全程成本管理等各种可能的措施和手段,寻求消除当前成本或设计成本脱离容许成本差异的措施,使容许成本转化为可实现的目标成本。

6. 分解可实现目标成本

企业应按主要功能对可实现的目标成本进行分解,确定产品所包含的每一零部件的目标成本。在分解时,第一,企业应确定主要功能的目标成本;第二,企业应寻求实现这种功能的方法,并把主要功能分解到零件,将主要功能级的目标成本分配给零件,形成零件级目标成本。

同时,企业应将零件级目标成本转化为供应商的目标售价,将企业所面临的竞争压力传递给供应商的设计者。

7. 落实目标成本责任

企业应按照可控性原则、责权利统一原则和可行性原则,将设定的可实现目标成本、零件级目标成本和供应商目标售价进一步量化为可控制的财务和非财务指标,落实到各责任主体,形成各责任主体的责任成本和成本控制标准,并辅之以相应的权限,将达成的可实现目标成本落到实处。

8. 考核成本管理业绩

企业应遵循目标一致性原则、全面性原则、层次性原则、差异性原则和动态性原则,以各责任主体的责任成本和成本控制标准为依据,依据业绩考核制度和办法,定期进行成本管理业绩的考核与评价,为各责任主体和人员的激励奠定基础。

9. 持续改善

企业应定期将产品实际成本与设定的可实现目标成本进行对比,确定二者的差异及其性质,分析差异的成因,探求消除各种重要不利差异的可行途径和措施,进行可实现目标成本的重新设定、再达成,推动成本的持续改善。

三、目标成本法的应用评价

目标成本法以市场为导向,突出成本的源流管理,有助于提高成本管理的效率和效果;强调产品生命周期成本的全过程和全员管理,有助于提高顾客价值和产品市场竞争力;谋求成本规划与利润规划活动的有机统一,有助于提升产品的综合竞争力。目标成本法的应用不仅要求企业具有各类所需要的人才,更需要各有关部门和人员的通力合作,技术要求较高。

第四节 质量成本法

一、质量成本的含义

降低成本已经成为大多数企业经常使用的一种提高企业利润的管理方法,但是降低成本并不仅仅是削减产品设计成本、使用更廉价的材料,甚至采用偷工减料的方式。降低成本的准确内涵是指为了保持或更具竞争力,在维持或提高产品质量的前提下降低成本。

产品质量是指产品能够满足消费者某种使用要求的程度。程度越高,说明产品质量越好,越能受到消费者的信赖和欢迎。但是质量不是免费的,一般来说,质量意味着成本,提高产品质量势必增加企业某些费用支出,在市场销售价格一定前提下,企业利润必将受到一定程度的影响。若提高产品售价,其销售量又将会下降。因此,企业在提高产品质量时,除了要把握好产品质量"度",更重要的是将提高产品质量与降低产品成本有效地结合起来。

产品质量成本是指企业为保证和提高产品质量而支出的一切费用,以及因未达到质量标准而发生的一切损失。质量成本管理就是在既定的技术经济条件下,对质量成本的形成和发生施以必要的、积极的影响,从而实现最佳质量效益的行为。

二、质量成本法的作用

质量成本是衡量质量体系有效性的一个重要因素。对质量成本进行统计、核算、分析、报告和控制,不但可以找到降低产品成本的途径,促进经济效益的提高,同时还可以监督和指导质量管理活动的正常进行。质量成本计算与分析是产品质量管理的前提和重要内容,质量成本法有以下几个方面的作用。

1. 有利于控制和降低成本

目前产品结构日益复杂,顾客对产品外观、精密度、可靠性要求甚高,企业为使产品满足顾客需求所投入的质量成本增多,约占总销售额的5%~10%。分析质量成本构成,寻求和确定质量成本的最佳值,可为控制质量成本、最大限度地降低质量成本提供数据支持,达到降低产品成本的目的。

2. 可以找到提高产品质量的途径

对质量成本进行分析与计算,有助于明确产品质量缺陷,推进产品质量改进计划的实施,通过质量改进提高产品可靠性,预防潜在不合格产品的发生。

3. 管理层能掌握质量管理中存在的问题

质量成本计算与分析有助于管理者了解质量问题的总体情况及其经济后果,管理层能据此对质量管理作出正确决策,并提供充分的资源保障。

4. 拓宽成本管理路径

过去我国企业成本管理实际上只是成本的事后计算,没有对生产经营全过程实施管理。引入质量成本后,企业可对产品成本实施全过程、预防性地控制,还能针对不同环境进行分别核算,扩大了成本管理的职能和工作范围,使成本管理进入一个新阶段。

三、产品质量成本的构成

1. 预防成本

预防成本是用于保证和提高产品质量、防止产品低于质量标准而发生的各种费用。质量工程、质量培训及统计流程控制都是预防成本的例子。预防成本还包括对供应商进行培训和认证,以便供应商能够配送没有缺陷的材料和部件。经验显示,缺陷预防比实际发生缺陷以后再检验或维修产品所花费的成本要低得多。

2. 鉴定成本

鉴定成本是指检验产品以确保产品不论内在和外表均能满足顾客要求所发生的成本。购入原材料的检验和测试费用、装配线上的质量检测成本、测试设备的保养费用及过程控制的监督费用等均被认为是鉴定成本。

3. 内部失败成本

内部失败成本是指企业生产的半成品和产成品在出厂前因质量缺陷发生的损失和修

复费用,包括返工费用、复检费用、废品损失、生产停工损失以及产品等级降低造成的损失等。

4. 外部失败成本

外部失败成本是指交货后因产品不能满足质量要求所造成的损失,包括所有用于更正这类问题的成本,如保修费用、退货损失、服务热线和产品责任召回发生的费用、责任赔偿费、诉讼费等。对于企业而言,这是应该极力避免的质量成本。发生外部失败成本,企业不仅在短期内需要花费成本来解决问题,而且从长期看会影响或降低顾客满意度、未来销售量以及企业声誉。

通常,预防成本发生于研究与开发阶段,鉴定成本与内部失败成本发生于生产阶段,外部失败成本发生于营销阶段。预防成本、鉴定成本越高,质量发生问题的可能性越低,质量越符合要求,则其失败成本也就越低,反之亦然。

四、质量成本法的原则

质量成本法应遵循下列原则。

1. 以寻求适宜的质量成本为目的

企业质量成本应与其产品结构、生产能力、设备条件及人员素质等相适应,也就是说要根据企业特点,建立质量成本管理体系,确定适宜的质量成本目标,并进行有效控制。质量成本控制的宗旨是在质量核算基础上,以质量成本习性为依据,权衡预防成本、鉴定成本、内部失败成本、外部失败成本四者之间的关系,协调质量与成本之间的关系,确保在预订质量标准下,尽量使质量成本最低。那种不惜成本追求高质量的"质量至善论"未必可取(胡玉明,2016)。

2. 以真实可靠的质量记录、数据为依据

实施质量成本管理过程中,所使用的各种记录、数据务必真实、可靠。只有这样,才可能做到核算准确、分析透彻、考核真实、控制有效。否则,质量成本管理势必流于形式,无法获取效益。企业要根据相关会计资料和原始凭证,按照质量成本四项内容分类归集质量成本,定期编制质量成本报告,反映质量成本总额及其构成,以供企业管理者参考和决策。

3. 把质量成本管理职责拓展到各相关职能部门

质量成本管理涉及企业生产经营全过程,在生产经营过程之前的设计阶段以及销售之后均存在质量问题,企业应将产品生命周期与质量管理过程结合起来,摆脱"质量管理是质量管理部门的工作"这种陈旧思想,将质量成本管理职责拓展到各相关职能部门,如财务、检验、生产、售后服务、货仓等部门,明确各职能部门的质量职责,并实施有效考核和监督。

4. 全员参与质量成本管理

根据大质量管理理念以及和全面质量全员参与的要求,要以"全员参与质量成本管理,全力进行质量成本优化,全过程落实质量成本控制,全方位实现质量成本效益"为内容开展质量成本管理活动,有效落实质量成本管理的目标规划,实现有效管理。

5. 建立完善的成本决算体系

要对质量成本进行控制,就要统一质量成本核算口径,就应明确人工工时、成品加工成本、损失成本、生产定额等内容的统一核算和计价标准,这样才能快速、及时、准确地计算质量成本,并且可以减少相关职能部门质量成本统计数据的主观性。

五、质量成本法的内容

许多跨国公司之所以能够占据较大的竞争优势,原因之一就在于它们能够不断提高其产品和服务质量,这与其全面质量管理概念紧密联系。传统质量管理概念,通常把质量管理范围看得比较狭窄,只注重生产过程的产品质量,而忽略了前端的产品设计质量以及后端的销售服务质量,也忽略了质量标准随着消费者认知变化而不断提高的事实。传统概念承认质量检验是必要的,但把质量检验视为保证质量的唯一途径,没有树立全员、全过程思想。而质量成本法作为一种全新的全面质量管理观,是一种全员、全过程、以"零缺陷"为最终目标的质量管理理念,具有以下四个特点:一是质量标准的设定不仅因时因地,而且持续改进,注重提前消除质量隐患;二是全员、全过程、"零缺陷"的质量保证体系;三是产品设计、生产与售后服务的质量必须并重;四是站在战略高度,正确处理好质量和成本的关系(胡玉明,2016)。

(一) 严把产品设计试制关

产品设计质量决定着产品质量,它是生产过程中必须遵守的标准和依据。如果开发设计过程的质量管理薄弱,设计不周,铸成差错,则后来一切工艺和生产上的努力都将失去意义,会给产品留下后遗症,这不仅严重影响投产后的生产秩序和其他一系列准备工作,使内部失败成本上升,而且会导致产品销售后大量退货、保修、索赔事件发生,使外部失败成本增大。因此,企业要严把产品设计试制关,不断提高产品设计质量。

然而,提高产品设计质量往往会导致质量成本的上升,特别是用于预防和鉴定方面的成本开支增大。例如,提高零件精度、光洁度,就会增加工时消耗,要求采取必要的工艺措施,增加工艺装备和检验工具,进行试验和研究;或改用较贵重的原材料等,从而引起相应费用增加。不可否认的是,在优质优价条件下,产品质量提高也会相应地提高产品销售价格,使企业获得更多收益。从经济学角度来说,产品质量、成本和价格之间存在着密切的联系。

(二) 注重生产过程中质量成本控制

分析产品质量成本的构成,不难发现占总质量成本很大比重的内部失败成本是在生产过程中形成的,造成内部失败成本的原因是多方面的,既有由于检测手段不先进和检验人员素质不高而造成的复检费用,又有由于操作工人技术水平不高,或操作失当而造成的废品损失和返修费用等。因此,对于生产过程中的质量成本控制应抓好以下工作。

1. 组织好技术检验工作

为了保证产品质量,产品质量成本控制必须根据技术标准,对原材料、在制品、半成品、产品以及工艺过程质量都要进行检验,严格把关。不合格原材料、零件、半成品等由于验收不严而转入后续生产,既消耗了人力、物力资源,又使质量成本大幅上升。因此要保证不合格原材料不投产,不合格零部件不转序,不合格半成品不使用,不合格成品不出厂,这是降低质量成本的关键。

技术检验工作质量水平的高低,受制于两大因素:一是检验手段是否满足检验工作质量的要求,低水平的检验工具、设备、仪器等难以满足高质量产品检验工作的要求;二是检验人员、质检人员业务素质的高低不同,在分析、判断、处理产品质量问题时会形成不同检验结果。这会影响到生产过程中的质量成本控制,因此在适当投入满足质量检验工作要求的仪器、设备的同时,要不断提高检验人员的业务水平。

2. 不断提高生产操作人员素质

产品生产是由生产工人直接来完成的。产品质量的好坏,与操作人员业务素质水平高低有很大的关系。因此,企业应不断提高生产人员理论知识水平和实际操作能力,要严格按照规章制度、操作标准办事,树立"质量是产品生命力"的观念,由被动接受检验转变为我要检验、自我检验、相互检验,使整个生产过程处于质量监督保证体系之下,只有这样才能在不断提高产品质量的同时,降低产品质量成本费用,提高企业经济效益。

(三) 建立健全质量成本控制制度

1. 建立质量成本控制责任制度

在质量成本控制过程中,企业应明确质量总成本由质量检验部门负责,各类质量成本应分解、落实到各责任部门。具体来讲,预防成本应由技术部门负责,控制那些在质量管理、产品开发设计、工艺和检验等阶段所发生的质量预防费用;鉴定成本应由质量检验部门负责,控制那些在原材料、工序检验、成品检验、设备检验以及其他检验方面所发生的费用;内部失败成本应由生产车间负责,控制那些在生产过程中可能发生的废品损失、降级损失、停工减少损失以及其他损失;外部失败成本由销售部门负责,控制那些在产品销售后可能发生的保修费用、退换损失、索赔费用等。只有明确各职能部门质量成本控制责任制,才能使质量成本控制工作真正在良好、稳定的基础上不断提高和发展。

2. 建立健全质量成本核算体系

质量成本核算是质量成本管理的基础。制定质量成本核算的目的是加强考核和管理,企业可按照质量成本的四个类别设置对应的台账,"预防成本台账""鉴定成本台账""内部失败成本台账""外部失败成本台账",反映各种费用的归集情况,以便确定质量总成本及其构成。质量成本核算涉及企业许多部门,是一项复杂的系统工程,必须建立完整的管理制度,一般可按照"职能部门归口统计、分级管理、集中核算、财务部门统一汇总"的原则进行管理。企业应明确领导责任,确定归口管理部门,同时把分工原则、分工方法、所用资料、编写质量成本报告、进行质量分析和控制等纳入质量成本控制管理制度中去,以完善和规范制度,保证质量成本控制的实施。

本 章 小 结

随着科技进步和社会环境变化,成本概念有所改变,企业成本管理系统也在悄然变化。本章分别介绍了作业成本法、产品生命周期成本法、目标成本法以及质量成本法,这些成本法均不同于传统的成本计算方法,在成本计算口径以及核算范围上更为广泛,或多或少地体现了全过程、全方位、全人员的特点,对企业加强管理具有重要意义。其中,作业成本法从以"产品"为中心转为以"作业"为中心,更重视成本发生的前因和后果,可以更好地发挥成本决策、计划和控制作用,是一种实现成本前馈控制和反馈控制相结合、成本计算与成本管理相结合的全员成本管理系统,是管理会计发展的一次"里程碑";产品生命周期成本法则超越生产阶段,将成本考量拓展到整个产品生命周期,使得成本观念从企业观转向社会观,从整个社会视野来考虑产品成本,为成本管理更为广阔的视角和方法;目标成本法则是以市场为导向,技术与经济相结合,突出成本的源流管理,强调产品生命周期成本的全过程和全员管理,谋求成本规划与利润规划活动的有机统一;质量成本法进一步拓展成本范围,立足于质量成本,关注质量与成本之间的关系。

思 考 题

1. 随着当代高新科学技术和社会经济环境的重大变化,企业生产经营的内外部环境和条件发生了哪些变化?这些变化对企业成本计算方法产生了哪些影响?
2. 什么是作业成本法?它与传统成本计算有何不同?
3. 如何理解从作业成本法发展到作业管理是历史的必然?
4. 作业成本法是否适合所有企业组织?为什么?
5. 什么是产品生命周期成本?如何计量和管理?
6. 什么是目标成本法?目标成本法与标准成本法有何差异?企业如何实施目标成本法?
7. 什么是质量成本?为什么说"质量就是成本"?企业如何实施质量成本管理?

讨 论 题

1988年,Kaplan和Anderson提出了作业成本法(ABC),在理论界和企业界便掀起了研究和应用作业成本法的热潮,但1996年以后ABC又有逐渐冷淡的趋势,庞大的计算量和操作的繁杂使其在实务界难以实施。由此Gosselin提出了"ABC之谜"。Schoute在对《ABC悖论的深思》一文中指出,ABC在国际上的运用远逊于其理论支持者对它的高度期望。Kaplan和Anderson为解决ABC运用中存在的主要问题,针对性地提出了时间驱动作业成本法(time-driven activity-based costing, TDABC),得到了众多学者和从业人员的支持。

时间驱动作业成本法是以时间作为分配资源费用的依据,通过对实际产能和作业单位时间数的可靠估计,计算出作业的成本动因率,进而计算出该项作业应分摊成本的一种方法。对于每一类资源,公司只需估计出两个参数:一是单位时间所投入的资源能力的成本,或者称为单位时间产能成本;二是产品、服务和客户在消耗资源时所占用的单位时间数,或者称为作业单位时间数。两个数字相乘,就可以得到该项作业的单位作业成本。

时间驱动作业成本法克服了作业成本法基于访谈和调查的费时、昂贵、不准确而且难以更新的缺点,放宽了作业成本法下的一个简单假设(即所有特定类型的订单或交易是相同的,制造时间也要保持一致),不但大大降低了成本计算的工作量、简化了作业成本模型,而且在此基础上增加了对闲置生产能力的管理,丰富完善了企业管理的内容,被当作一种快速有力的盈利能力分析工具。

请讨论:
(1) 作业成本法有哪些优缺点?
(2) 时间驱动作业成本法在哪些方面对作业成本法进行了改进?有何适用范围?

参考文献及推荐阅读

1. 财政部.管理会计应用指引第 300 号——成本管理,2017-09-29.
2. 财政部.管理会计应用指引第 301 号——目标成本法,2017-09-29.
3. 财政部.管理会计应用指引第 302 号——标准成本法,2017-09-29.
4. 财政部.管理会计应用指引第 303 号——变动成本法,2017-09-29.
5. 财政部.管理会计应用指引第 304 号——作业成本法,2017-09-29.
6. 中国注册会计师协会.注册会计师全国统一考试辅导教材:财务成本管理[M].北京:中国财政经济出版社,2021.
7. 余绪缨.管理会计学[M].2 版.北京:中国人民大学出版社,2005.
8. 俞丽辉,龚轶丹.两种不同视角下的产品生命周期成本管理[J].财会通讯:综合(中),2010(8):124-125.
9. 朱朝晖.产品生命周期成本的演进及其对成本管理的启示[J].商业经济与管理,2005(7):76-78.
10. 陈晓川,方明伦.制造业中产品全生命周期成本的研究概况综述[J].机械工程学报,2002,38(11):17-25.
11. 胡玉明.高级管理会计[M].4 版.厦门:厦门大学出版社,2016.
12. 张蕊,饶斌,吴炜.作业成本法在卷烟制造业成本核算中的应用研究[J].会计研究,2006(7):59-65+94.
13. 殷俊明,王平心,吴清华.成本控制战略之演进逻辑:基于产品寿命周期的视角[J].会计研究,2005(3):53-58+94.
14. 林丰岩.产品生命周期成本:内涵、演变及启示[J].理论学刊,2006,149(7):69-70.
15. Tom Kennedy, John Affleck-Graves. The impact of ABC techniques on firm performance[J]. Journal of Management Accounting, Research, 2001(13): 19-45.
16. Turney P B B. Ten myths about implementing an activity-based cost system[J]. Journal of Cost Management, 1990, 4(1): 24-32.
17. Robert S Kaplan, Anthony A Atkinson. Advanced Management Accounting[M]. 3 版.北京:清华大学出版社,1998.
18. Robin Cooper, Regine Slagmulder. Target costing and value engineering[M]. Protland: Productivity Press, 1997.
19. 安东尼·A.阿特金森,罗伯特 S.卡普兰等.管理会计[M].6 版.北京:清华大学出版社,2011:288.
20. 余绪缨.以 ABM 为核心的新管理体系的基本框架[J].当代财经,1994(4):54-56.

第六章 管理控制系统及业绩评价

【学习目标】 本章主要讲述管理控制系统及业绩评价,包括管理控制系统、企业业绩评价概况、企业业绩评价发展历程及其演进、以 EVA 为核心的绩效评价、基于战略的绩效评价。通过本章的学习,学生需要理解企业管理控制系统的目的、作用以及设计,了解业绩评价概念及其演进的时代背景,理解各种绩效评价方法的基本原理、优缺点,掌握 EVA 绩效评价方法的运用,正确认识管理控制系统以及业绩评价方法在企业管理中的运用。

【知识引导】 现代企业存在着许多复杂的委托代理关系,其中,由所有权与经营权分离而产生的委托代理关系最为明显和特殊。多数企业投资者游离于公司之外,不直接参与公司的经营管理,由职业经理人负责经营,"用他人的钱,为他人赚取更多的钱"。因此,职业经理人必须回答"把他人的钱用在哪里""成效如何"这两个相关联的问题。这就产生了业绩评价问题,需要找到合适的评价指标和评价标准对经理人进行客观评价,在此基础上解决委托代理问题的关键在于建立完善的激励机制,使代理人行为有利于委托人的利益。而业绩评价是企业管理的基本前提,没有业绩评价,激励机制就会失去基础;没有激励机制,则业绩评价会流于形式。业绩评价与激励机制的完美结合才能有效地实现企业的发展战略。因此,探索符合企业发展的业绩评价指标和方法,成为理论研究和企业实践中的热点问题之一。

第一节 管理控制系统

一、管理控制系统概况

企业经营的目的在于实现其整体目标,而管理控制是实现企业经营目标的重要内部控制方式和控制过程。管理控制是指管理者影响组织中其他成员以实现组织战略的过程,管理控制的目的是使战略被执行,从而使组织的目标得以实现。管理控制是管理者实现战略、实现目标的工具之一。

会计信息帮助管理者计划和控制组织的运营。在实践中,计划和控制融为一体,密不可分。在学习管理学时,我们专注于计划阶段或者控制阶段有利于简化分析过程。计划为组织制定目标并描述如何实现目标,并回答了以下两个问题:组织想达到的目标是什么?什么时候以及怎么做组织才能实现目标?控制意味着实施计划并用反馈来评价目标的实现情况。反馈对于计划和控制循环是至关重要的,计划决定行动,行动产生反馈,反馈进而又影响计划和行动。有效反馈的主要来源是内部会计系统提供的及时系统的报告。同时,计划为控制提供了前提,没有计划,控制就没有依据。但如果只有计划,不对其执行情况进行控制,计划目标就很难圆满完成。

控制有各种各样的类型,如进度控制、库存控制、现金流控制、质量控制、组织控制等,抛开这些控制的外在形式,抽象出其共同的本质看,任何控制都是由以下三个步骤构成的:第一步骤是制定控制的标准,即确定用什么尺子来衡量;第二个步骤是测量绩效,找出偏差;第三步骤是分析原因,采取措施。

管理控制系统是对各种技术的逻辑整合,包括收集和使用信息的各种技术、制订计划和控制的技术、激励员工行为的技术以及评价业绩的技术,其目的主要包括以下几点:

(1) 清晰传达组织目标。

(2) 确保管理者和员工理解为实现组织目标所需完成的具体行动。

(3) 在组织内部传达各项行动的结果。

(4) 确保管理者能够根据环境变化作出适当的调整。

管理控制系统如图 6.1 所示,其着重强调了管理控制系统的组成及各部分之间的联系。从广义上看,制订计划不仅包括总体目标的设定,而且还包括与实现总体目标相适应的具体计划的建立和实施,控制决策涵盖成果的计量和报告与业绩评价。各组成部分的顺时针顺序阐述了管理者在设计和评价管理控制系统的时候也应该遵循相同的顺序进行。然而,一旦组织完成了它的控制系统,它就会通过反馈和学习不断地对系统中相互联系的要素进行改进和修订,如通过修改步骤 C 中的监控和报告的标准,以更好地适用步骤 A 中的目标,重新整合步骤 D 中的业绩评价系统来更好地配合步骤 B 中的具体计划和目标。

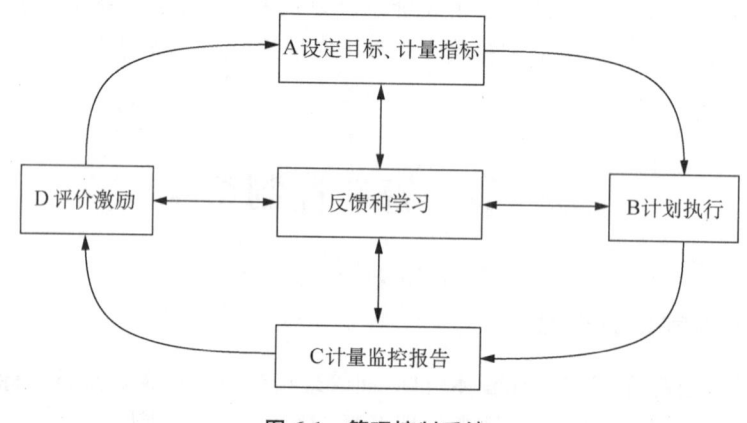

图 6.1 管理控制系统

二、管理控制系统与组织目标

在管理控制系统中,组织目标处于首要地位。如图 6.2 所示,设立目标、选择行动方案和制定业绩评价指标的过程会涉及企业所有层面的管理者。企业组织目标、业绩指标和量化指标由最高级管理层制定,最高管理层会定期(通常为一年一次)审查这些目标,这些目标为组织提供了一个长期框架,从而保证组织在市场上的合理定位。目标回答了"我们希望实现的是什么"这个问题,但是,没有业绩评价的目标就无法对管理者的行动产生激励。

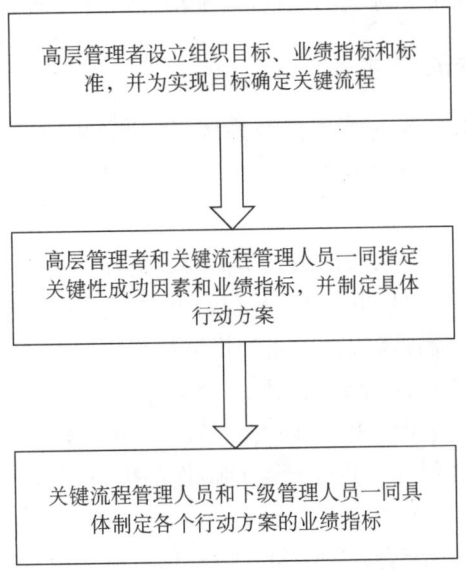

图 6.2 将目标和定位转化为业绩指标

管理控制的一个基本问题是"你拥有你所计量的",也就是说,业绩评价的标准,能够激励管理者并且为管理者的决策设定方向。因此,每一项业绩评价标准都必须与组织目标相一致。在现实中,一些实现较高业绩评价指标的管理者可能没有为公司和股东创造价值。与此同时,一个理想的管理控制系统中,每一个目标都应该有至少一项业绩评价指标与之对应。

例如,Luxury Suites 是美国一家豪华酒店连锁企业,它的组织目标和关键业绩指标如表 6.1 所示。

表 6.1

Luxury Suites 的组织目标和关键业绩指标

组织目标	关键业绩指标
超越客户预期	满意度指数
	回头客入住次数
收入最大化	入住率
	房价
	不包括固定成本的利润
关注创新	每年提供的新产品或服务
	员工建议的数量

公司为每一项业绩指标制定量化的标准,如有关入住率的一个量化指标为"至少达到 70%"。值得注意的是,每一项目标有多项业绩指标,每一项业绩指标至少与一个目标相关。

在明确总目标的前提下,企业要为低层管理者制定更为具体的业绩指标。在具体的业务部门中,高层管理者应与低层管理者通力合作,选择能短期执行和考查的特定行动,特别是让最高层管理者确定关键成功因素,以推动组织整体向其目标迈进。

三、管理控制系统的设计

要设计一个满足组织需要的管理控制系统,管理者需要确认责任中心、制定业绩指标、建立监控和报告机制、权衡成本和收益,并为实现目标提供一定的激励。

(一)确认责任中心

管理控制系统的设计者必须考虑组织所需要的责任中心。责任中心是责任会计的核算单位,即承担一定的经济责任,并享有一定权利的企业内部(责任)单位,是实施责任会计的始点和基础。一套机器设备以及一系列机器加工作业对于生产监督者来说就是一个责任中心,生产部门对于部门主管来说也是一个责任中心,整个组织对于董事长来说同样也是一个责任中心。在一些组织里,管理责任是由不同群体的员工所承担的,从而产生广泛的管理决策"责任者",该结构有助于产生创造性的决策,并防范由于个人主导决策失败而产生的风险忧虑。

一个有效的管理控制系统会先赋予每一位管理者对一组行为和活动的责任,并对"作业实施的结果"以及"管理者对这些结果的影响"这两方面进行监督和控制。这样的系统对大多数高层管理者是有内在吸引力的,因为这有利于决策制定权的下放,从而高层管理者可以被解放出来专门致力于制订计划和控制活动;低层管理者也很高兴能够拥有决策制定权。这样,系统设计者运用责任会计来确认在每种行为中哪些部门应该承担主要责任,制定业绩评价标准和具体量化指标,并通过责任中心设计评价报告。责任中心通常拥有多重目标和行动,它们都由管理控制系统所监控。按照财务责任,责任中心通常分为成本中心、利润中心和投资中心。责任中心有明确的决策权限,并据此考核业绩。

(二)制定业绩指标

对大多数组织来说,有效的业绩计量需要多重业绩指标,既包括财务的指标,又包括非财务的指标。好的业绩指标有以下特点:

(1)能够反映管理层和组织目标相关的关键行动和作业。
(2)受管理者和员工行为的影响。
(3)容易为员工所理解。
(4)能够平衡长期和短期利益。
(5)基本客观、方便计量。
(6)持续而有规律地用于对管理者和员工进行评估和奖励。

有时候管理者会过于关注财务指标,如利润目标、投资回报以及运营预算,因为这些指标易于获得。进一步构建非财务指标的难度通常比较大,有些公司将环保工作、社会责任和组织学习等指标纳入关键目标之列。尽管如此,一个良好的管理控制系统,应该同时制定出财务和非财务两方面的业绩指标,因为"你无法经营不能计量的东西"。其实,非财务指标往往更易量化和理解。

(三)监控和报告结果

正如图6.1所示,计量监控报告是管理控制系统的关键组成部分。图6.2又进一步明确了管理者要重点关注的与目标和定位相联系的行动方案以及业绩指标。一旦这些业绩指标被区分出来,组织必须获得与实现期望结果相关的信息,这需要通过业绩报告系统提供完成。有效的业绩报告把管理者的总目标、具体目标与结果联系起来,给管理者提供指导,在整个组织范围内调整目标与实现程度,使组织能够对发生的变化及时进行预测并采取行动。

同样,管理控制系统的设计者必须根据组织需求来权衡不同控制系统的成本与收益。没有一个系统是完美的,但是如果一种系统能在合理的成本基础上提高经营决策水平,它就会优于其他系统。但在实际中,管理控制系统的成本和收益通常是难以计量的,只有通过试验或实际运用才会显示出来。

(四) 评价与激励

管理控制系统的一个重要目标是激励员工以公司利益最大化为导向进行工作,一个好的管理控制系统必须注重目标一致(员工、管理者和企业目标一致)和管理努力(管理者努力工作),其中,报酬激励是必不可少的。管理控制系统的一个挑战是要具体确定一个能激发(或至少不使泄气)员工实现组织目标决心的总目标、行动方案以及业绩评估和报酬体系。业绩评价被广泛用来促进实现各方的一致和努力,是因为大多数人收到的反馈与他们的自身利益相关联时,他们会表现得更好。永远要认识到每个人都会受到自身利益的驱使,一些人的无私行为可能让你欣慰,但是设计管理控制系统时应根据更为一般的个体行为。设立激励机制时,最好是使得每个人在追求自身利益的同时就能达到组织的目标。如果有多重目标,那多重激励是有难度的。

第二节 企业业绩评价概况

一、企业业绩评价的概念

业绩在英文中是 performance 一词,也译为"绩效""效绩"等。评价是为达到一定的目的,运用特定的指标,比照统一的标准,采取规定的方法,对事物作出判断的一种认识活动,其要素包括评价的目的、指标、标准、对象、方法、结论。

企业业绩评价就是按照企业目标,设计相应的评价指标体系,根据特定的评价标准,采用特定的评价方法,对企业一定经营期间的经营业绩作出客观、公正和准确的综合判断。

二、企业业绩评价的理论基础

1. 委托代理理论——业绩评价存在的逻辑基础

委托代理理论是研究如何降低代理成本的契约理论分支之一。它的产生和发展被认为是几十年来现代企业理论发展的最主要标志之一。当委托人依赖代理人去为其利益采取某些行动时,就会发生代理问题。

委托代理理论是在现代公司制条件下产生的,它是揭示企业委托代理关系的形成、发展和协调机制及其有效性的理论。该理论认为,企业本质是若干人之间的一组相互重叠"代理关系的综合"。随着所有权与经营权的分离,所有者与经营者的关系成为委托代理关系,即委托人设计一种合约机制,授权给代理人从事某种活动,并要求代理人采取适当的行为,以最大限度地实现委托人的效用。所有者所追求的目标是投资报酬最大化,而经营者关心的是广泛的经济和心理需求。由于潜在的利益冲突存在，所有者有必要与经营者签订契约，以便尽可能减少二者间的利益冲突。在信息不对称情况下，委托人和代理人之间的契约是不完全的，代理人在其从事的业务范围内拥有比别人更全面、更准确的知识和信息，委托人很难准确判断代理人的努力程度、代理人是否存在机会主义行为。由于代理人是一个具有独立利益和行为目标的"经济人"，他们的行为目标与委托人的利益目标不可能完全一致，在代理过程中可能产生职务怠慢、损害和侵蚀委托人利益的"道德风险"和"逆向选择"等现象，这些问题决定了企业业绩评价制度存在的逻辑基础。

为了解决代理人的道德风险和机会主义倾向，委托人必须建立一套规范的制衡制度来规范和约束代理人行为，选择能将委托人与代理人利益相统一的评价指标和客观、公正的业绩评价标准。有效的激励机制，能使受自我利益驱动的代理人自愿地或不得不选择与委托人目标相一致的报酬合约，其核心是将代理人的报酬计划与委托人的目标联系起来。于是，能够客观、公正地对企业经营业绩作出评价的机制建立，就成为现代企业的一项有效制度安排。业绩评价与报酬计划有着非常密切的联系：业绩评价是制订报酬计划的基础，报酬计划的设计必须和特定的业绩评价指标体系相衔接；业绩评价又是实施报酬计划的前提，报酬合同的履行必须以业绩评价结果为依据。因此，建立和完善企业业绩评价体系是完善报酬激励和约束机制，保证委托代理关系有效性的重要途径。

2. 权变理论——业绩评价的重要观念

在业绩指标体系的选用方面影响最深的是权变理论。权变理论（contingency theory）是萌芽于20世纪60年代的一种管理思想，但作为一个较成熟的管理学派，它形成于20世纪70年代。权变理论的基本观点是有效组织的设计决定于环境的特性。权变理论的一句著名格言是："管理的智慧从你认识到世界上不存在唯一最优的管理系统时开始。"权变理论的关键词是"变"，因为有了变化，再科学、再全面的管理原则也不可能是全知全能的。

权变理论考虑到有关环境的变数同相应的管理观念和技术之间的关系，使采用的管理观念和技术能有效地达到目标。通常情况下，环境是自变量，管理的观念和技术是因变量，环境变量和管理变量之间的函数关系是权变关系，这是权变管理理论的核心内容。企业管理系统作为一种开放的系统，在与外部环境进行能量交换过程中，是与环境变量相互影响、相互作用的，企业必须适应并寻找控制环境变化的途径，以求企业长期生存。权变理论认为，要使一个企业有组织、有效地满足环境变化的需要，则应使其各个子系统要素的设计与环境的变化保持连续的一致性。根据该观点，作为企业管理的一个重要组成部分，业绩评价系统应有权变观念，应建立一种权变的业绩评价方法。

权变理论对企业业绩评价的作用在于：对所有企业而言，没有一个统一的、标准的、适用于任何企业的最优业绩评价系统，业绩评价系统的设计必须建立在对企业内外环境进行分析的基础上，综合考虑社会变量、环境因素、组织特性、用户特征的影响，并随着环境变化进行调整，企业应将制订权变计划作为业绩评价系统的组成部分。当业绩评价结果显示企业需要立即采取重大变革时，适当的权变战略可以快速地被实现。随着权变战略的实施，业绩评价系统也应作相应调整，以保持与战略实施计划的一致性。

3. 资本保全理论——业绩评价的重要理论基础

在市场经济条件下，企业追求利益最大化直接表现为资本增值最大化，要求用尽可能小的资本去获取尽可能大的利益。企业经营业绩评价的一个基本前提是企业资本增值最大化。因此,资本保全观念的选择就构成了业绩评价的重要理论基础。资本保全有财务资本保全和实物资本保全之分,财务资本保全又有名义币值财务资本保全和不变币值财务资本保全两种形式,从资本所有者控制资本的角度出发,一般更多采用名义币值财务保全概念。具体来讲,企业资本是指价值形态的净资产所有者权益范畴,而不是指企业实物形态的资产范畴。企业资本保值增值标准可以以基期净资产为标准,按照复利终值的计算公式确定,并以考核期末净资产为尺度进行比较计算增值。企业资本保值增值是维持社会简单再生产从而进行扩大再生产的必要条件,也是企业持续经营的前提。因此,资本保值增值的实质是实现资本收益最大化,是在资本经营状态下所得与所费关系的具体实现,因此,所得与所费之间的对比成为企业战略业绩评价的基本表达形式。

4. 利益相关者理论——业绩评价的思想理论基础

现代公司被视为由各个利益相关者构成的契约联合体。利益相关者理论认为,管理者的决策应基于企业所有利益者的利益。利益相关者包括所有可以有效影响企业财富或被企业有效影响的个人或组织。这里不仅包括能对企业提出经济要求权的主体,还包括员工、顾客、社区和政府官员。利益相关者理论弱化了所有者在公司中的地位。该理论有两个目的:一是描述企业组织如何运作;二是有利于预测企业组织行为。利益相关者理论的一个重要缺陷是它没能取得实证上的充分支持,但是这并不妨碍该理论成为企业业绩评价研究和实现的思想基础。

利益相关者理论对于企业业绩评价的作用在于:企业在制定战略目标时,要关注所有利益相关者,要在业绩评价指标体系中反映不同利益相关者的期望。例如,顾客期望低价格、高质量和全面的服务,员工期望高工资、舒适的工作环境和福利,供应商期望低风险和高回报,社区期望大量慈善捐款、当地投资增长和稳定就业。企业竞争力取决于它是否能够满足不同利益相关者的需要,这就要求管理者从企业内部、外部顾客、员工以及股东等角度来审视公司,设计出能够衡量不同利益相关者需要满足或平衡的业绩评价系统。企业业绩评价主体应该是多元化的,而不仅仅是企业投资者。

5. 系统论——业绩评价的整体观点

系统论是将所研究和处理的对象当作一个系统,分析系统的结构和功能,研究系统、要素、环境三者的相互关系和变动规律。根据该理论,企业是一个人造开放系统,其经营既受内部环境条件制约,又受外部因素影响。构建企业业绩评价体系,就要从系统观念出发,借助系统分析及运筹学、控制论等理论,通过对企业经营管理系统以及评价指标、评价标准、评价方法等相关要素进行分析,对系统内整体与局部之间及系统与外部环境之间的相互联系、相互作用、相互制约关系进行综合考察,设计出满足实践需要的企业业绩评价系统。

系统理论要求以整体性观点和相互联系观点来观察业绩评价问题,具体影响主要体现在以下两个方面:第一,它可以为业绩评价系统的建立提供一种观念上的指导,有助于评价主体从全面、系统、完整角度去分析和研究业绩评价系统及其相互关系;第二,它可以帮助评价主体在研究业绩评价系统各个具体问题,注重研究它们之间的关系及其相互影响。因此,建立业绩评价系统应强调整个系统的最优化,而不是系统要素的最优化,应设置非财务指标全面考虑所有利益相关者的评价目标。

6. 战略管理理论——业绩评价的战略视点

战略管理是一个动态的循环过程,包括战略分析、战略选择、战略实施、战略评价四个环节。战略管理通过制定和实施战略来获得竞争优势,实现企业战略目标。基于对有形资产的开发和利用而建立起来的,以财务指标为核心的管理控制系统和激励机制已无法满足战略管理的需要,战略规划与战略实施之间的差距不断扩大。这要求评价主体应从战略角度对业绩评价系统进行全面研究,业绩评价工作必须有利于企业长期目标的实现,突出企业整体利益,体现外向型决策要求,把企业业绩评价与战略管理有机统一起来。有效的评价系统,其评价指标必须是战略目标实施计划的分解,企业战略管理要求业绩评价系统为战略制定和调整提供信息支持,业绩评价能够检验战略的一致性、协调性、可行性和优势特征,有助于剖析企业经营状况,正确引导经营行为,提高企业竞争力。

三、企业业绩评价的作用

1. 传递组织的价值观和文化

员工有时可能无法对组织目标有一个很清晰的了解,尤其是组织对员工的岗位要求。一个员工可能很想按组织要求来工作,但如果缺少指导,这一目标可能无法实现。业绩评价是一个非常有力的工具,可以告诉员工哪些是重要的,哪些是次要的。同时,业绩评估对于明确组织文化和行为准则也是一个重要的方法。这种价值观的传播不仅仅针对企业内部,同时还针对企业外部、组织各项和外部重要关联性的评价。

2. 监测战略和目标的执行情况

据统计,80%的企业战略实施不成功,其主要原因不是战略本身的问题,而是战略执行不利。评价系统可以将组织战略转化为可衡量、可控制的要素,通过定期地收集相关数据,管理者可以清楚看到战略和目标的执行情况,便于其及时采取措施,保证组织战略和目标的实现。

3. 发现问题,寻找组织的业绩改进点

业绩评价便于发现组织中存在的问题,将问题界定清楚,将原来隐藏在冰山之下的问题突显出来,推动管理者去寻找解决问题的方法,最终达到改善业绩的目的。

4. 公平合理地评价与奖励员工

业绩评价可以向员工表明哪些地方做得较好,哪些地方做得还不够,需要改进。公平合理的业绩评价对组织内成员非常重要。在此基础之上的报酬可以包括薪酬、福利、职位晋升、职位调整、培训、淘汰等物质与非物质的内容。

5. 提升管理者与员工的技能

业绩评价最直接的是管理者能影响其下属行为,让管理者随时关注下属工作状态,促使管理者去推进、改善原有行为方式和管理难题,特别是那些平时不够主动、不太愿意去做的事情,这对管理者和下属都是一种挑战。管理者在这个过程中将会提升自身的组织管理能力、沟通能力、计划能力、监控能力等基本管理技能;下属将更为关注自己的业绩,想办法改善工作方法达成更高业绩。在业绩压力下,管理者与员工将提升自身的技能。

6. 建立沟通与反馈平台及基础管理平台

业绩评价是一个沟通、反馈、再沟通、反馈的过程,在这个过程中,上、下级不是在业绩结果产生之后才进行评估,而是在这个过程中就需要不断的沟通与反馈,从而能及早发现问题,有利于组织内部的信息交流。要提升绩效评估的客观性,就需要"一切用数据说话",这需要许多基础数据的支持。绩效评估的推进可以加强组织内部的基础管理,建立起规划的基础管理平台。

第三节 企业业绩评价发展历程及其演进

自美国"科学管理之父"泰勒创立了科学管理理论后,经过100多年的研究探索,企业业绩评价的理论、方法和技术已日趋完善和成熟。20世纪90年代末,我国开始讨论在企业业绩评价过程中引入非财务指标,形成综合业绩评价体系。回顾国内外企业业绩评价历程,可明确企业业绩评价中的关键因素,为相关业绩评价体系的研究和应用提供历史背景。

一、西方企业业绩评价发展历程

西方企业业绩评价主要经历了三个阶段[①]:成本业绩评价时期(19世纪初至20世纪初)、财务业绩评价时期(约20世纪初至20世纪90年代)和企业业绩评价指标体系的创新时期(20世纪90年代至今)。

(一)成本业绩评价时期

真正意义上的企业业绩评价是在现代公司制度诞生以后,为了加强资本所有权控制和公司内部控制而提出的。早期的成本思想是一种很简单的将本求利思想,成本计算也是一种简单的以盈利为目的的计算。这一阶段的经营业绩评价指标就是成本,这种业绩评价带有统计的性质。业绩评价主要是进行成本的计算,如每码成本、每磅成本、每公里成本等成为最早的评价企业业绩的方法。早在19世纪50年代,美国大型铁路公司为解决不同地域分支机构间的协调问题,加强组织内部各管理层的责任,创造性地设计了财务和统计报表制度用于监督和评价,以实现成本的最小化和利润的最大化。随着竞争的加剧,在19世纪末20世纪初,泰罗提出了科学管理思想,他指出为了提高生产效率,使工人掌握标准的操作方法,企业应把工人使用的工具、材料、机器以及作业环境加以标准化,并以此为基础提出了标准成本的概念。1911年,美国会计工作者哈瑞设计了最早的标准成本制度。标准成本的执行情况和差异分析结果成为该时期评价企业经营业绩的主要指标。

从成本业绩评价时期各阶段的特点来看,该时期可分为简单成本业绩评价阶段、较复杂成本业绩评价阶段和标准成本业绩评价阶段。

1. 简单成本业绩评价阶段

最早的成本计算是伴随着商品货币经济的出现而出现的,也是最低级阶段的成本会计。这个时期的成本计算目的是追求最大利润,也就是以利润最大化为最终目标,这一阶段的经营业绩评价的重点也就是降低生产成本。这种业绩评价具有传统的性质。

2. 较复杂成本业绩评价阶段

较复杂的成本业绩评价是伴随着成本会计第一次革命而到来的。这一阶段的成本计算不再是简单的直接成本计算。随着工业化程度的不断加深,企业将生产过程中的全部费用计入成本,认为这种实际全部成本才是唯一真实成本(true cost)。这样"实际主要成

---

① 本划分方法援用了张蕊教授对西方企业经营业绩评价发展史的方法,参见:张蕊.企业经营业绩评价理论与方法的变革[J].会计研究,2001(12):46-50.

本"就过渡到了"实际全部成本"核算的业绩评价。然而不久,这种观念就被打破,取而代之的是将间接费用的正常分配额计入产品成本的正常分配理论(theory of normal burden)。至此,成本计算的概念也由原来单一的直接成本的计算发展到直接成本和间接成本的计算。在这一理论的指导下,人们在核算成本时开始根据成本应负担的正常分配额进行计算,超额分配费用(over applied expense)和不足分配费用(under applied expense)则另行处理,因此就出现了所谓的"正常成本核算"(normal cost accounting)。由于"正常成本核算"主要是处理间接费用的分配问题,因此也称之为"间接成本核算",并以之作为该阶段业绩评价的主要依据,从而形成了间接成本业绩评价。

3. 标准成本业绩评价阶段

19世纪末,随着资本主义市场经济的进一步发展和竞争意识的加强,这种较复杂的成本会计核算与评价制度已不能满足资本家最大限度地提高生产效率以攫取利润的要求,这是因为已有的成本核算是事后的分析计算,反应迟钝,不便于成本控制;没有成本目标,不便于企业进行预防性管理,根据这样的成本评价指标对经营业绩进行考核,不利于预测和控制。因此,建立一套以成本控制为中心的企业成本会计,并据此对经营业绩进行评价的制度已成为必要。1903年,美国工程师泰罗创造了科学的管理理论,他所倡导的"一切工作标准化"制度,为后来标准成本制度的建立奠定了理论基础。1911年,美国会计工作者哈瑞设计了最早的标准成本制度,完成了成本会计的第二次革命。标准成本制度的建立,标志着人们观念的转变,成本由被动的事后系统分析转变为积极、主动的事前预算和事中控制,达到了对成本进行管理的目的。成本控制的状况即标准成本的执行情况和差异分析结果成为该时期评价企业经营业绩的主要依据。

(二)财务业绩评价时期

20世纪初,资本主义市场经济已进入稳步发展时期,这为企业业绩评价指标体系进一步创新提供了机会。企业业绩评价从两个方面进行了发展,一是单一财务指标在不同时期的演化,二是财务综合评价体系的初步形成。

1. 单一财务指标在不同时期的演化

(1)以销售利润率为中心的财务业绩评价阶段。

20世纪初,资本主义经济大发展时期,大量的现代公司制企业都处于建立与成长阶段。这时的企业经营管理目标是追求市场份额和销售额的增长,公司通常借助于"利润中心"对公司进行管理与控制,与之相适应,评价企业经营业绩状况的指标主要是销售利润率。

20世纪60年代,在新古典主流企业理论的指导下,企业的内部开始划分各个责任中心,如"投资中心""利润中心"和"成本中心"等,它们以销售利润率为主要指标,对各个责任中心的经营业绩进行评价。同时,企业还广泛运用预算、税前利润和剩余收益等业绩评价指标,将其作为对企业管理者补偿的依据。

(2)以投资报酬率为中心的财务业绩评价阶段。

20世纪70年代,Melnnes分析了30家美国跨国公司1971年的业绩评价系统,指出这些公司最常用的业绩评价指标为投资报酬率(包括净资产回报率),其次为预算比较和历史比较。Person和Lezzig通过对400家跨国公司1979年经营状况所作的问卷调查分析发现,这些公司采用的业绩评价财务指标有投资报酬率、销售利润率、每股收益率、现金流量和内部报酬率等。其中,销售利润率和现金流量已成为该时期业绩评价的重要指标。对管理者的补偿也是根据每股收益(EPS)及其增长以及与竞争对手相比的回报指标情况而定。①

2. 财务综合评价体系的初步形成

20世纪初，亚历山大·沃尔出版了《信用晴雨表研究》和《财务报表比率分析》，他选择了对流动比率、产权比率、固定资产比率、存货周转率、应收账款周转率、固定资产周转率、自有资金周转率7项指标进行分析。

美国杜邦公司的高层管理者设计了多个经营和预算指标，其中最重要的指标是投资报酬率，其财务主管唐纳德森·布朗说明了如何将投资报酬率分解成两个重要的财务指标——销售利润率和资产周转率，这成为对企业财务经营业绩进行分析的重要依据。

1950年，杰克逊·马丁德尔提出了一套比较完整的管理能力评价指标体系，主要包括公司的社会贡献、组织结构、收益的状况、对股东的服务、研究与发展、董事会业绩分析、公司财务政策、公司生产效率、销售组织、对经理人的评价等。同一时期，美国著名管理学家彼得·德鲁克通过实证研究后提出企业业绩评价的8项指标，包括市场地位、革新、生产率、实物资源、财务资源、获利能力、管理者的业绩与态度、社会责任。

20世纪80年代，美国管理会计委员会从财务效益的角度发布了"计量企业业绩说明书"，提出了净收益、每股收益、现金流量、投资报酬率、剩余收益、市场价值、经济收益、调整通货膨胀后的业绩8项计量企业经营业绩的指标。

20世纪80年代后，对企业经营业绩的评价形成了以财务指标为主、以非财务指标为补充的业绩评价。美国的许多公司，包括跨国公司已意识到，过分强调短期财务业绩是美国公司在与欧洲和日本企业竞争时处于不利地位的重要原因，于是他们把着眼点更多地转向企业长期竞争优势的形成和保持上。由此，非财务指标在业绩评价中的作用越来越重要，如GE、Xerox、Motorola、IBM等公司都非常重视过程能力、产品生产周期时间、客户的满意度、保修成本等评价指标。这些阶段的业绩评价始终以股东即企业投资者的利益为前提，始终都在创造最大化价值来满足企业投资者的要求。

20世纪90年代，企业面临的环境是世界经济一体化，信息时代来临，金融工具使用频繁，全球竞争日趋激烈，企业业绩评价体系也有了较大的发展。从总体上说，主要有以下三大变化。

首先，预算的作用日趋减弱。大部分跨国公司认为，预算具有淡化战略意识、难以促进企业业绩持续提高的缺陷。同时，编制预算又要耗费很多时间与财力，对提升公司的实际价值影响不大。尽管传统预算仍将作为跨国公司的业绩评价方法并且在相当时期内继续存在，但其作用与地位已不如以前。

其次，非财务指标日显重要。企业以顾客满意评价为导向，注重过程创新和过程评价，质量评价已形成国际标准。战略管理理论使人们意识到仅运用财务指标评价跨国公司业绩的不足。目前，得到公认的评价跨国公司业绩的非财务指标主要有市场占有率、产品质量与服务指标。这些指标可细化为产品瑕疵率、返修率、退货率、顾客满意度指标、生产率指标、人力资源指标、子公司创新能力指标、过程控制指标等。

最后，强调创新、学习和知识资本等无形资本的评价。企业越发认识到应从长远角度考虑创新与学习的标准，即企业能否持续提高和创造价值。如果员工不能明确理解公司

---

① 张蕊.中外企业业绩评价的历史演进及其启示[J].会计之友(下旬刊),2008,261(3):44-47.

目标及努力为公司工作,公司就很难在竞争日趋激烈的环境下保持原有的竞争优势。在信息技术及科技日新月异的今天,人力资源的重要性甚至已超过了有形资产。

因此,多数跨国公司将员工对本企业的满意程度、员工培训与发展计划、劳动力流动状况、员工技能、职位晋升等有关人力资源的指标作为考核子公司经理人员业绩的重要依据。

(三) 企业业绩评价指标体系的创新时期

20世纪90年代,基于企业的经营环境的重大变化以及对传统业绩评价体系的不满意,产生了不少改进创新的思想。其中最有影响力的评价方法主要是从以下两个方面进行了有益的探索。

1. 价值视角的业绩评价

利润指标具有短期性、易操纵性等特征,同时,它忽略了所有者权益的机会成本。1991年,美国Stern Stewart & Co财务咨询公司总结并推出了一种评价方法,该公司每年计算全美1 000家上市公司的经济增加值(EVA)和市场增加值(MVA),EVA的主要思想是从税后净营业利润中扣除所有资本成本后的经济利润,能够衡量企业创造股东财富的多少。该指标考虑了不同会计政策选择对收益计算的影响,提高了评价真实经济收益的准确性,其还允许用不同的风险调整资本成本,因此,得到了较为广泛的应用。

(1) 经济增加值。经济增加值是在传统财务指标出现的问题进行改进和完善的基础上提出的,与传统的绩效评价方法相比,EVA考虑了扣除权益资本成本来衡量投资收益,也就是说只有企业创造的利润超过所有成本(包括股权和债务资本)后的结余才是真正的价值创造,它帮助投资者了解目标企业过去和现在是否创造了真正的价值,是否实现了对投资者高于成本的超额回报。EVA将股东财富和企业绩效统一起来,促进管理者作出最佳决策,有利于企业内部财务管理体系的协调统一,在一定程度上消除了会计信息失真的影响。经济增加值的计量完善了绩效评价的体系。

(2) 市场增加值。当我们将企业总资产的市场价值与股东和债权人投资于公司实际的资本总量(即企业的账面价值)进行比较时,会发现两个价值之间有一个差额,这就是市场增加值,其计算公式如下:

$$市场增加值 = 企业市场价值 - 企业账面价值$$

当企业账面价值一定时,追求市场增加值,也就意味着追求市场价值的最大值。从市场增加值的公式中,我们可以看到,即使一个企业已经尽其所能使其市场价值最大化了,但这个值如果小于资本的账面价值,市场增加值仍是小于零的,这也就意味着企业不创造价值,所以此时企业业绩评价也并不乐观。

2. 战略视角的业绩评价

价值视角评价侧重于财务战略,忽视企业创造长期财富的能力,没有充分考虑无形资产和智力资本。从20世纪90年代起,越来越多的研究开始将战略问题与企业绩效联系起来,出现了一些融入非财务指标的业绩评价系统,如1992年哈佛大学教授罗伯特·S.卡普兰和美国复兴方案公司总裁戴维·P.诺顿提出了企业战略经营业绩衡量与评价体系——平衡计分卡,德鲁克于1995年提出的以改革为核心的观点,霍尔的"四尺度"论,克洛斯和林奇的等级制度等评价体系,其中最为典型的是平衡计分卡。

此外,随着股东以外的利益相关者的重要性越来越不容忽视。企业绩效评价体系中,社会责任的嵌入已是不容置疑的趋势,基于利益相关者理论的绩效评价方法已成为目前最主要的研究方向,绩效棱柱(performance prism)是其中最具代表性的评价模式。利益相关者模式最大的特点是将所有关键的利益相关者都加以考虑,并作为绩效评价的立足点,降低了企业的经营风险,为企业未来的发展创造一个良好的内外部环境。但这个模式没有认识到战略实施过程中各利益相关者相互之间矛盾因素的存在,如果绩效评价系统的价值导向旨在追求所有利益相关者的价值最大化,先不论实际运用的难度,首先在理论层面上这个前提就存在缺陷。虽然有一些具体问题没有得到解决,但利益相关者模式以及在此基础上发展起来的共生模式已是目前绩效评价研究的主要发展方向。

二、我国企业业绩评价的发展历程

我国企业经营业绩评价是随着国民经济的发展及经济体制的变化而渐进深化的,经历了实物量指标为主评价阶段(20世纪80年代以前)、价值量指标为主评价阶段(20世纪80年代至20世纪90年代)、资产贡献率指标为主评价阶段(20世纪90年代至今)。

(一)实物量指标为主评价阶段

中华人民共和国成立后,实行高度集中的计划经济体制,与此相配套,国家建立了"统一领导,分级管理"的国有企业计划管理体制,采用产品产量、产品质量、节约降耗等作为主要考核评价指标,并以计划任务作为考核评价的标准。例如,1975年国家拟定的"工业企业八项经济技术考核指标",具体包括产品产量、品种、质量、原材料燃料动力消耗、流动资金、成本、利润和劳动生产率;1979年,为简化考核方法,有关部门又将原8项指标改为4项计划考核指标,即产量、质量、利润和供货合同。可见,该阶段的考核评价主导思想是以实物产量为主。

(二)价值量指标为主评价阶段

1982年,国家经济委员会①等六部委制定了总产值和增长率等企业16项主要经济效益指标,当年又补充规定从中选择10项指标进行考核,采用综合计分法计算经济效益的动态发展指数。1984年,党的十二届三中全会通过了《中共中央关于经济体制改革的决定》,突破了计划经济与商品经济相对立的传统观念,逐步建立有计划的商品经济体制、计划与市场相结合的体制。1988年,国家统计局、国家计委、财政部和中国人民银行曾联合发布了劳动生产率、销售利润率、资金利税率等8项考核指标,但由于没有制定具体的综合评价方法,这8项指标在企业管理和考核工作中没有得到真正利用。

(三)资产贡献率指标为主评价阶段

为适应社会主义市场经济体制改革发展的要求,自20世纪90年代开始,我国开始注重对企业经营业绩评价问题的研究和实践。1993年,财政部颁布的《企业财务通则》所设计的以财务状况评价为核心的8大指标体系,具体包括流动比率、速动比率、资产负债率、应收账款周转率、存货周转率、资本金利润率、营业收入利税率和成本费用利润率。

1994年,国有资产管理局②等部门颁布了以资产保值增值为核心的4大指标体系,具体包括国有资产保值增值率、净资产收益率、总资产收益率和成本费用利润率。1995年,

---

① 现为中华人民共和国国家经济贸易委员会。
② 现为国务院国有资产监督管理委员会。

财政部颁布的企业经济效益评价指标体系由10项指标构成,具体包括销售利润率、总资产报酬率、资本收益率、资本保值增值率、资产负债率、流动比率、应收账款周转率、存货周转率、社会贡献率、社会积累率。1999年,财政部等四部委颁布了《国有资本金效绩评价规则》和《国有资本金效绩评价操作细则》,对国有企业业绩评价进行了重新规范,重点评价企业财务效益状况、资产营运状况、偿债能力状况和发展能力状况四个方面,由净资产收益率等8项基本指标、资本保值增值率等16项修正指标和领导班子基本素质等8项评议指标三个层次构成,全面反映企业的生产经营状况和经营者的业绩。2002年,财政部等五部委修订的《企业效绩评价操作细则》由净资产收益率等28项指标组成,提高了对企业偿债能力和发展创新能力的评价,使该评价体系更为客观公正,更具有可操作性。

2006年4月,为做好中央企业综合绩效评价工作,根据《中央企业综合绩效评价管理暂行办法》,国务院国有资产监督管理委员会制定了《中央企业综合绩效评价实施细则》,提出了开展企业综合绩效评价应当充分体现市场经济原则和资本运营特征,以投入产出分析为核心,运用定量分析与定性分析相结合、横向对比与纵向对比互为补充的方法,综合评价企业经营绩效和努力程度,促进企业提高市场竞争能力。企业综合绩效评价指标由22个财务绩效定量评价指标和8个管理绩效定性评价指标组成。其中,财务绩效定量评价指标由反映企业盈利能力状况、资产质量状况、债务风险状况和经营增长状况等4个方面的8个基本指标和14个修正指标构成(表6.2),用于综合评价企业财务会计报表所反映的经营绩效状况。企业管理绩效定性评价指标包括战略管理、发展创新、经营决策、风险控制、基础管理、人力资源、行业影响、社会贡献八个方面的指标,主要反映企业在一定经营期间所采取的各项管理措施及其管理成效。

表6.2

企业综合绩效定量评价指标及权重表

评价内容与权数		财务绩效(70%)				管理绩效(30%)	
		基本指标	权数	修正指标	权数	评议指标	权数
盈利能力状况	34	净资产收益率 总资产报酬率	20 14	销售(营业)利润率 盈余现金保障倍数 成本费用利润率 资本收益率	10 9 8 7	战略管理 发展创新 经营决策 风险控制 基础管理 人力资源 行业影响 社会贡献	18 15 16 13 14 8 8 8
资产质量状况	22	总资产周转率 应收账款周转率	10 12	不良资产比率 流动资产周转率 资产现金回收率	9 7 6		
债务风险状况	22	资产负债率 已获利息倍数	12 10	速动比率 现金流动负债比率 带息负债比率 或有负债比率	6 6 5 5		
经营增长状况	22	销售(营业)增长率 资本保值增值率	12 10	销售(营业)利润增长率 总资产增长率 技术投入比率	10 7 5		

国务院国有资产监督管理委员会(以下简称"国资委")于2012年12月发布《中央企

业负责人经营业绩考核暂行办法》，其考核内容主要包括年度经营业绩考核指标和任期经营业绩考核指标。

其中，年度经营业绩考核指标包括基本指标与分类指标。基本指标包括利润总额和经济增加值；分类指标由国资委根据企业所处行业特点和功能定位，针对企业管理"短板"，综合考虑企业经营管理水平及风险控制能力等因素确定。

任期经营业绩考核指标包括基本指标和分类指标。基本指标包括国有资本保值增值率和总资产周转率；分类指标由国资委综合考虑企业所处行业特点和功能定位，选择符合企业中长期发展战略、反映可持续发展能力的指标予以确定。

三、企业绩效评价的发展趋势

由于传统的企业业绩评价方法只包括财务指标方面的业绩，不包括非财务指标方面的业绩，因而不能全面地反映出上市公司的综合实力。其主要局限性如下：

一是只考虑取得和维持短期财务结果，助长了经营管理者急功近利思想和短期投机行为，使得公司由于担心当前盈利目标降低而不愿意对那些有发展前途的项目进行投资，以至于公司在短期项目方面投资过多，在长期的价值创造方面投资过少，缺乏可持续发展的潜力。当外部竞争环境需要经营管理者重视非财务指标，如市场占有率、商誉、服务质量、员工培训等要素时，传统的评价方法不能提供充分的行动导向。

二是评价系统是在账面价值基础上衡量投资者投入的价值，既忽略了公司资产价值随时间变化的货币时间价值，又忽略了所有者权益机会成本，更没有考虑知识与智力资本等非财务指标对评价指标体系产生的影响。

财务评价系统中所有使用的业绩指标主要是从会计报表中提取，具有较强的可比性和客观性。但是由于其具有短期性、滞后性、单一性和可调控性，造成了它无法反映出财务指标和其他非财务指标之间的因果关系。同时，单纯的财务指标评价核算体系也可能使外部报表使用者无法全面分析企业的财务状况、发展趋势以及需要重点关注的经营风险，可能导致其决策失误。

财务业绩与非财务业绩都是企业总体业绩不可或缺的组成部分。越来越多的企业意识到，业绩评价除了要关注企业内部管理水平及生产率的提高，还应充分关注顾客满意程度、企业产品市场占有率、技术创新与产品创新、员工满意程度等务因素，注重对知识和智力资本等无形资产的评价，注重创新、绿色绩效以及企业社会责任等方面的评价。

1. 注重对知识和智力资本等无形资产的评价

智力资本是企业在价值创造过程中借以获取超额收益、取得持续竞争优势的各种知识资源的有机综合体。智力资本是解释企业市场价值与账面价值巨大差异的原因。随着知识经济的到来，企业的核心利润源已经发生了实质性的变化。它从以实物型资产为主，演变为以金融/财务型资产和无形资产为主。这些无形资产实质上就是企业内部知识的积累以及智力资本的体现。知识和智力资本等无形资产的不可替代的作用，将使企业更加重视对知识和智力资本的评价。

2. 重视创新业绩的评价

新时期经济发展的核心特征就是创新，创新是企业核心竞争力形成与保持的关键因素，而核心竞争力是企业实现其战略目标的法宝。企业只有重视技术创新能力，并将技术创新转化为核心竞争能力,才能在激烈的市场竞争中不断扩大市场占有率,为企业带来长远的业绩效益。因此,创新业绩的评价逐渐成为业绩评价的一项重要内容。

3. 注重绿色绩效评价

企业的生存和发展是以生态环境的良性循环为支撑的。根据可持续发展理论,为谋求永续发展,企业应采用保护环境的生产方法,努力实施既可满足消费者的需要,又可合理使用自然资源和能源的方式。资源的可持续利用和良好的生态环境是企业可持续发展的基础。如今,人们的环保意识逐渐增强,生态环境因素在企业业绩评价体系中必将占有一席之地,绿色绩效评价将成为企业业绩评价的发展趋势。

4. 关注社会责任业绩的评价

社会责任是企业为改善利益相关者的生活质量而贡献的可持续发展的一种承诺,社会责任已经成为对一流企业"高标准、严要求"的公认指标。目前,我国企业无论是在国内市场还是在国际市场上都能显著地感受到提高企业社会责任业绩的压力和动力。一方面,在开拓国际市场时,没有社会责任意识的企业将处于不利的竞争地位;另一方面,跨国公司来到中国之初就一直强调要致力成为"企业公民",并积极建立与政府、社会公众等利益相关者的良好关系。所有这些都表明,整个社会和企业会越来越重视企业社会责任业绩的评价。

第四节 以 EVA 为核心的绩效评价

一、EVA 相关概述

1. EVA 的概念

经济增加值,英文全称为 economic value added,简称为 EVA,是指税后净营业利润扣除资本成本(包括债务资本成本和权益资本成本)后的净值。与企业净利润相比,EVA 考虑了实现利润的所有资金的成本,破除了权益资本成本"免费"幻觉,树立了资本成本观念,突出了资本的逐利属性,是对真正"经济利润"进行评价的指标。

按照德鲁克的说法,作为一种度量全要素生产率的关键指标,EVA 反映了管理价值的所有方面。经济增加值及其改善值是全面评价经理层有效使用资本和为企业创造价值的重要指标。经济增加值为正,表明经理层在为企业创造价值;经济增加值为负,表明经理层在损毁企业价值。价值观念不同于利润观念,价值观念注重风险与报酬率的权衡;而利润观念没有充分考虑风险因素,企业经理层为了追逐利润可能不计风险。

从本质上看,EVA 管理是基于价值的管理,它揭示了价值创造的途径,指出了创造财务的真正关键所在,将创造股东财富作为财务目标并将其贯彻到管理决策的各方面,促进企业管理从"收益管理"向"价值管理"转变,使企业从追求利润(关注利润表)转向崇尚价值(关注资产负债表),价值管理成为一种时尚。

2. EVA 的计算

EVA 是一种以会计为基础的期间经营业绩评价指标,其计算公式如下:

$$EVA = NOPAT - IC \times K_{WACC}$$

其中，$NOPAT$ 为经过调整的企业税后净营业利润，IC 是企业平均资本占用，K_{WACC} 是加权平均资本成本率。

在 EVA 的实际应用和计算过程中，由于各国会计制度不同，会计核算方式差异，在计算 EVA 时应根据具体情况进行修正。按照我国《管理会计应用指引第 602 号——经济增加值法》规定，我国在使用时应注意以下几点。

（一）税后净营业利润

税后净营业利润等于会计上的税后净利润加上利息支出等会计调整项目后得到的税后利润。计算税后净营业利润的会计调整项目，应根据不同企业实际情况，以及企业不同时期的价值主张合理确定。常用的调整项目有：

（1）一次性支出但收益期较长的费用，予以资本化处理，如研究开发费、大型广告费等。

（2）反映付息债务成本的利息支出，不作为期间费用扣除，扣除所得税影响后予以加回。

（3）营业外收入、营业外支出具有偶发性，将当期发生的营业外收支从税后净利润中扣除，并与以前年度累计发生的营业外收支合并做资本化处理。

（4）将当期减值准备发生额扣除所得税影响后予以加回。

（5）递延税金不反映实际支付的税款情况，将递延所得税负债的增加额、递延所得税资产的减少额加回到税后净利润中。

（6）其他非经常性损益调整项目，如股权转让收益等。

税后净营业利润的计算公式如下：

税后净营业利润 ＝ 税后净利润＋利息费用＋少数股东损益＋本年商誉摊销＋
　　　　　　　　递延税款贷方余额的增加＋其他准备金的增加＋
　　　　　　　　资本化研发费用－资本化研发费用在本年的摊销

（二）平均资本占用

平均资本占用是所有投资者投入企业经营的全部资本，包括债务资本和股权资本。其中，债务资本包括长短期借款、应付债券等有息负债，不包括应付账款、应付票据、其他应付款等不产生利息的无息流动负债。股权资本中包含少数股东权益。

计算平均资本占用时选择的会计调整项目，可根据企业实际情况确定，一般计算公式如下：

平均资本占用 ＝ 平均所有者权益＋平均负债－平均无息流动负债－
　　　　　　　 平均在建工程＋平均减值准备＋平均递延所得税负债贷方余额－
　　　　　　　 平均递延所得税资产借方余额＋（累计营业外支出－累计营业外收入）×
　　　　　　　 （1－所得税税率）

平均无息流动负债 ＝ 平均流动负债－平均短期借款－平均一年内到期的长期负债

平均减值准备 ＝ 平均坏账准备＋平均存货跌价准备＋平均长期投资减值准备＋
　　　　　　　 平均短期投资减值准备＋平均固定资产减值准备＋
　　　　　　　 平均无形资产减值准备＋平均在建工程减值准备＋
　　　　　　　 平均商誉减值准备等减值准备

(三) 加权平均资本成本率

加权平均资本成本率是债务资本和股权资本的加权平均资本成本率,反映了投资者对投入资本的最低回报要求。加权平均资本成本率的计算公式如下:

$$K_{WACC} = \frac{E_C}{E_C + D_C} \times K_S + \frac{D_C}{E_C + D_C} \times K_D \times (1-T)$$

其中,K_{WACC}代表加权平均资本成本率,E_C代表股权资本,D_C代表债务资本;K_S代表股权资本成本率,K_D代表债务资本成本率,T为所得税税率。

债务资本成本率是企业实际支付给债权人的税前利率,反映的是企业在资本市场中债务融资的边际成本。如果企业存在不同利率的融资来源,债务资本成本率应使用加权平均值。

股权资本成本率是在不同风险下,所有者对投资者要求的最低回报。通常根据资本资产定价模型确定,计算公式如下:

$$K_S = R_f + \beta_i (R_m - R_f)$$

其中,R_f为无风险收益率,R_m为市场预期回报率,$R_m - R_f$为市场风险溢价;β_i是企业企业股票相对于整个市场的风险指数。上市企业的β_i值,可采用最小二乘法、回归分析法等方法测算确定,也可以直接采用投资银行、证券机构等提供或发布的β值。非上市企业的β值,可采用类比法,参考同类上市企业的β值确定。

按照斯图尔特咨询公司的研究,企业想要精确计算EVA,需要进行120多项内容的调整。但在实践中,并不是每个企业对这些项目都要进行全部调整,大多数公司只需做15项左右的调整就可以满足要求了。决定一个项目是否要进行调整,主要是看这种调整是否影响股东财富、是否与"决策相关"。如果一项调整不能影响决策,通常就不值得调整了。实践表明,涉及EVA调整的主要有以下几类:①对稳健会计影响的调整;②对可能导致盈余管理项目的调整;③对非经营利得和损失的调整;④弥补指标计算本身固有缺陷的调整。

二、EVA绩效评价法

EVA绩效评价法是指以经济增加值为核心,建立业绩指标体系,引导企业注重价值创造,并据此进行绩效管理的方法。

EVA是EVA绩效评价方法的核心指标,与会计收益和经营现金流量相比,EVA有着不可比拟的优点。会计收益没有考虑权益资本的机会成本,难以正确反映企业的真实经营业绩;而经营现金流量虽然能正确反映企业的长期绩效,但不能衡量企业年度经营业绩;EVA能够将这两方面有效地结合起来,既考虑了权益资本的机会成本,又能够衡量企业年度经营业绩,因此是一种可以广泛用于企业内部和外部的绩效评价指标。

在选择EVA作为评价企业经营业绩和考核企业资本保值增值的核心指标时,企业应根据其面临的风险不同,在计算权益成本时使用不同的收益率,用不同水平的收益率对企业经营结果进行评价。其计算公式如下:

$$EVA = NOPAT - IC \times \left[\frac{E_C}{E_C + D_C} \times K_S + \frac{D_C}{E_C + D_C} \times K_D \times (1-T) \right]$$

(1) 用无风险报酬率 R_F 计算 K_S，即要求企业的净利润应大于或等于股本资本的时间价值，得到的结果是基本 EVA，资本投资者的目的是获得无风险回报，不考虑风险溢价和额外报酬。

(2) 用无风险报酬率 R_F 和风险报酬率 R_p 计算 K_S，即要求企业的净利润应大于或等于股本资本的正常利润，得到的结果是正常 EVA，资本投资者的目标是获得正常回报。

(3) 用资本资产定价模式计算股本成本，即 $K_S = R_f + \beta_i(R_m - R_f)$，即要求企业的净利润应大于或等于普通股成本的利润，得到的结果为理想 EVA，此时的资产成本率完全反映了市场的评价，因此理想 EVA 将直接反映企业市值的变化。

以上不同计算方法表明，资本是有成本的。企业资本成本不仅包括生产经营过程中消耗的债务成本（如利息支出等），还包括权益资本成本。同时，资本成本反映了预期回报，预期回报与风险相对应，风险越高，资本成本就越高。EVA 的考核，真正实现了全成本核算，为股东利益提供了一个有效的载体。

虽然计算权益资本成本标准不同，但其决策口径或原理相似，即：

当 $EVA > 0$ 时，说明企业创造了股东价值；

当 $EVA = 0$ 时，说明企业维护了股东价值；

当 $EVA < 0$ 时，说明企业减少了股东价值。

在 EVA 评价过程中，资产价值依然是会计账面价值，可能与现实经济环境不一致，于是，学者们提出了修正的经济增加值（Refined Economic Value-added, REVA）。在计算 EVA 过程中，如果资产净额使用资产市场价值，就可得到修正的经济增加值指标，其计算公式如下：

$$REVA = NOPAT - MV_{t-1} \times K_{WACC}$$

其中，MV_{t-1} 是 $t-1$ 期期末公司资产的市场总价值，在数量上等于公司所有者权益的市场价值加上负债价值。

该指标认为，企业用于创造利润的资本价值总额既不是企业资产的账面价值，也不是企业资产的经济价值，而是其市场价值。这是因为，在任何一个会计年度的开始，投资者都可将企业作为一个整体，按照当时的市场价值出售，然后将获得的收入投资到与原来企业风险水平相同的资产上，从而得到相当于企业加权平均资本成本的回报。如果投资者没有将其拥有的资产变现，就放弃了获得其投资加权平均资本成本的收益的机会。在任何一个给定的时期内，如果一个企业真正为其投资者创造了利润，那么该企业的期末利润必须超过以期初资本的市场价值计算的资本成本，而不仅仅是超过以期初资产的经济价值为基础计算的资本成本，因为投资者投资到该企业的资本的实际价值（可变现价值）是当时的市场价值，而不是经济价值。

市场增加值也能精确描述企业股东所发生的损益，对于关注股东财富的企业来说，MVA 最大化应是首要目标。MVA 的定义是企业市场价值和过去几年里对企业的投资总额的差额，其计算公式如下：

$$MVA = 企业市场价值 - 企业账面价值$$

其中，企业市场价值包括债务资本市值和股权资本市值之和，通常，企业债务资本的市场价值和账面成本价值基本相同,企业占用的总资本是资本供应者投入的全部资本,一般用资本投入时的账面成本价值来计量。

市场增加值就是公司所有资本通过股市累计为其投资者创造的财富,换句话说,市场增加值是企业变现价值与原投入资本之间的差额,它直接表明了一家企业累计为股东创造了多少财富。

EVA 不仅是一个全面的绩效评价指标,还是一个全面的财务管理框架、一种经理人的薪酬评价及激励机制。EVA 绩效评价法是以股东(所有者)价值最大化为目标,其基本思想是只有投资收益大于资本成本,投资才能为投资者创造价值。为使股东财富最大化,战略规划必须以价值为导向配置资源,制定企业价值提升策略,有效使用资本,考虑所有资产的资本成本,不单纯以规模作为追求的目标。新增投资要把是否能够创造价值作为投资决策的主要依据,从而选择成长性好、升值空间大、股东回报高的项目;现有资产要进一步提高使用效率,通过资产重组、盘活、剥离,积极处置不良资产,促使经理层考虑资产负债表,更加关注如何有效运用资产负债表的所有资产项目,提高资产质量;积极寻找提升 EVA 的关键驱动要素,最终达到企业战略规划的要求。表 6.3 是某公司新增投资或外包对 EVA 的影响分析示例。

表 6.3

某公司新增投资或外包对 EVA 的影响分析　　　　金额单位:百万元

项目	原有规模	方案一		方案二	
		新增投资	综合后	外包	综合后
销售收入	1 000	1 000	2 000		1 000
毛利率	10%	10%	10%		8.8%
税后净营业利润	100	100	200	−12	88
资本总额	800	1 200	2 000	−150	650
资本回报率	12.5%	8.5%	10%	8.0%	13.5%
资产成本率	10%	10%	10%	10%	10%
资本成本	80	120	200	−15	65
EVA	20	−20	0	3	23

三、EVA 绩效评价的优越性和局限性

1. EVA 绩效评价的优越性

EVA 绩效评价的优越性主要有以下几点:

(1) EVA 绩效评价指标真实准确地反映了企业经营业绩。EVA 绩效评价指标最显著的特点是全面考虑了企业资本成本,包括债权资本成本和股权资本成本。EVA 绩效评价指标对传统会计利润进行了改进,它认为,只有当企业创造的价值扣除全部资本成本后有所剩余时,才说明企业创造了财富,否则就是毁损了企业股东财富。

(2) EVA绩效评价指标强调经济利润,是对会计利润的改进。财务报表中的会计利润是依据权责发生制和企业会计准则来计算的,其中具有很大的人为主观因素,如盈余管理和人为修饰等;而EVA绩效评价指标更强调经济利润,在计算过程中对会计数据进行了调整,尽可能地排除了人为因素的干扰,从而更加准确地反映了企业的经营绩效,是对会计利润的改进。

(3) EVA绩效评价指标促使企业的经营者与股东目标趋于一致。EVA绩效评价指标能够有效激励企业经营者,促使企业经营者树立这样一种意识,即股权资本成本的使用是有偿的,从而在企业的经营决策中尽可能地节约经营资产成本,合理利用资产,以股东价值最大化为经营目标,努力寻求企业价值和股东财富的同步可持续增长,从而与企业股东的目标趋于一致。

(4) EVA绩效评价指标注重价值创造和可持续发展,避免企业短期行为。EVA绩效评价指标能够激励企业的经营者注重价值创造和可持续发展,从而自觉地避免一些短期行为,如盲目跟风投资和盲目扩大生产规模等,更加关注企业的人力资源储备、品牌建设、形象维护等,从而实现企业持续健康发展。

2. EVA绩效评价的局限性

首先,EVA是一个绝对指标,资产规模不同的企业所计算形成的EVA不具备可比性,因此EVA无法反映出资本规模的差异。

其次,EVA的计算依赖于会计报表,易受会计报表的影响,企业经营者可能会操纵财务数据,即使在计算过程中调整了会计报表项目数据,信息扭曲的情况依然存在。

再次,EVA计算过程中需调整相关会计报表项目,加大了计算难度及复杂性,违背了成本效益原则,阻碍了其实际应用。

最后,EVA绩效评价指标缺乏一套科学有效、统一完整的标准,在实际应用过程中容易引起混乱,难以对不同企业的经济效率高低作出判断。

第五节 基于战略的绩效评价

进入20世纪90年代后,工业经济社会逐步转向知识经济社会,企业面临的经营环境发生重大变化,企业价值创造模式从主要依靠有形资产创造价值转向主要依靠无形资产创造价值,再加上传统基于财务或价值基础的企业业绩评价的缺陷,超越财务或价值基础的、基于战略的绩效评价应运而生。其中最为典型的是平衡计分卡,由于前文已进行分析,在此不再赘述,仅简要阐述绩效棱柱模型和三重底线理论。

一、绩效棱柱模型

针对传统绩效评价体系都过于强调股东利益的缺点,以及平衡计分卡存在的不足——只考虑了股东、员工和顾客三个利益相关者,Adams和Neely等人(2003)提出了绩效棱柱模型(图6.3)。它是一种典型的利益相关者价值取向的绩效评价模式,受到了许多优质公司的青睐。绩效棱柱模型是基于以下逻辑而构建的:企业要实现可持续发展,首先,必须清楚地知道企业的利益相关者及其需求。其次,据此制定战略,通过战略实施将价值传递给利益相关者。为了实施战略，企业必须建立能够有效地发出命令和执行命令的流程；为了保证流程的顺利实施，企业必须具备相应的能力。最后，企业在为利益相关者创造价值的同时，也必须与利益相关者建立良好的互动关系，获取利益相关者对企业的贡献。因此，绩效三棱镜包括相互联系的五个构面，对于每一类利益相关者，都需要从以下五个方面进行绩效评价（温素彬和黄浩岚，2009）。

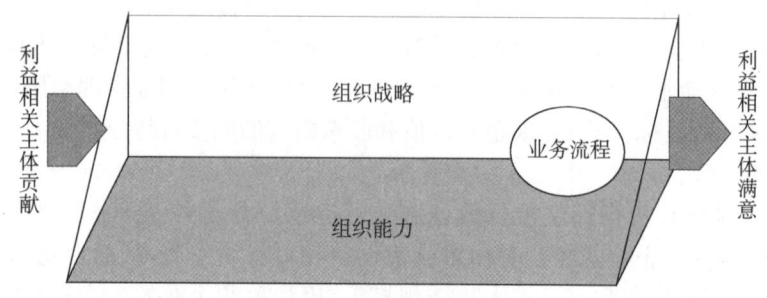

图 6.3　绩效棱柱模型

（1）利益相关主体满意：谁是我们的主要利益相关者？它们的愿望和要求是什么？

（2）组织战略：我们应该采用什么战略来满足利益相关者的需求，同时也满足我们自己的要求呢？

（3）业务流程：我们需要什么样的关键业务流程才能执行我们的战略？

（4）组织能力：我们需要什么样的能力才能开展和改善组织业务流程？

（5）利益相关主体的贡献：为了培育和发展组织能力，我们需要利益相关主体为我们做出这样的贡献。

与平衡计分卡（BSC）相比，绩效棱柱模型的创新之处主要体现在以下几个方面：

第一，绩效棱柱模型坚持利益相关者价值取向。绩效棱柱模型将所有关键的利益相关者都加以考虑并进行监测，从而保证了更多利益相关者的利益及其均衡性。

第二，考虑了利益相关者在企业中的双向作用。企业与利益相关者之间是一种互动的关系，利益相关者的需求与贡献是企业生存与发展的两翼。绩效棱柱模型不仅考虑利益相关者的需求，而且考虑利益相关者对企业的贡献，体现了利益相关者在企业中的能动性和企业与利益相关者之间的互惠性。

第三，绩效棱柱模型以利益相关者需求为起点。满足利益相关者的需求，并不断地获得利益相关者的支持，是企业不变的追求。绩效棱柱模型以利益相关者需求为起点来制定战略并采取行动，使利益相关者的需求与公司战略以及行动紧密地联系起来，更加理顺了企业价值、战略、行动之间的关系。

第四，绩效棱柱模型的逻辑关系更加明确。绩效棱柱模型从利益相关者需求到战略、流程、能力，再到利益相关者贡献，五个构面环环相扣，逻辑关系更加清楚，使绩效评价体系更加容易理解。

第五，绩效棱柱模型的分析更加透彻。绩效棱柱模型针对每一个利益相关者都从需求、战略、流程、能力、贡献五个方面来设计指标，通过对利益相关者的多角度透视，可以清晰地反映那些隐蔽的复杂问题，挖掘绩效评价和管理中的关键因素。

第六，绩效棱柱模型是一个具有灵活性并能够不断自我完善的开放系统。由于五个构面衍生出的评价指标之间具有沟通和反馈的性质,因而该评价体系又是一个用来交流、沟通、学习和改进的开放系统。

二、三重底线理论

三重底线(triple bottom line)是指经济底线、环境底线和社会底线,即企业必须履行最基本的经济责任、环境责任和社会责任。1998年,英国学者约翰·埃尔金顿(John Elkington)最早提出了三重底线的概念①,他认为,就责任领域而言,企业社会责任可以分为经济责任、环境责任和社会责任。经济责任也就是传统的企业责任,主要体现为提高利润、纳税责任和对股东投资者的分红;环境责任就是环境保护;社会责任就是对于社会其他利益相关方的责任。企业在进行企业社会责任实践时,必须履行上述三个领域的责任,这就是企业社会责任相关的"三重底线理论"。该理论认为,企业在追求自身发展的过程中,需要同时满足经济繁荣、环境保护和社会福祉三方面的平衡发展,为社会创造持续发展的价值。可持续发展强调"经济—生态—社会"的持续协调发展。从企业的身份看,企业不仅是经济系统的要素,而且是社会系统和生态系统的成员;从产出角度看,企业不仅是一个产品和服务的产出系统,而且是一个生态影响产出系统;从企业目标看,追求经济利益仍是企业的基本目标,但是这一目标必须在保证经济利益、社会利益和生态利益相统一以及代内公平和代际公平相统一的过程中实现。因此,三重绩效评价模式应从经济绩效、环境绩效、社会绩效三个方面设置企业绩效评价体系(图6.4)。

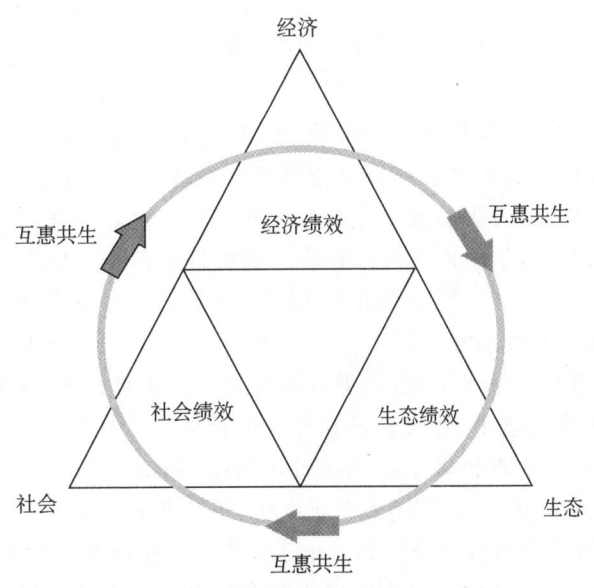

图6.4 三重绩效评价模式

---

① Elkington J. Partnerships from Cannibals with Forks: The Triple Bottom Line of 21st-Century Business[J]. Environmental Quality Management, 1998(1):37-51.

本章小结

本章着重讨论了管理控制系统及业绩评价,包括管理控制系统、企业业绩评价概况、企业业绩评价发展及其演进、以 EVA 为核心的绩效评价、基于战略的绩效评价。管理控制系统以及业绩评价方法具有动态演化的特征,没有现存的模板,任何企业均应结合外部环境和发展战略"量身定做"自己的管理控制系统和业绩评价方法,并充分考虑利益相关者利益,重视多边治理。

思 考 题

1. 企业管理控制系统的目的是什么?企业如何设计管理控制系统?
2. 为什么在不同时期,企业会选择不同的业绩评价方法?是什么因素导致这些评价方法发生变化?
3. 何为赚钱?利润代表赚钱吗?
4. 如果说"做大做强"与"做强做大"代表两种不同的战略,那么企业业绩评价指标会有何不同?
5. 你认为当前哪一种业绩评价方法更好?

讨 论 题

康希诺生物股份公司(简称康希诺生物,股票代码 6185.HK,688185.SH)于 2009 年注册于天津市滨海新区,是由跨国制药企业高管团队回国创立的国家级高新技术企业。康希诺生物以在世界范围内提供预防传染病和感染病的解决方案为己任,专业从事高质量人用疫苗的研发、生产,是国内领先的高科技生物制品企业。2019 年 3 月,康希诺生物在香港联交所主板 H 股上市;2020 年 8 月 13 日,康希诺生物正式登陆科创版,成为科创板开板以来首只"A+H"疫苗股。

康希诺生物拥有 4 大技术平台,即蛋白结构和设计重组技术、多糖蛋白结合技术、制剂技术、腺病毒载体疫苗技术,可以较好掌握疫苗开发的重难点。此外,目前公司已与全球领先纳米药物开发制造商加拿大的 Precision NanoSystems 达成协议,布局 mRNA 疫苗平台。在疫苗研发方面,公司围绕着更新换代、进口替代和全球创新三个方面布局,目前利用腺病毒载体技术平台成功研发并上市了埃博拉疫苗和新冠疫苗。在产业化生产方面,公司掌握疫苗放大量产的工艺,已经建成年产能 2 亿~3 亿剂疫苗的天津工厂,目前已经开始投产。在商业化销售方面,公司多角度提升商业化能力,通过自建团队目前已覆盖 10 多个核心人口大省,并与外部企业合作推广,如辉瑞负责四价脑膜炎球菌结合疫苗推广。公司研发的疫苗对标国际主流品种,申报和临床试验兼顾中国和海外市场并与海外公司开展技术研发等战略合作。2021 年产品开始商业化,中长期管线瞄准重磅品种。

近几年来,公司相关财务指标如表 6.4 所示。

表 6.4

康希诺生物 2017—2020 年相关财务指标

每股指标	2020-12-31	2019-12-31	2018-12-31	2017-12-31
基本每股收益(元)	-1.720 0	-0.760 0	-0.870 0	-0.440 0
每股净资产(元)	24.533 7	6.604 6	3.121 0	3.882 1
每股未分配利润(元)	-3.090 3	-1.653 1	-1.312 6	-0.466 6
每股经营现金流(元)	-1.414 2	-0.692 8	-0.768 2	-0.208 7
成长能力指标	2020-12-31	2019-12-31	2018-12-31	2017-12-31
营业总收入	2 489 万元	228.3 万元	281.2 万元	18.72 万元
归属净利润	-3.966 亿元	-1.568 亿元	-1.383 亿元	-6 445 万元
扣非净利润	-5.113 亿元	-1.744 亿元	-1.567 亿元	-8 523 万元
营业总收入同比增长	990.06%	-18.80%	1 402.35%	21.01%
归属净利润同比增长	-152.99%	-13.39%	-114.54%	-29.28%
扣非净利润同比增长	-193.12%	-11.31%	-83.88%	-43.09%
盈利能力指标	2020-12-31	2019-12-31	2018-12-31	2017-12-31
净资产收益率(加权)	-13.49%	-12.48%	-24.93%	-13.26%
总资产收益率(加权)	-9.30%	-12.15%	-16.64%	-10.81%
毛利率	42.39%	93.54%	90.25%	—
净利率	-1 593.54%	-6 866.17%	-4 917.38%	-344.34%
财务风险指标	2020-12-31	2019-12-31	2018-12-31	2017-12-31
流动比率	13.24	6.822	2.098	3.838
速动比率	12.82	6.681	2.017	3.824
现金流量比率	-0.855	-1.325	-1.176	-0.294
资产负债率	10.04%	17.59%	36.88%	29.90%
营运能力指标	2020-12-31	2019-12-31	2018-12-31	2017-12-31
总资产周转天数(天)	61 705	203 411	106 405	1 146 869
存货周转天数(天)	2 345	30 312	6 641	—
应收账款周转天数(天)	320.3	—	35.37	
总资产周转率(次)	0.006	0.002	0.003	0.000
存货周转率(次)	0.153	0.012	0.054	—
应收账款周转率(次)	1.124	—	10.18	

资料来源:按照康希诺生物披露年报数据收集整理获得。

按照相关数据库资料,我们可以计算出公司 2017—2020 年 EVA 分别为 -14 024.09 万元、-25 635.36 万元、-35 745.76 万元、-90 145.55 万元;从股价走势来看,自上市后公司股价一直不断提升。2021 年上半年,康希诺生物-U 股价走势涨幅惊人,累计翻倍,最高达到 798 元/股;自 2021 年 7 月后,股价持续下调,但公司市值仍超过 1 000 亿元。

请讨论:

(1) 分别用关键指标法、EVA 绩效评价法以及基于战略的绩效评价方法评价康希诺生物的业绩,并探讨各种业绩评价方法的差异。

(2) 结合以上资料,分析为什么不同的业绩评价方法会产生不同结论? 我们应该如何选择合适的业绩评价方法?

参考文献及推荐阅读

1. 财政部.管理会计应用指引第 600 号——绩效管理,2017-09-29.
2. 财政部.管理会计应用指引第 601 号——关键绩效指标法,2017-09-29.
3. 财政部.管理会计应用指引第 602 号——经济增加值法,2017-09-29.
4. 财政部.管理会计应用指引第 603 号——平衡计分卡,2017-09-29.
5. 财政部.管理会计应用指引第 604 号——绩效棱柱模型,2018-08-17.
6. 张蕊.企业经营业绩评价理论与方法的变革[J].会计研究,2001(12):46-50.
7. 诸波,干胜道.市场竞争程度、经营战略与业绩评价指标选择[J].会计研究,2015(2):51-57,94.
8. 杨玉龙,潘飞,张川.差序格局视角下的中国企业业绩评价[J].会计研究,2014(10):66-73+97.
9. 查尔斯·T.亨格瑞,加里·L.森登,等.管理会计教程[M].15 版.北京:机械工业出版社,2012.
10. 温素彬,黄浩岚.利益相关者价值取向的企业绩效评价——绩效三棱镜的应用案例[J].会计研究,2009(4):63-64.
11. 温素彬.管理会计[M].2 版.北京:机械工业出版社,2016.
12. 陆庆平.企业绩效评价论:基于利益相关者视角的研究[M].北京:中国财经出版社,2006.
13. 汤谷良,戴天婧.中央企业 EVA 评价制度实施效果的理论解释[J].会计研究,2015(9):35-43+96.
14. 温素彬.企业三重绩效的层次变权综合评价模型——基于可持续发展战略的视角[J].会计研究,2010(12):82-87.
15. 池国华,王志,杨金.EVA 考核提升了企业价值吗?——来自中国国有上市公司的经验证据[J].会计研究,2013(11):60-66,96.
16. 刘俊勇,孟焰,卢闯.平衡计分卡的有用性:一项实验研究[J].会计研究,2011(5):36-43,95.
17. 王化成,刘俊勇.企业业绩评价模式研究——兼论中国企业业绩评价模式选择[J].管理世界,2004(4):82-91,116.
18. Adams C, Neely A. The New Spectrum: How the Performance Prism Framework Helps[J]. Performance Management, 2003(2):15-25.

第七章　激励与报酬管理会计

【学习目标】 本章介绍激励与报酬的理论基础、报酬激励的原则和方式、企业首席执行官报酬激励制度等内容。通过学习，学生需要掌握企业报酬激励的理论基础；了解报酬激励的方式和特征，了解激励报酬的具体形式及其优缺点；掌握高层管理人员报酬确定的基本方法；了解国内外高层管理人员报酬激励制度的差异。本章重点为各种激励报酬方式的特征和适用范围。

【知识引导】 美国经济政策研究所发布的一项研究显示，自金融危机以来，美国前350家公司CEO（高薪CEO）的收入是普通员工的278倍，CEO与普通员工之间的差距仍然很大。这一比例从1965年的20倍、1989年的58倍，到2000年368倍的峰值后大幅下降，2019年为278倍。自1978年以来，高薪CEO薪酬总额增速超过了股市的增速（706.7%）和"高收入者"的工资增速（339.2%）。从薪酬、福利和股票期权行使时的价值来看，1978年至2018年，高薪CEO薪酬总额增长了1 007.5%。相比之下，普通员工工资增幅仅为11.9%。用另一种衡量薪酬方法，即参考期权授予时的实现价值，高薪CEO薪酬增幅仍为940.3%。研究人员表示，CEO过高的薪酬是不平等加剧的一个主要原因，人们完全可以消除这种不平等。如果CEO的薪酬更低或税率更高，经济就不会受到损害。

第一节　激励与报酬的理论基础

现代企业制度以公司制度为主体，其基本特征是所有权和经营权"两权分离"。"两权分离"会产生委托代理问题，从而产生对经营者或管理者的激励问题。激励与报酬制度是企业股东（或高层管理者）为了引导经营者（或中低层雇员）为企业创造更多价值而事先制定的奖励政策。没有良好的激励与报酬制度，现代企业就不可能有效地运转。激励与报酬制度是为解决委托代理问题而提出的一种机制，委托代理理论是其最主要的理论基础。

一、委托代理理论

新古典经济学将市场价格机制（"看不见的手"）看作唯一的资源配置机制，而将企业看作一个同质的生产函数，是一个"黑盒子"；资本家集所有者和经营者于一身，自己激励自己追求利润最大化；资本家雇用的工人与物质资本一样，只不过是生产中的成本消耗而已。新古典经济学忽略了企业内部的信息不对称和激励问题，无法解释现代企业的很多行为。

新制度经济学认为，企业运用经理的"手"（"看得见的手"）配置资源，企业激励报酬问题源于企业的委托代理关系以及企业内的信息不对称和不确定性。1933年,美国学者伯利和米恩斯在《现代公司与私有财产》一书中,对美国200家大公司进行分析发现,占其所选取公司的总数量的44%、财产的58%的企业是由并未握有公司股权的经理人控制的,由此他们认为,现代公司发展已经发生了"所有与控制"的分离,公司实际上已经由职业经理人组成的"控制者集团"所控制。

委托代理关系是随着企业所有权和控制权(经营权)逐步分离而产生的。委托代理关系是指委托人把自己的事务交给其代理人代为处理而形成的委托人与代理人之间的责权利关系。委托代理关系是一种契约,在此契约下,一个或多个人(称为委托人,即在信息上处于劣势的一方)雇用另外的人(称为代理人,即具有信息优势的一方)去执行某些工作或委托人将一些决策权授予代理人。委托代理的目的是追求分工效率和规模效率。但是委托人和代理人之间存在利益不一致和信息不对称,代理人比委托人掌握着更多信息,委托人很难监控代理人活动,这会导致委托代理问题和内部人控制现象的产生。委托人为了防止代理人损害自己的利益,就需要通过严密的契约关系和对代理人的严密监督来限制代理人行为,由此便产生了所谓代理成本(包括委托人监督支出、激励支出和剩余损失三部分)。为了改进委托代理关系带来的效率损失,降低代理成本,19世纪60年代末70年代初,经济学家开始深入"黑箱"内部,研究企业内信息不对称和激励问题,并提出了委托—代理理论。

本章讨论两种委托代理关系:①公司股东作为委托人,他们雇用高层管理团队作为其代理人,为股东利益而管理公司;②公司高层管理团队作为委托人,雇用部门经理作为代理人,管理公司的分权化经营单位。

二、股东、高层管理者与中层管理者之间的委托代理关系

(一)股东与高层管理者之间的委托代理关系

1. 股东与高层管理者之间的利益冲突

如果一个企业由业主自己经营管理,那么他就会努力经营以增加自己的财富。但如果公司委托经营管理者进行经营,由于经营者并不拥有公司的全部报酬,就有可能出现代理问题。"经济人"假设认为,不同主体拥有不同的利益追求。在所有权和经营权分离之后,股东作为委托人拥有剩余索取权,他所追求的目标就是资本增值和资本收益最大化,最终表现为对利润最大化目标的追求;但经营管理者的效用函数与股东不同,其目标是使自己因参与公司经营管理而获得效用最大化,具体包括:①追求高报酬,包括物质和非物质的,如工资、奖金、荣誉和社会地位等;②增加闲暇时间和豪华享受;③规避风险。

股东与经营管理者不同的利益目标追求可能产生行为上的矛盾,导致较高的代理成本,影响企业资源的配置效率。如果股东知道经营管理者的哪些行动将对公司最有利,并且能毫不费力地观察经营管理者的行为,那么股东就能指挥经营管理者实施这些最优行动。如果这些行动没有得到有效地执行,管理者可以解雇经营管理者。

而现实情况是存在信息不对称,经营管理者直接控制并经营企业,具备专业技能与业务经营上的优势,其掌握的信息和个人经营行为是大量的、每时每刻的,从而形成很多隐蔽的"私人信息"和"私人行为"。委托人由于已经授权,不便也不可能过细

干预,加之其专业知识相对贫乏,因而对企业代理人的经营禀赋、条件和努力程度等信息了解是有限的,且往往是表面上的。尽管存在信息披露制度,但企业内部的大量信息是不宜完全公开的,这些信息内化成经营管理者的私人信息,作为委托人在企业信息获得方面存在的天然缺陷。此外,股东数量庞大且分散,监督管理者的成本又很高,所以不太可能准确辨别企业经营绩效是由代理人努力工作所致,还是由外部因素所致,也不太可能准确判断代理人是否有能力且尽力追求股东利益,以及其行为是否有利于委托人。

同时由于信息不对称等原因,委托人无法准确观察到代理人的努力程度,即便经营管理者努力工作,也有可能得不到与之相应的报酬。如果代理人只能得到固定薪水,他就不会有动力为公司价值最大化而努力,他可能会过度消费非货币性项目(如闲暇、诱人的工作环境和各种特权),没有必要为提高公司股价去冒险,因为股价上涨的好处将归于股东,而一旦失败,经营管理者的"身价"将下跌,因此可能招致损失(如报酬减少或者被解雇)。因此,经营管理者会避免风险,放弃获利机会好但风险高的投资机会。因此,在现代企业制度中,需要建立一套既能够有效地约束代理人行为,又能激励代理人按委托人的目标和为委托人利益而努力工作,从而大大降低代理成本的机制或制度安排。企业激励报酬机制是这种制度安排的重要组成部分。

2. 解决股东与高层管理者之间利益冲突的方案

为了保证经营管理者能为股东利益最大化而努力工作,股东必须采取必要措施。这主要包括以下几点:

(1) 解雇。大公司经营管理者被解雇的可能性微乎其微,它几乎不会引起经营管理者的担心。这是因为大多数公司股东很分散,很难形成合力和共识,将经营管理者从错误的道路上拉回来,或者解雇他们。但是,随着股票逐渐集中到一些大机构(如基金)手中,它们就有资格委派人员进入董事会,从而对公司经营产生显著影响。在这种情况下,经营管理者要么被迫改弦易辙,要么被解雇,这会对经营管理者形成一定约束。

(2) 市场接管。当一个公司因管理不善而使其股票价格低于预期合理价值时,公司很有可能被强行收购。一旦公司被接管,经营管理者通常会被解雇,即使侥幸留任,也会丧失很多权力。因此,经营管理者为了个人利益极有可能会采取措施来提高股价,以制止敌意收购。

(3) 监督。股东也会通过各种手段监督经营管理者。当发现经营管理者背离股东目标时,会减少经营管理者各种形式的报酬,甚至解雇他们。但是全面监督是行不通的。股东是分散的或者远离经营者,他们得不到充分的信息;经营者比股东有更大的信息优势,他们比股东更清楚什么是对企业更有行的行动方案;全面监督管理行为的代价是高昂的,很可能超过它所带来收益。因此,股东支付审计费聘请注册会计师,往往限于审计财务报表,而不是全面审查所有管理行为人。股东对于情况的了解和对经营者的监督总是必要的,监督可以减少经营者违背股东意愿行为,但不可能解决全部问题。

(4) 激励。鼓励高层管理人员采取最有利于公司行动的另一种方式是采用激励计划,使高层管理人员分享公司利益,从而使代理人和委托人的利益更加一致,鼓励他们采取符合股东最大利益的行动。激励方案可以采取股票期权形式,也可采用以会计业绩为基础的奖金形式。激励报酬方案的目的是使委托人和代理人的利益趋于一致。

(二)高层管理者与中层管理者之间的委托代理关系

通常所说的组织目标,实际上是高层管理者所代表的股东目标,即高级管理层希望实现的组织目标(这时假设股东与高层管理者不存在目标不一致)。从公司组织结构看,公司目标的实现方式就是由最高领导层作出决策,依次自上层向下层传达,各分部和员工按指令层层完成任务。但在现实企业经营中,每个分部和员工都有自己的目标,在执行上级指令时,他们都会考虑自己的利益,企业运行因各方目标不一致而导致行为异化。组织目标与个人目标的差异性决定了组织制定管理控制系统的主要原则:管理控制系统引导人们的行为既能够满足个人目标,又能够实现组织价值最大化。用社会心理学的话来说,也就是尽可能使个人目标与组织目标协调一致。

科学合理的激励报酬制度可以很好地减少目标不一致问题。行为者期望理论(the expectancy view of behavior)认为,人们采取某种行为方式,是因为人们相信这种行为方式将产生他们期望得到的回报。根据行为者期望理论,企业激励机制的作用就在于当行为者的行为有助于实现企业目标时,对他们提供他们期望得到的回报,有助于协调企业委托人与代理人的矛盾,从而减少代理问题。因此,在现代企业制度中,企业必须建立有效的激励机制,并且企业激励机制应该是一种积极的约束与监督机制,旨在促使经理人把投资者利益作为自己的内在追求,从而达到促使经理人努力地为投资者工作的目标。

在知识经济社会,人们关注的焦点再次集中到人类本身。人是企业组织内最有价值的、最富有活力的要素,他们可能有无限成就,也可能碌碌无为。因此,如何激励经理人,让他们发挥最大潜能至关重要。俗话说"留人要留心",如果一个企业的激励制度不能激发和调动经理人的积极性和创造性,反而压制了经理人的积极性和创造性,那么这些经理人很快就会离开这个企业;如果这些经理人不能离开这个企业,那么这种激励制度就会制造出一批又一批的懒人、庸人。世界上本来没有懒人和庸人,只有产生懒人和庸人的激励制度。相反,有效的激励制度可以激发经理人的工作热情、创造性和主动性,保持经理人高昂的士气。这样就可以创造一种使经理人"乐业"的工作环境,经理人自然就会"爱业""敬业"。在这个过程中,经理人的价值自然得到实现和提升,企业不仅可以留住人才,而且还可以吸引更多人才。在企业组织中,人才和资金固然很重要,但是更为重要的当属激励制度。如果企业没有良好的激励制度,资金不能有效发挥作用,人才会流失;相反,如果企业组织建立了良好的激励制度,资金和人才自然会流向企业,企业组织又何愁没有资金和人才?

未来的国际竞争就是人才的竞争,这话未必全对。笔者认为,未来国际竞争将是制度环境的竞争。其实我们并不缺乏人才,缺乏的是发现人才、使用人才、造就人才、吸引人才的制度环境(即选人、用人、育人和留人的制度环境)。激励制度可以促使一个企业、一个单位,乃至一个国家由弱变强,也可以促使一个企业、一个单位,乃至一个国家由强变弱,甚至衰亡。因此,激励报酬制度是现代企业制度的重要组成部分。

第二节 报酬激励的原则和方式

一、报酬激励的核心和绩效基础

企业建立激励报酬机制的核心问题就是在企业内部设计出合理的经理人激励报酬计划安排制度,使经理人的自利行为减少到最小限度,减少代理成本。在企业实践中,经理人的报酬包括基本工资、年度奖金、任期收入或远期收入,可以简单地将其划分为基本收入和风险收入两部分。企业激励机制的关键在于这两部分收入的比重如何以及风险收入如何确定。有调查表明,美国大公司 CEO 报酬总额中,79% 与业绩有关,即处于风险状态,报酬总额中的 52% 则是以长期激励形式存在。风险收入在报酬中所占的比重因行业、企业性质而异,甚至随经理人的职位高低而异。

企业经理人激励报酬设计首先必须解决的一个问题就是凭什么给经理人激励报酬,即明确经理人激励报酬的业绩基础问题。那么要明确以下两个问题:

(1) 激励报酬的绩效基础是财务性绩效还是非财务性绩效,还是二者结合?传统上,企业普遍以财务性绩效为基础构建职业经理和员工的薪酬计划,但在顾客化、竞争化的环境下,单纯财务性绩效指标难以全面评价企业的经营绩效,非财务性绩效指标(如客户满意度、创新能力、学习与成长)更为重要。目前,大多数企业都采用财务绩效和非财务绩效相结合的方式作为激励报酬的绩效基础,当然,这其中涉及权重确定问题。

(2) 激励报酬的绩效基础是团队绩效还是个人绩效?一方面,以个人行为及其绩效为基础不利于促进集体行为的进步,不利于企业团队协作精神的发挥,且个人在企业中产生的绩效难以确定;另一方面,以集体行为及其绩效为基础,虽然其比较容易确定,但难以明确个人行为如何影响集体绩效,这将削弱职业经理人和员工激励报酬计划的激励作用,还可能会鼓励个人逃避责任和"搭便车"现象。在实践中,一些企业强调团队协作,将团队绩效和个人绩效相结合,把职业经理人和员工激励报酬计划建立在团队绩效基础上,同时按个人实现其绩效目标的能力确定其在总报酬中的份额。

二、报酬激励的原则

激励是管理工作中不可缺失的一环。实施员工激励一方面是为了通过恰当的方式给予员工辛勤付出的回报,另一方面也是通过激励来鼓励员工更好的工作,从而为组织创造更大的价值。不同的激励方式有不同的激励效果,而不同激励方式的结合也许会达到意想不到的结果。以下分别介绍报酬激励的原则以及不同的报酬激励形式与特征。

(一) 内外激励相结合

按照激励是否来自工作本身,将激励分为内在激励和外在激励。

1. 内在激励

内在激励产生于一个人内心的满足,如出色完成一项工作的成就感、实现个人价值观或信仰的满足感等。体验内在激励不需要他人的介入,企业可以通过工作设计、企业文化和管理风格为个人创造体验内在激励的条件,但个人仍需独立地感受或体验内在激励。

常见的内在激励方法有绩效激励(开放式绩效管理、自我绩效评估)、互相激励机制、管理层激励(走动式管理、免费午餐、经常表员工)、竞赛激励、职位晋升激励等。

2. 外在激励

外在激励包括表彰、奖励等,当然包括以业绩为基础的报酬,即激励报酬或业绩报酬。大多数企业的注意力焦点都集中在外在激励,尤其是激励报酬上。认知学派学者基于自我决定理论(self-determination theory)认为,外在激励具有控制属性,外在激励会使个体丧失了自我决定力从而损害其内在动力,因而不利于激发个体的创新行为;但以Eisenberger为代表的行为学派学者提出了习得勤奋理论(learned industriousness theory),他们认为,外在激励具有信息属性和信号作用,可以引导个体指向创新相关的具体目标,提高内在动机,从而提高个体创新行为。

内在激励与外在激励之间是存在相互关系的,根据挤出效应理论,在内在激励和外在激励同时存在的情况下,货币支付或惩罚措施等外在激励可能会破坏人们的内在动机,产生一定的挤出效应。

(二)正负激励相结合

按激励的性质划分,激励可分为正激励和负激励。所谓正激励,就是当一个人的行为表现符合社会需要和组织目标时,通过表彰和奖励来保持和巩固这种行为,更加充分地调动成员的积极性。所谓负激励,就是当一个人的行为不符合社会需要或组织目标时,通过批评和惩罚来抑制这种行为并使其不再发生,同时引导组织成员的积极性向正确的方向转移。正激励和负激励都是对人的行为进行强化,所不同的是取向相反。正激励起正强化的作用,是对行为的肯定;负激励起负强化的作用,是对行为的否定。

(三)长短期激励相结合

报酬激励可以是短期的,通常采取以当期业绩为基础的现金或股票报酬形式。报酬激励也可以是长期的,通常采取股票期权的形式,它的价值与公司普通股的长期表现相联系。

1. 长期激励

长期激励通常用于高层管理人员和组织的核心员工,其目的在于为组织的长期发展和繁荣,通过报酬为目标对象提供积累财富的机会,鼓励其在决策时更注重组织的长期发展目标,与组织共同奋斗。人力资源理论则将长期激励定义为组织通过某种协议把支付给员工的可变薪酬延迟到未来的某一个日期支付,这个支付周期通常在12个月以上,也即其强调支付的递延性。

长期激励的具体形式主要包括股票期权、限制性股票、股票增值计划、管理层收购(management buy-outs, MBO)、弹性福利计划等。股票期权适用于上市公司和上市公司控股企业;限制性股票适用于业绩爆发性不强的上市公司、产业调整过程中的上市公司,以及初创期的企业;股票增值计划适用于无法开户的上市公司外籍员工和业绩稳定的公司,较具普遍性;管理层收购适用于国有资本退出企业、国有民营型非上市公司、集体性企业及反收购时期的公司;弹性福利计划较具普遍适用性。

2. 短期激励

短期激励一般为1年以内各时间节点(月、季度、半年、年),主要目的是完成生产任务即激励,超额完成生产任务即额外激励,可以采取员工薪酬制度中的绩效工资(或奖金)单元完成这种激励,这种激励适合于普通员工。主要的短期激励有基本薪资、年度奖金计划。

基本薪资是指一个人在获得某个职位后能够获得的固定收入,这种薪资水平的高低与这个职位本身有密切的关系,而且与经理本身的绩效没有直接的关系。由于基本薪资往往是事先就确定好的,所以它几乎不具有任何激励作用。所以,从过去通常的观点看,基本薪资往往是用来补偿经理的基本生活开支,保证其可以正常地生活的基本费用。

年度奖金计划通常与经理短期的经营绩效有直接的关系,即经理完成了预期的经营目标或更佳的业绩,那么就会按照事先的合同规定获得一定数额的年度奖金。而且每个营利性公司都会向所有的高层经理提供年度奖金,并按照每年的公司绩效支付这部分报酬。表 7.1 列示了短期薪酬激励与长期薪酬激励的比较。

表 7.1

短期薪酬激励与长期薪酬激励的比较

项目	短期薪酬激励	长期薪酬激励
优点	直观、可预见性强 立即奖励 易于控制、风险相对较小	激励长期业绩 与股东利益相连 代理人可以获得较高收入
缺点	个人目标与公司目标不挂钩 导致短期行为严重 不利于企业长远发展	风险相对较高 股票价格波动大,不可预测 与相对业绩不挂钩

(四)现金激励和权益激励相结合

现金形式的激励通常与短期利润业绩相联系,包括递延现金支付、设计绩效单元支付等,这对企业的资金要求很高,因为其在实现时需要立马兑付。

权益形式的激励常与公司普通股的长期价格表现相联系,如股份、股票期权、虚拟股份和业绩股份。股票期权是指一个公司授予其员工在一定的期限内(如 10 年),按照固定的期权价格购买一定份额的公司股票的权利。行使期权时,享有期权的员工只需支付期权价格,而不管当日股票的交易价是多少,就可得到期权项下的股票。权益类激励对企业的资金压力较小,但激励方案设计结构及手续相对复杂。

(五)货币性激励和非货币性激励相结合

报偿可以是现金或拟现金(权益)形式也可以是特权和其他非货币性权利。

货币性补偿通常有现金奖金或利润分享、股票奖金、递延报酬、购股权、业绩股份或单位、股票增值权益、分享单位等多种形式。

非货币性激励包括特权和其他非货币性激励,最普遍的非货币性激励包括度假旅行、使用公司的小汽车、俱乐部会员资格等。非货币性激励的特点有受益对象的扩大化、构成的多元化、实施的便利化、内容的个性化、激励的长期化、成本的节约化。

(六)效率优先,兼顾公平公开

经营者劳动效率的提高,可以带动整个企业效率的提高,其所创造的价值会大大高于其报酬的增加额。因此,提高企业经营者的报酬是调动其积极性、提高其工作效率所必要的。企业在考虑效率的同时,还要兼顾公平性。一方面,管理者要考虑经营者和普通职工的收入差距,要公平合理,否则,高层人员过高的工资会使团队产生分裂,也会导致效率的损失;另一方面,取得同等成绩的员工,一定要获得同等层次的奖励,同理,犯同等错误的员工,也应受到同等层次的处罚。如果做不到这一点,管理者宁可不奖励或者不处罚。在处理员工问题时,管理者一定要有一种公平的心态,要一视同仁,不应有任何的偏见和喜好。而公开是公平、公正的基础,公开的核心是信息的公开,包括制度、程度和结果的公开。

三、激励报酬的方式

如何将企业经理人从单纯的支薪阶层(只享有薪层)转向分享(风险)阶层(具备主人翁意识)是激励机制设计的一个重要问题。因此,在企业经理人的风险收入中加入激励因素,使经理人的风险收入成为激励报酬。从经理人激励机制实现方式看,经理人激励报酬主要包括以下几点。

(一)奖金

这是企业根据经理人所完成的业绩所给予的奖励。它可能是按企业利润的固定百分比计提,也可能是当利润超过一定数额后,对超过部分按照一定比例计提。通过奖金的计提和发放将企业经理人与投资者联系起来,从而达到激励的作用。不过作为一种激励报酬,奖金基本上属于短期激励方式。

(二)延期奖金和或有报酬

为了克服奖金短期激励的缺陷,有企业采用延期奖金(deferred bonus or deferred compensation)的激励方式。延期奖金是指递延到将来支付的现金报酬或股票报酬。奖金延期支付条款通常规定,企业经理人(经营者)自动离开企业或被开除时,获得的延期支付奖金的权利被自动丧失或取消。或有报酬是指只有符合一定条件方可获取的报酬,这里的一定条件就代表着企业激励的方向。延期奖金和或有报酬还有另外的功效。经理人或经营者在一个企业工作过程中会逐年积累与该行业有关的大量专门知识和技能,其中相当部分可能是所在企业投入大量成本取得的。延期奖金和或有报酬使企业可以安心进行人力资本投资、培养人才,同时也可将管理者牢牢拴在公司,因此这些方案又被称作"金手铐",它使关键管理人员脱离一个公司的代价非常高。延期奖金和或有报酬方案对高新技术企业非常有用,它可以减少因关键的高层管理人员和技术人员转投竞争对手而造成的损失。

(三)股票期权

股票期权是企业给予经理人或经营者在未来的某一时间以某个确定的价格购买企业一定数量企业股票的选择权利,其目的在于鼓励经理人或经营者做有利于企业的事,使他们能够提高股票价格,而不是短期利润。实行股票期权激励制度能使经理人或经营者的自身利益与企业的经济效益直接相关,促使经理人不仅关心企业长远发展,还关注企业股票在市场上的表现。股票期权激励机制是经理人激励的重要组成部分,是企业为激励经理人认真履行职责、增强风险承担意愿,进而减少经理人与股东之间的代理成本,是提升公司价值的一项重要制度安排。此激励制度有如下优点:

(1)股票期权能够较好地弥补传统薪资分配制度引发的企业员工工作动力不足的缺点。传统的薪酬分配形式单一,只能对经营者的积极性进行短期激励,而股票期权则能够在一定程度上弥补传统方式带来的弊端。因为股票期权相当于购买企业的未来,而企业的未来能否盈利直接影响经营者和股票期权拥有者的经济收入,因而能促使他们更加关心企业并长久地为企业效力。

(2) 股票期权具有长期效益。股票激励制度能将经理人或经营者的利益和股东的利益捆绑化,使股东和管理者的利益关联起来,这样不仅能使管理经营者更加关心企业长期价值,还能促使管理者为创造更多的价值而努力。股票期权在企业中的激励制度,能使双方互相信任、长期合作,达到共赢局面。

(3) 股票期权的应用可以减轻企业股东对经营管理人员的监督和担心。通过股票期权使二者的利益共同化,并增加彼此的信任,若遇到自身利益与公司利益有矛盾的经营管理者,股东不必担心经营者因公徇私等现象的发生。这种股票期权激励制度不仅激励了经营者,从某种形式上也约束了经营者的行为。

(四) 虚拟股票

虚拟股票(phantom stocks)是指公司授予激励对象一种"虚拟"的股票,激励对象可以据此享受一定数量的分红权和股价升值收益。授予激励对象虚拟股票称为虚拟股权激励。如果实现了公司业绩目标,则被授予者可以据此享受一定数量的分红,但他们没有所有权和表决权,该奖励也不能转让和出售,在离开公司时自动失效。在虚拟股票持有人实现既定目标条件下,公司支付给持有人收益时,既可以支付现金、等值股票,又可以支付现金和股票的结合。虚拟股票是通过让其持有者分享企业剩余索取权,将他们的长期收益与企业效益挂钩。由于这些方式实质上不涉及公司股票所有权授予,只是奖金的延期支付,长期激励效果并不明显。

虚拟股权激励主要有以下特点:

第一,股权形式的虚拟化。虚拟股权不同于一般意义上的企业股权。公司为了很好地激励核心员工,在公司内部无偿地派发一定数量的虚拟股份给公司核心员工,其持有者可以按照虚拟股权的数量,按比例享受公司税后利润的分配。

第二,股东权益的不完整性。虚拟股权的持有者只能享受到分红收益权,即按照持有虚拟股权的数量,按比例享受公司税后利润分配的权利,而不能享受普通股股东的权益(如表决权、分配权等),所以虚拟股权的持有者会更多地关注企业经营状况及企业利润的情况。

第三,与购买实有股权或股票不同,虚拟股权由公司无偿赠送或以奖励的方式发放给特定员工,不需员工出资。

作为股权激励的一种方式,虚拟股权激励既可以看作是物质激励,又可以看作是精神激励。虚拟股权激励作为物质激励的一面,体现在享有一定股权的员工可以获得相应剩余索取权,他们会以分红形式按比例享受公司税后利润的分配。虚拟股权激励作为精神激励的一面,体现在持股员工因为享有特定公司产权以一种"股东"的身份去工作,从而会减少道德风险和逆向选择的可能性。同时,虚拟股权的激励对象仅限于公司核心员工,所以持股员工可以感觉到企业对其自身价值的充分肯定,产生巨大的荣誉感。

(五) 股票增值权

股票增值权(stock appreciation rights, SARs)是股权激励的一种,其具体内容是:企业授予管理层(持有人或受益人)一定额度的股票增值权,在规定的一段时间(等待期)之后,按照约定指标(如每股净资产、股票价格)或者某个综合公式等,计算出股票增值权的

价值,并将收益支付给持有人。股票增值权的收益公式如下:

$$每一份股票增值权的收益 = 股票市价 - 授予价格$$

在奖励期结束时,如果公司股价上升,激励对象可通过行权获得相应数量的股价升值收益。股票增值权实际上是公司授予激励对象的一种权利(公司股票的看涨期权)。激励对象在行权前不拥有这些股票的所有权,自然也不拥有表决权、配股权。激励对象不用为行权付出现金,行权后可以获得现金或等值公司股票。股票增值权的有效期各公司长短不等,一般为授予之日起6~10年。根据上述定义,股票增值权的特点如下:

(1) 授予及执行均不以真实股票为对象,不会影响公司股本总额及股权结构,不存在股权稀释效应。

(2) 收益可以全额一次兑现,也可以部分递延兑现。收益可以支付现金,也可以折合成股票,还可以是现金和股票的组合。

(3) 收益来源于企业税后利润,受益人分享了股东利益,因此,股票增值权计划需要股东大会的批准。

(4) 不和真实股票发生联系,不仅适合上市公司采用,也适合非上市公司采用。由于上述特征,股票增值权在美国等西方国家企业里得到广泛应用。对于我国上市公司来说,实施股票增值权可以规避股权激励中的股票来源问题。

(5) 股票增值权具有很好的长期性和激励性,但约束性偏弱。

(六) 分享单位

分享单位与股票增值权相似,但它常与经营成果相联系,而不是与股票价格相联系。常用的经营成果指标包括利润总额、投资报酬率、销售量或者是这些指标的综合。分享单位适用于非上市公司,也适用于与公司整体经营情况联系不密切的部门。分享单位可以更灵活地将高层管理人员激励与企业内在长期业绩指标相联系。这些指标不受股市波动的影响,减少了高层管理人员报酬函数的不确定性。分享单位的作用机制和股权激励类似,不过不是结合股权而是结合企业的经营成果,这种激励方式比较常见。

由于高层管理人员与股东利益的不一致性,这种指标也有不足。分享单位方案要求对企业长期经营成果给予细致可行的说明,并说明激励报酬是如何随经营成果变化的。这对于当前的某些中小企业还是有一定的难度。

(七) 管理层收购和员工收购

管理层收购起源于资本市场相对成熟的西方发达国家,是杠杆收购(LBO)的一种表现形式。杠杆收购是公司或个体利用收购目标的资产作为债务抵押,收购目标公司的策略。当收购主体是目标公司内部管理人员时,杠杆收购便演变为管理层收购(MBO);当收购主体是目标公司员工时,则为员工收购(employee buy-out, EBO),其核心内容为员工持股计划(employee stock ownership plans, ESOPs)。在实践中,管理层收购的具体形式不断变化,除了以目标公司管理层为唯一收购主体方,还衍生出了另外两种常见的形式:一是由目标公司管理层与目标公司以外的投资者组成收购集团实施收购;二是管理层收购与员工收购相结合实施的收购。前者可以在一定程度上减轻收购的融资困难,并降低收购完成后目标企业债务负担;后者在西方国家可以享受一些税收优惠,从而降低收购成本。

作为一种特殊的杠杆收购,管理层收购具有如下特点:

(1) 收购主体为目标公司经理层。

(2) 收购对象通常是目标公司,也可以是目标公司的子公司或业务部门。在后一种情况下,管理层收购通常与目标公司战略调整相关,成为目标公司出售下属企业或业务的一种方式。

(3) 收购资金来源一般分为两个部分:一是内部资金,即经理层自身提供的资金,这部分资金大约占到收购资金的10%;二是外部资金,即债权融资和外部股权融资。一般情况下,目标公司股权或资产的价格一般远远超过收购方(经理层)的支付能力,所以在收购中,经理层自身提供的资金只能占总收购价格中的很少一部分,大部分还要依靠外来资金。收购通常先由公司高层管理者提供10%的收购资金,再以目标公司资产作抵押,向银行等金融机构借入约60%的资金,剩余30%部分以私募或发行垃圾债券的形式筹措。

(4) 收购的后果为经理层完全控制目标公司。收购完成后,目标公司股权结构、资本结构及公司治理结构将发生根本性变化,经理层不仅成为拥有较多股份的所有者,而且还掌握公司经营控制权。

(5) 收购后企业通常进行业务重组,包括调整发展战略、整合业务、实施成本降低计划、变革内部组织和流程等。由于高财务杠杆的资本结构,使得经营者承受的现金流量压力较大,因此在适当时候可将公司部分或整体出售或上市,以减轻压力,实现预期收益。

(八) 职工持股计划

职工持股计划(employee stock ownership plans)的最早倡导者路易·斯凯尔索认为,在正常的经济运行中,任何人不仅应该通过他们的劳动获得收入,而且还必须通过资本来获得收入,必须提供一种使每个人都能获得两种收入(劳动收入和资本收入)的结构,从而激发员工的首创精神和责任感。职工持股不仅能提升职工工作积极性和工作效率,能将职工利益与企业利益进行最大程度的捆绑,而且能促使企业股权结构多元化,利于可持续发展战略目标的实现。职工持股计划不是保证向职工提供一种固定收益,而是通过投资于本企业股票来使职工获益,并使这种收益取得与企业效益、管理及职工自身努力等因素挂钩,呈现出动态性。

职工持股计划是企业改善股权结构、提升资本配置效率和体现"职工本位"发展理念的重要实践途径,不仅能对盈余管理产生直接影响,还能通过对管理层经营管理行为产生作用,进而间接影响到企业盈余管理。

第三节 企业首席执行官报酬激励制度

一、首席执行官的报酬

首席执行官(chief executive officer, CEO)是指在一个企业中负责日常经营管理的最高行政官员。CEO需要领取一定报酬,这不论从任何方面来看都是合情合理的,合理的报酬可以激发他们为公司效力的积极性,使公司更好运转,但这种激励报酬就需要一个合理制度来限定。CEO报酬制度基本可以分为四个组成部分,分别是基本工资、福利、奖金

(又称为短期激励计划)和长期激励计划。

1. 基本工资

基本工资可以说是为上市公司 CEO 提供的最基本的保障的一个部分,它在相当长一段时期内是固定的,但是会受到一些因素影响而变化。基本工资具有保障功能,所起到的激励作用非常有限。

2. 福利

福利是组织对员工生活(食、宿、医疗等)的照顾,是员工因其被组织雇佣及其在组织中的职位而获取的间接报酬,如提供俱乐部 VIP 资格、专用交通工具、定期体检或免费旅游。目前,企业福利主要有两个变化趋势,一是福利逐渐从无偿变为有偿,从免费到付费。虽然其价格或许很低,但 CEO 本人需要掏出很小一部分金钱或付出代价。二是组织提供的福利种类日益增多,在其薪酬中所占比例也日渐增长。

3. 奖金(短期激励计划)

近年来,奖金占上市公司 CEO 总报酬的平均比例为 16%,大部分上市公司是按一定净收益比例来给 CEO 支付奖金。其中值得注意的是,在企业长期激励计划中,也有一部分报酬是以奖金形式出现的,但期限较长,往往要考核 3~5 年的企业业绩。

4. 长期激励计划

长期激励计划作用是最显著的,现在越来越多公司把 CEO 报酬制度构成中的长期激励计划看作是最为重要的一部分,而大部分的美国上市公司都有其自己的长期激励计划。

(1) 股票期权。股票期权可以说对上市公司 CEO 有着最强吸引力,同样也有着最强激励作用。

(2) 股票购买计划。公司会给 CEO 提供一份详尽股票购买计划,当作长期激励计划的一部分。但值得注意的是,若经营不好估价下跌,CEO 会承受损失。

(3) 限制性股票。CEO 只需要花费很少的个人资产用来投资即可获得,但值得注意的是,CEO 需要为公司服务一个最低年限,否则将不拥有任何权利。这种方式主要目的在于控制挽留住人才,激励作用倒是其次。

(4) 股票赠与。股票赠与是指公司提供给 CEO 一定的自由股票,没有任何的限制,CEO 不需要付出任何代价,他们也可以将股票自行转让。

企业高管薪酬从来都不是一个单一的问题,它涉及股权结构、公司治理乃至社会文化等诸多因素,而且薪酬本身还可进一步设计为"货币性"与"非货币性"、短期与中长期等多种方式的有机组合。从统计数据分析,欧美国家的国企高管薪酬主要包括基本年薪、短期激励(如奖金)、长期激励(如股票期权)等,其中欧洲高管薪酬中固定薪酬仅占 33%,美国仅占 10%。中国高管薪酬主要包括基本工资、激励薪酬和任期薪酬,其中固定薪酬占有很高的比例,有的甚至高达 80%,这意味着国企高管薪酬受经营业绩的影响较小。

二、国外首席执行官的报酬制度借鉴

借鉴发达国家的成功经验,从国际化视角系统探讨适合我国企业高管薪酬体系,不失为一种可行选择。周施恩(2014)等相关学者的研究成果,主要介绍了美国、日本以及德国企业关于高管薪酬的做法。

美国企业股权结构高度分散并具有较强的流动性,股东更加关注的是股票价格变动,而对企业内部管理并不十分上心，因此职业经理人拥有很大的自主经营权。在此背景下，企业对职业经理人的激励与约束就显得尤为重要。其激励方式主要包括薪酬制度、股票期权、股票激励等，激励力度相对较大。美国企业CEO薪酬主体是"基本工资＋年度奖金＋长期激励"。有数据显示，他们的基本工资约占12.9%，年度奖金约占24.3%，长期激励约占62.8%。其中，基本工资一般在签约时预先确定，它是对职业经理人劳动付出的必要补偿，以保障其基本生活需要；年度奖金是一种基于公司短期经营业绩好坏的重要收入，一般一年发放一次；长期激励主要包括股票期权、股票授予、股票折价购买、股票溢价激励等，是美国职业经理人获得高薪最为重要的途径。这些股票激励方式，既可以减少企业现金支出，又可以将职业经理人收入和企业股东利益紧密结合在一起，使得职业经理人既关注企业短期效益，又注重以企业长期利益为支撑的股票价格。因此，长期激励方式将职业经理人总报酬和股东长期利益紧紧绑定在一起，形成了一荣俱荣、一损俱损的共同利益基础。统计表明，在美国纳斯达克股票交易所上市企业中，有90%以上企业都不同程度地实施了股票期权计划。由于企业经营业绩可以通过资本市场得到快速反馈，职业经理人的真实价值也因此得以动态体现，所以美国职业经理人就可以在人才市场上通过自由流动得以有效配置；而职业经理人市场的高度活跃，反过来又推动了管理学科和相关教育的发展，进而推动职业经理人群体规模的扩大和素质的不断提升。

日本企业高管薪酬结构为"基本薪酬"＋"业绩联动薪酬"（年度奖金＋职务激励薪金＋离职补偿）。有数据显示，日本CEO基本薪酬约占年度薪酬的55.6%，奖金约占25.9%，长期激励约占18.5%，其稳定性要远高于美国。日本CEO平均年薪约为员工的10倍，其中在东京证交所上市企业高管平均年薪约为其员工工资的16倍。日本最具特色的管理制度就是年功序列制、工资递延和共同决定。在这种制度安排下，员工入职早期的低薪资就相当于一种在企业里的长期投资，随着"司龄"增长和行政级别提升，其工资水平也就越来越高；奖金与贡献率有关，企业经营业绩越好，员工报酬也就越高；而如果企业经营恶化，员工"早期投资"就会蒙受损失。因此各级人员会有很强动机来监督管理者行为，关心企业经营状况。相对而言，日本外部资本市场不够完善，信息透明度不如美国。因此，其经理人需要通过企业自身长期考察和培养而产生，经理人所拥有的人力资本专用性较强，大范围跨公司流动不易实现。而且日本企业之间法人交叉持股和银行参股制度，在一定范围内起着信息传播和对经理人制约的重要作用。由于企业间大多相互"通气"，因此日本职业经理人如果因个人原因（行业衰退、公司破产等除外）失去原有职位，就很难在其他企业内获得机会。在这种情况下，经理人就不得不与企业同舟共济，企业也不愿意无故损失一位经多年"投资"而培养起来的合格经理。

以德国为代表的大多数欧洲国家追求的是实现利益相关者价值，因此，劳工阶层在企业中地位相对较高。在很多企业中，劳工阶层一直有着很大决策权。而且德国企业股权集中度较高，这一方面使德国企业更有可能关注长期利益，同时也为"内部人控制""关联交易"等损害小股东利益的不良现象提供了方便。虽然德国也有股票期权的激励方式，但它并不占据员工（含职业经理人）货币性报酬的主要份额。职业经理人报酬基本上由"基本年薪＋年度奖金＋津贴"组成，三者之间大致比例一般为：65%的基本年薪、17%的年度奖金以及18%的津贴。其CEO的薪酬是生产工人薪酬的13.2倍，略低于法国的14倍，远远小于英国的25.4倍。除了以上报酬，德国职业经理人还可以享受一系列福利，其中最重要的一项是企业养老基金。在过去十几年里,退休企业经理人享受养老基金的比例从70%上升到了90%以上。如果加上社会保险机构支付的退休金,德国经理人在晚年大约可以领到离职时所得毛薪60%～65%的水平,其长期激励的价值(离职金＋股息)之重可见一斑。另外,与大多数欧洲国家类似,德国在某种意义上也是一个等级社会,"荣誉""地位""头衔"等受到国人普遍珍视。因此,经营业绩所带来的成就感、社会地位和卓著声誉所带来的满足感,就成了激励和制约职业经理人员不可忽视的重要力量。

三、我国国有企业薪酬制度改革

在改革开放初期,我国确立了"效率优先、兼顾公平"的政策取向,克服了计划经济时期形成的绝对平均主义偏向,推动了我国生产力的巨大解放和市场经济体系的初步建立,加快了我国现代化进程。尽管"效率优先、兼顾公平"具有历史的合理性,也确实取得了显著的经济成效,但从长期看,这种政策取向在实践中难以避免地意味着可以用牺牲公平方式换取效率提高。"发展是硬道理"的正确路线在一些领域和地方异化成为"赚钱是硬道理"(陈晓东,金碚,2015)。

中共十七大报告提出,初次分配和再分配都要处理好效率和公平的关系,再分配更加注重公平;中共十八大报告提出,逐步建立以权利公平、机会公平、规则公平为主要内容的社会公平保障体系;中共十八大报告明确提出,初次分配和再分配都要兼顾效率和公平。为了实现公平正义,深化国有企业薪酬制度改革势在必行。在落实中央"八项规定",改作风、反"四风"的改革契机下,国家出台了一系列相关文件。2013年2月,国务院发布了《关于深化收入分配制度改革的若干意见》,强调要加强国有企业高管薪酬管理。

中共十八届三中全会指出,要逐步规范国有企业收入分配秩序,实现薪酬水平适当、结构合理、管理规范、监督有效,对不合理的过高收入进行调整;并进一步提出,国有企业要合理增加市场化选聘比例,合理确定并严格规范国有企业管理人员薪酬水平、职务待遇、职务消费、业务消费,将规范国企薪酬制度作为实现公平与效率关系调整的切入点,体现以公平促进效率的政策取向。为贯彻落实上述精神,《中央管理企业负责人薪酬制度改革方案》(以下简称《方案》)于2015年年初开始实施,新一轮国有企业薪酬制度改革正式拉开帷幕。

本次改革的核心内容是"分级分类"管理国有企业,推行"差异化薪酬制度",如针对公益类和商业类分别制定不同的薪酬制度,行政任命的高管和职业经理人分别制定不同的薪酬结构和薪酬标准,并且薪酬结构中增加了任期激励收入,引导高管重视企业长远发展。地方各省份国有企业以《方案》为指导,结合自身特点,制定与选任方式相匹配、与企业功能性质相适应、与经营业绩相挂钩的差异化薪酬分配办法。

同时,《方案》降低了央企高管薪酬与在岗职工之间的薪酬比例,规定高管薪酬不超过在岗职工平均工资的7.8倍;而2009年,人力资源和社会保障部会同中共组织部等单位颁布的《关于进一步规范中央企业负责人薪酬管理的指导意见》中规定,央企高管薪酬上限不得超过上年度央企在岗职工平均工资的30倍。

另外,根除高管职务消费也是改革的一大亮点。中央全面深化改革领导小组第四次会议强调,国企负责人没有"职务消费",按照职务设置消费定额并量化到个人的做法必须根除。

为了进一步完善激励约束机制,2016年年底,国资委针对不同类型的企业分别制定不同的考核办法,遵循"业绩升、薪酬升,业绩降、薪酬降"的合理逻辑,对劳动用工和收入分配制度改革提出了具体建议,逐步推进以价值为导向的市场化收入分配改革,实现职工收入随业绩变化能增能减的目标。同时,高管薪酬改革持续公开化和透明化,有利于促进国有企业混合所有制改革,为推进科研人员、经营管理人员和业务骨干持股试点奠定基础。

这一阶段在共享发展和共同富裕理念的指引下,通过公平促进效率的政策取向,从分类管理、调整结构、优化考核等多维度对国有企业薪酬制度进行全面深化改革,体现了初次分配兼顾效率和公平、更加注重公平的分配理念,打破了管理层"旱涝保收"的"铁饭碗",丰富了骨干员工的薪酬政策,配套了较为完善的激励政策,体现了激励约束机制的动态平衡。本阶段改革的本质是生产力和生产关系相互作用的结果,即根据当前的生产力水平调整薪酬制度,从而进一步反作用于生产力,促进国有企业做强做优做大(韩小芳,2018)。

本章小结

业绩评价与激励机制均是由现代企业"两权分离"产生的委托代理问题引起,是同一问题的两个方面。本章介绍了报酬与激励理论基础、报酬激励的原则和方式、企业首席执行官报酬激励制度。经理人的激励薪酬形式多种多样,各有其实用性,企业应根据其激励目标和激励对象,选择合适的激励薪酬方法。如何借鉴国外经验,为我国企业经理人确定符合我国国情和企业实际的薪酬激励制度是我们面临的难题。

思 考 题

1. 激励机制能否消除企业的代理问题?
2. 以股权为基础的激励薪酬在目前的中国是否合适?为什么?
3. 如何看待当前高层管理者的年薪制?这种制度是否改善了代理问题?
4. 如何对企业"无欲无求"的员工进行激励?

讨 论 题

2021年6月21日,格力电器披露了《珠海格力电器股份有限公司第一期员工持股计划(草案)》,该员工持股计划的持有人范围包括公司董事(不含独立董事)、监事、高级管理人员,以及经董事会认定对公司整体业绩和中长期发展具有重要作用公司及控股子公司的中层干部和核心员工。拟参与本员工持股计划的员工总人数不超过12 000人,参与对象的最终人数、名单将根据员工实际缴款情况确定。其中董事长、总裁董明珠拟申购股份上限为3 000万股,占本计划的比例的27.68%。

该员工持股计划的资金规模不超过30亿元,资金来源为员工合法薪酬及员工通过法律、行政法规允许的其他方式获得的自筹资金。员工持股计划股票来源为公司回购专用账户中已回购的股份,股票规模为不超过 10 836.58 万股,占公司当前总股本的 1.80%。该员工持股计划购买公司回购股份的价格为 27.68 元/股,等于公司依据第十一届董事会第十次会议审议通过的《关于回购部分社会公众股份方案的议案》所回购股份均价的 50%。

该员工持股计划的存续期为 3 年,自员工持股计划经公司股东大会审议通过且公司公告标的股票过户至员工持股计划名下之日起计算。经出席持有人会议的享有表决权的持有人所持 50% 以上(不含 50%)权益同意并提交公司董事会审议通过后,该持股计划的存续期可以延长。员工持股计划存续期届满后且未展期的,员工持股计划自行终止,也可按相关法律、法规及本期员工持股计划的约定提前终止。

该持股计划锁定期为 12 个月,自公司公告标的股票过户至员工持股计划名下之日起计算,锁定期间,因公司发生送股、资本公积金转增股本、配股、可转换债换股等情形所衍生取得的股份,亦应遵守上述股份锁定安排,锁定期内本员工持股计划不得进行交易。

该员工持股计划根据归属考核期内考核结果,分两期将对应的权益归属至本员工持股计划各持有人,每期可归属的比例最高为 50%。持股计划的考核指标分为公司业绩考核指标与个人绩效考核指标。其中,公司业绩考核指标如下:第一个归属期,2021 年净利润较 2020 年增长不低于 10%,且当年每股现金分红不低于 2 元或现金分红总额不低于当年净利润的 50%;第二个归属期,2022 年净利润较 2020 年增长不低于 20%,且当年每股现金分红不低于 2 元或现金分红总额不低于当年净利润的 50%。个人绩效考核将根据公司内部个人绩效考核办法执行。

该员工持股计划须经公司股东大会批准后方可实施。董事会审议通过员工持股计划后,公司将召开股东大会通知审议该员工持股计划。公司审议员工持股计划的股东大会将采取现场投票与网络投票相结合的方式。股东大会就员工持股计划进行表决时,存在下列情形的股东及一致行动人应当回避:参与本员工持股计划、分享收益以及其他可能导致利益倾斜的情形。员工持股计划方案应当经出席会议的非关联股东所持表决权的过半数通过。

请讨论:

(1) 该草案提出后,在社会上引起了很大争议,请结合材料内容分析该持股计划易引发的争议点。

(2) 如何设计合理的员工持股计划?好的员工持股计划应该满足哪些条件?

参考文献与推荐阅读

1. 胡玉明.高级管理会计学[M].4 版.厦门:厦门大学出版社,2016.
2. 刘运国.高级管理会计理论与实务[M].北京:中国人民大学出版社,2013.
3. 李政,艾瓦尼尔.美国员工持股计划及其对我国国企改革的启示[J].当代经济研究,2016(9):71-78,97.
4. 陈晓东,金碚.国有企业高管薪酬制度改革的历史逻辑与政策效果[J].经济纵横,2015(11):54-58.
5. 周施恩.高管薪酬设计的国际经验[J].企业管理,2014(12):16-19.
6. 韩小芳.中国国有企业薪酬制度改革的演化动因与未来取向[J].江海学刊,2018(2):

214-219.

7. 胡玉明.管理会计研究[M].北京:机械工业出版社,2008.

8. 刘星,台文志.薪酬管制影响央企投资效率吗——基于《薪酬制度改革方案》的经验证据[J].会计研究,2020(10):112-126.

9. 夏宁,董艳.高管薪酬、员工薪酬与公司的成长性——基于中国中小上市公司的经验数据[J].会计研究,2014(9):89-95,97.

10. 吴育辉,吴世农.高管薪酬:激励还是自利?——来自中国上市公司的证据[J].会计研究,2010(11):40-48,96-97.

11. 陈运佳,吕长江,黄海杰,丁慧.上市公司为什么选择员工持股计划?——基于市值管理的证据[J].会计研究,2020(5):91-103.

12. 胡景涛,宿涵宁,王秀玲.员工股权激励对企业经营业绩会产生补充的提升效应吗?[J].会计研究,2020(4):119-129.

13. 万华林.股权激励与公司财务研究述评[J].会计研究,2018(5):52-58.

14. 肖淑芳,石琦,王婷,易肃.上市公司股权激励方式选择偏好——基于激励对象视角的研究[J].会计研究,2016(6):55-62,95.

15. 丁保利,王胜海,刘西友.股票期权激励机制在我国的发展方向探析[J].会计研究,2012(6):76-80,93.

16. 李勇.山西票号激励制度解读[J].会计研究,2002(3):31-35.

第八章 财务转型与财务共享服务中心

【学习目标】 本章主要介绍财务转型、共享服务中心基本原理和类型、财务共享服务中心实施流程。通过学习,学生需要了解财务转型的必要性和流程;理解共享服务中心基本原理;理解财务共享服务中心的类型;掌握财务共享服务中心的实施流程。

【知识引导】 随着万物互联、智能计算和开放共享时代的到来,共享服务中心已经开始进行自动化与智能化探索,共享服务中心的数字技术运用能力和数据分析、决策支持能力将越来越强。德勤认为,当前全球商业服务中心(GBS)的发展注重服务范围的扩展以及组织架构和工作流程的优化,对数字化技术仅限于一种辅助性的应用而非充分融合。为此德勤支持建立数字化全球商业服务中心,并提出包括云技术、机器人技术、协同创新、设计思维与敏捷交付、物联网、机器智能与大数据架构、一切皆服务(XaaS)和区块链技术在内的八大 GBS 的数字化驱动力。从这个意义上来说,共享服务数字化最重要的价值是能够以成本更低、效率更高、质量更有保证的方式,对不同职能部门、不同业务活动、不同经营地区的信息和数据进行收集,并为后续处理和决策运用做好准备。因此,在共享服务数字化的发展趋势中可以看到共享服务中心更为广阔的未来,那就是成为企业的数据中台与智能应用平台,让数据与智能赋能业务发展。

第一节 财务转型

一、财务转型的概念

财务转型是指财务从传统的核算型、管理型财务向战略型财务转变。战略型财务是一种面向战略、以战略为核心的财务管理过程,它能够促进财务工作从以核算为重点向资源整合、决策支持和价值管理转变。它以改善基本财务作业流程为基础,通过经营业务分析、全面风险管理、绩效管理等来支持公司战略制定,并在实施过程中进行财务评估与控制,促使公司实现其战略目标。

企业几乎所有的经营活动都涉及成本效益的比较问题,财务部门正好具有收集整理成本与收益信息的优势以及核算和预测上的技术能力。因此,其管理职能也应当渗透到公司经营管理的方方面面,而不应仅仅局限在本部门内部。财务部门要在财务分析的基础上重点进行战略的成本效益分析,加强战略实施考核与控制,降低财务风险,为管理者提供决策支持。

二、财务转型的原因

市场竞争和资本市场的双重压力要求企业财务必须转型升级,由注重交易处理转向重视决策支持。当前大多数企业的财务工作仍以传统职能为主,侧重核算和监督职能,不能充分发挥财务管理的作用,无法适应外界环境的变化,也与企业发展需求不相符。为了发挥自身职能与作用,财务管理必须结合企业实际进行转型升级。传统财务管理存在的不足可归纳为以下几个方面。

1. 业务至上、战略虚置,未能有效发挥财务管理职能

目前我国企业已建立了全面财务管理制度,各企业财务部门也有比较完善的财务规章制度,用以规范业务操作,确保财务管理职能的发挥。其中,CFO很大程度上扮演着管家角色,需要为公司CEO及董事会提供详细的分析报告,而分析报告又侧重于对经营结果和财务状况的总结,未上升到企业战略层面。企业应该尽快改善这种业务至上、虚置企业战略的行为,把财务工作重点转移到计划、预测、预算、决策、控制、分析等方面来,重点关注经营业务中更有附加值的活动,充分发挥财务在决策支持、资源配置、价值创造中的重要作用,引领企业进行资源整合,推动企业变革。

2. 管理观念、手段落后,不能适应企业发展需要

近年来,我国企业财务管理活动中出现了许多新的管理理念和管理技能。但尚有很多企业没有认识到业财融合的重要性,没有将财务管理活动与经营管理活动有机结合起来,不能积极参与到企业管理中去;同时,财务管理手段比较落后,没有运用时间价值、风险价值、边际成本等管理方法,没有树立成本控制与资源优化配置思想,导致企业重要决策缺乏有效的财务支持,更难以发挥财务对业务的决策监督作用,重核算轻管理、重数据轻信息、重报告轻分析。财务管理必须从传统的核算型财务、管理型财务向更高级的战略型财务转变。

3. 信息化推进缓慢,制约着财务数据的挖掘和分析能力

数据资产作为重要的生产要素,已成为影响企业发展的关键因素。财务管理主要以各种数据为基础,在分析数据基础上作出投融资决策,因此企业要充分获取数据、挖掘数据、分析数据,确保财务信息的及时、准确,从而提高财务管理质量。但是目前很多企业财务信息化建设只是实现了财务电算化,注重核算作用,与其他部门如生产、销售等还是分离的,甚至出现数据不符现象,更不用说企业整体层面的信息共享与数据挖掘。想要提高整体管理水平,企业必须做好财务信息化整体规划,加大信息化建设力度,提高财务数据挖掘与分析能力。

4. 风险管控思想滞后,不能有效识别和控制风险

全球化、信息化给企业发展带来了前所未有的发展机遇,同时也给企业发展带来了严峻挑战,经济风险、市场风险、技术风险普遍存在。有时候看起来微不足道的风险,如果不加重视,也能使企业毁于一旦。因此财务管理部门必须认识到风险管控的重要性,由单一风险管理向整合财务与经营的全面风险管理转变。但是目前企业风险管理能力有待进一步提升,还不能有效识别、控制风险。随着人工智能、区块链、云计算、大数据等信息技术的快速发展,未来财务管理更加注重数据处理方法,关注数据的变化趋势,注重预测。从企业风险管理视角,财会人员需要树立全面风险管理思维、加强风险管控,积极推动财务

转型。

三、财务转型的方向

未来财务转型的三个方向:战略财务(财务管理)、共享财务(财务会计)、业务财务(管理会计)。

战略财务主要承担财务管理的核心职能,立足集团公司层面,主要发挥财务指导性作用,包括体系构建与维护、资源配置、资本管理、决策支持和价值管理等。战略财务人员扮演战略支持者的角色,是企业价值创造管理和战略风险管理的主角。战略财务人员必须具有一定的战略思想与宽阔的视野,在知识结构上,战略财务人员除了要具备财务分析、财务预测、成本、预算、风险管理和绩效管理等专业知识,还需要具备财务体系设计与维护、投融资规划、资本管理、战略管理、价值管理能力,具备人际关系管理技能等。

共享财务主要承担财务会计的核心职能,按照企业会计准则、服务协议和标准操作流程完成会计核算、交易处理、资金结算、报表编制、报送财务信息等财务会计工作,发挥财务执行和财务监督职能。向财务共享服务中心转型的财务人员为共享财务人员,具体可以分为三类,即财务操作人员、关键技术人员和运营管理人员。财务操作人员是财务共享服务中心的直接生产者,类似传统工厂的工人;关键技术人员是财务共享服务中心的核心员工;运营管理人员主要负责财务共享服务中心的日常运营管理。

业务财务的主要职能是在公司长期战略目标指引下,深入业务前端,针对企业研发、供应、生产和营销等各环节进行财务分析、预测、规划、监控、激励和评价等,加快财务与业务的融合,为管理者提供财务与非财务信息,着眼于企业短期目标的实现。想要转型为业务财务的财务人员,除了必须掌握传统的财务知识,还需要掌握计算机科学、统计学、运筹学和管理学等基础知识,能够运用信息论、控制论、系统论和各类财务工具与方法,需要深度了解企业研发、供应、生产、营销及售后服务等各价值链的业务流程,还要求具备贸易、金融、风险管控等其他领域的知识和良好的沟通协调能力。

一方面,财务转型要求财务部门更好地为企业战略、经营决策提供重要的信息,从而支持公司的价值创造活动,这就是大家常说的战略财务;另一方面,财务转型需要更精通业务的财务人员,这些财务人员能够把财务体系与整个业务流程紧密地结合起来。让财务人员成为业务合作伙伴,将企业集团的管控工作落实到业务增值环节里面,把财务体系真正渗入企业经营的整个流程,使财务既对业务实施管控又向业务部门提供服务,这就是业务财务。财务人员的工作不再是业务的事后核算和监督,而是从价值角度对前台业务进行事前预测,计算业务活动的绩效,并把这些重要的信息反馈给具体业务人员,从而为其行动提供参考。例如,预计的订单哪些赚钱哪些不赚钱,财务通过参与订货流程来负责该订单的定价和成本核算,将财务管理工作前移,而不是事后算账、报账。

无论是战略财务还是业务财务,都是将管理和会计这两个主题巧妙地融汇在一起,都是以强化内部管理,提高经济效益为根本目的的,这就是管理会计。管理会计以有用的会计信息作为管理对象,根据不同管理者的需要,按照科学方法和工具,通过对历史和未来财务信息及其他各种信息的深加工和再利用,实现对企业生产经营过程的预测、决策、规划、控制和责任考评等职能,以帮助企业内部管理人员制定合理的经济目标方案,并协助管理部门达到其经济目标、制定合理的经济决策。发展管理会计实际上就是发展一种管理手段。管理会计是要用过去账算未来账、报未来账,是在财务会计基础上进一步为经济组织提供更有价值的会计信息。

四、财务转型的价值

1. 提高财务信息的时效性

财务共享服务中心将企业业务的所有信息进行整合(包括生产、销售、资金、成本、利润等信息),实时录入系统,即时形成报表,将从前由人工进行数据汇总的工作交由计算机来完成,管理者可以根据实时信息,及时、有效地处理企业经营业务,从而提高管理的效率及效果。

2. 提高财务信息的个性化服务

由于借助了信息化技术和财务共享服务中心,财务人员可以实时提供多样化的信息,既有各种标准财务报表,又有不同管理层需要的个性化财务报表,大大提高了管理的质量和水平,也体现了财务人员的工作价值。

3. 推动企业精细化管理

企业利用财务共享服务中心提供的系统化、精细化的数据,可以推动成本的精细化核算,有效降低成本;同时,也可以提高预算编制的准确性以及预算分析的公平、合理性,实现对预算执行的有效监督。

4. 支持企业绩效管理

绩效考核指标数据的准确度越高、越完整,绩效管理的质量就越高。财务共享通过信息技术,为绩效考核提供标准化、规模化的数据信息,再利用这些数据进行绩效管理,大大提高绩效管理的效率与效果。

五、财务转型的方式

财务转型势在必行,但是财务该如何转型,需要在理论上和实践中不断探索。

1. 建立财务共享服务中心

财务共享服务中心(financial shared service center,FSSC)是一个提供"财务会计和财务报告业务"服务的平台,它利用IT信息技术进行会计核算、信息存储、信息分析,既可以为业务前端提供财务服务支持,又能够为决策提供会计信息支持。财务共享服务给财务转型提供了方向,指明财务不只是核算与出具报表,更应该为企业管理、生产、经营提供服务。财务共享服务中心利用信息化技术,提高了财务人员的工作效率,将财务人员从占用大量劳动力的传统会计核算中解脱出来,去从事更多的财务服务、财务管理工作,如预算管理、财务分析、绩效考核、税务筹划等工作,更好地服务于管理层,实现企业战略目标。

2. 外包

2010年以来,财务管理者越来越倾向于将共享服务和外包作为实现变革的首要策略。财务管理者的转型期望和实现模式之间存在非常密切的关联。如果企业将提高财务职能部门的效率视为主要目标,它们所选择的转型实现模式一种是外包,另外一种就是集权式的共享服务模式,后者尤其适用于结构较复杂的组织实现模式。开展共享服务和外包往往会导致留任财务团队的职责发生变化,这意味着团队需要掌握新技能,包括变革管理技能、解决问题技能和沟通技能。落实外包的一个关键推动力就是将财务处理流程从公司中剥离出去,只保留价值较高、商业化程度高的业务活动作为公司核心业务。但很多公司却忙于明确定义业务合作角色、沟通过渡事宜,导致权责不明、留任团队技能跟不上、丢失公司信任等。要解决这些问题,各公司需要明确阐述对留任部门的期待,同时开展技能评估和培训团队。

3. 促进业财融合

当财务共享服务中心建设完成之后,财务人员可以真正从会计核算中解脱出来,有更多的精力专注于管理会计工作,专注于为企业内部决策者提供相应的信息。财务人员会充分利用财务共享服务中心所产生的数据,加强财务分析,提高预算管理的精度,管控成本,加强绩效考核。财务共享服务中心提供的是集成了财务、业务、管理的各项信息,它可以最大限度地实现数据共享,实时为高层管理人员提供多维度的统计分析数据,并追溯到业务前端找出初始原因,提高对内报告的质量。

4. 利用人工智能的成果

人工智能技术的发展为智能财务的实现提供了可能,它将取代财务工作中简单、重复、低附加值且占用大量劳动力、可流程化、标准化的劳动,从而提高财务人员的工作效率,真正解放财务人员,让财务人员去从事数据分析、财务管控、绩效考核等更有价值的工作中去。

六、财务转型与财务共享的关系

传统财务会计工作依然是会计工作的基础并且很重要,同时,企业还要要求财务管理部门加强财务筹划,保障资金获取、优化配置、高效运用;防范投资风险,加强投资和经营的全过程监管;实施精细化管理,有效控制经营成本,确保经营收益;降低决策风险,提高决策信息的有用性,提升企业绩效水平。

在新环境下,企业需要财务部门把财务管理、财务会计、管理会计这些工作做好,这就要求同一个部门、同一批人在同一时间做不同的事。这也对财务人员提出了新的挑战,一方面要树立大财务思想,弱化财务管理、财务会计以及管理会计的学科界线,将财务基本理论和方法融为一体,构建战略财务、共享财务、业务财务紧密结合的新型财务管理体系,实现对企业经营管理活动的多维度全过程的支持管理;另一方面,企业应充分利用现代信息技术,积极调整财务管理职能,强调战略支持、价值创造以及风险管控职能。麦肯锡公司最近一项调查表明,一般企业财务部门用于业务处理的时间为60%,只有不到10%的时间用于决策支持;而世界级企业财务部门用于决策支持的时间已超过50%。因此,我们要转变传统的财务管理方式。

如何改变传统的财务管理方式呢？近年来,大数据、人工智能、移动互联网、云计算的迅猛发展,推动着企业财务管理进入新阶段。企业可以积极利用新型信息技术,通过建立财务共享服务中心,将会计基础核算等低附加值的作业趋于集中,释放财务管理人员的精力,把财务工作重点转移到计划、预算、预测、决策、控制、分析等方面来,着重关注更有附加值的活动和业务,充分发挥财务在决策支撑、资源保障、价值创造、风险防范等作用,引领企业资源配置,带动企业管理变革,为创造企业价值服务。

经过20多年的财务信息化建设,绝大多数企业已经具备财务集中核算的技术基础,也有一大批财务核算人员能够保证相关信息及时、准确的反映,这为企业建设财务共享服务中心提供了人员及技术保障。但推进财务信息化建议的难点在于摆脱了日常会计核算业务后,财务工作者如何提升预测、决策、预算、控制、分析等方面的价值创造能力。如果没有这些能力,即使服务人员从日常会计核算事务中解脱出来,也同样无法进行价值创造。

需要强调的是,财务转型并不是弱化财务会计的作用,而是要让财务会计用统一规则、统一标准、统一流程处理会计业务,及时收集,准确核算,快速反映,为信息使用者提供准确、系统、完整的信息。让管理会计根据共享服务所提供的会计信息为企业财务决策服务,在财务会计基础上进一步为经济组织提供更有价值的会计信息。

因此,财务共享服务中心是财务转型后新型财务管理模式的一个有机组成部分。财务转型的目的不是建设财务共享服务中心,只是在财务转型过程中,建立财务共享服务中心是实现财务转型的关键路径。

第二节 共享服务中心基本原理和类型

一、共享服务中心

"共享"是对企业业务单元进行协调和整合,使不同业务单元的信息使用权或知情权为企业共同拥有。"服务"是为集团管理层和企业内部不同业务单元按照服务水平协议提供各类支持服务,并采用成本分摊和定价收费原则进行收费。共享服务是将大量重复的经营活动合并到一个新的组织机构(即共享服务中心),以更为标准化的流程进行集中处理。

共享服务中心之所以被称为"共享",是因为企业内部各业务单位不再分别设立自己的后台部门,所有的后台支持服务统一由共享服务中心提供,他们"共享"服务中心的服务。企业通过建设基于标准化、流程化的共享服务中心,可以将共同的、重复的流程从个体企业中抽出,实现同质业务向共享服务中心的转移,在此过程中可以实现企业稀缺资源的有效共享。共享服务中心作为共享服务的具体组织载体,为企业提供涉及财务、资金管理、人事、信息系统支持、法律咨询、市场营销、采购和研发等在内的各种类型标准化、专业化的服务,而被共享的各种形式的服务则通过流程化、标准化方式实现了在效率及客户满意度等方面的提升。

(一) 共享服务中心的概念

在国内外研究中,不同学者对共享服务概念有着不同的理解。

1. 国外研究观点

Robert Gunn 等(1993)首先提出共享服务概念,认为共享服务是公司试图从分散管理中取得竞争优势的一种新型管理理念,其核心思想在于提供服务时共享组织成员和技术等资源[①]。

---

① Robert W Gunn, Davrid P Carberry, Robert Frigo, Behrens S. Shared Services: Major Companies are Reengineering Their Accounting Functions[J]. Management Accounting, 1993, 77(11): 22-28.

Moller 认为,共享服务中心作为一个独立组织实体,为企业集团内的业务单元、分子公司提供明确的财务活动支持①。共享服务中心负责管理内部顾客进行的财务服务活动的成本、质量以及时效。它拥有确定的资源,其服务对象通常存在着正式或非正式的契约,通常被称为服务水平协议。

作为共享服务研究的主要奠基人 Barbara Quinn 在 *Shared services: Mining for Corporate Gold* 一书中提到,共享服务是一项商业经营,其理念是"以顾客为中心+服务收费=商业"。②"以顾客为中心"意味着明确的顾客群是公司后台部门工作的保障,后台部门将公司的其他部门作为其客户,客户的实际需求及其愿意支付的价格是后台部门最大的商业导向,后台部门需要根据这些需要及价格要求来设计产品、提供有针对性的服务。

Schulman 等在 1999 年在《共享服务:增加公司价值》一书中定义,共享服务是指基于提高客户满意度和增加公司价值的一般目标,从降低公司内部服务成本和提高服务水准的目的出发,公司通过资源整合,以集中的方式提供某一特定的服务,而这种服务通常为整个公司所共享。③

哈佛教授 Bergeron Bryan 指出,共享服务是一种将企业一部分现有的经营职能集中到一个新的、半自主的业务单元的合作战略,而这个新的、半自主业务单元就如同在公开市场开展竞争的企业一样,它设有专门的管理结构,目的是节约成本、提高效率、创造价值以及提高对内部客户服务质量,这个业务单元就是共享服务中心。④ 作为一种创新理念和一个协助企业成长的平台,共享服务所涵盖的内容也从最常见的财务服务延伸至信息技术、人力资源和采购等领域。

2. 国内研究观点

整体来看,国内对于共享服务的研究起步较晚,且大多数研究集中在财务共享服务方面。

张高峰等认为,第一,共享服务中心存在于企业内部,是为企业内部顾客服务的;第二,共享服务中心是作为一个独立经营体按照市场机制运作的,它向内部顾客提供服务并收取费用,而内部顾客有权利选择企业外的服务供应商。⑤ 而它之所以被称为"共享"是因为企业内部各个业务单位不再分别设立自己的后台部门,所有的后台支持统一由共享服务中心提供,它们"共享"服务中心的服务。共享服务中心为企业内各业务单位或其他部门提供的服务范围可以包括财务、资金管理、人事、信息系统支持、法律咨询、市场营销、采购和研发等。

---

① Moller P. Implementing shared service in Europe[J]. Treasury Management International, 1997,6(7):120-123.

② Barbara Quinn, Robert Cooke, Andrew Kris.公司的金矿:共享式服务[M].郭蓓,译.昆明:云南大学出版社,2001:379.

③ Donniel S. Schulman, Martin J. Harmer, John R. Dunleavy, et al. Share services: adding value to the business units[M]. New Jersey: John Wiley & Sons, 1999.

④ Bergeron Bryan. Essentials of knowledge management[M]. New Jersey: John Wiley & Sons, 2003.

⑤ 张高峰,吕巍,张颖.企业的新"后台"服务共享中心[J].企业改革与管理,2003(2):10-11.

刘汉进和方阳提出,共享服务是在具有多个运营单元的公司中组织管理功能的一种方式,企业将原来分散在不同业务单元财务、人力资源管理、IT技术等事务性或者需要充分发挥专业技能的活动,从原来的业务单元中分离出来,由专门成立的独立实体提供统一的服务。[①]

张瑞君等在《财务共享服务模式研究及实践》中指出,共享服务是跨国企业集团一种新的管理模式,可以显著降低集团日常事务的处理成本、提高效率,并支持企业集团战略的有效执行,因此共享服务模式得到了理论界和实务界的广泛关注。[②] 立足于中国企业集团财务共享服务的实践,他们将集团财务共享服务概括为:将分散式的财务基本业务从企业集团成员单位抽离出来,集中到一个新的财务组织统一处理。这个新的财务组织以业务伙伴的形式,通过网络为分布在不同国家和地区的集团成员单位提供标准化、流程化、高效率、低成本的共享服务,并为企业创造价值。

因此,我们可以把共享服务中心界定为依托信息技术,以业务流程处理为基础,以优化组织结构、规范流程、提升效率、降低运营成本或创造价值为目的,以市场为视角为内外部客户提供专业化服务的管理模式。它浓缩了一系列新的管理理念,集中应用了一批新技术,更加强调的是"服务"而不是简单的集中共享。缺乏服务意识,共享中心只能是一个机械工具。共享内容主要包括业务、流程、系统、区域,客户、资源等。在不同阶段、不同时间,它都可以有不同表现形式;并且随着时间推移,它可以逐步向全业务、全流程、全系统、全区域、全客户发展。因此,这是一个全面规划、逐步实现的过程。

(二)共享服务中心的类型

共享服务的应用范围很广,包括财务、人力资源、信息技术等许多领域,其中在财务领域的应用最多。The hackett group的一项调查数据表明,共享领域内,财务共享服务应用比例达到76%,人力资源达50%,信息技术达33%,采购达30%,客户服务达25%。较为典型的共享服务中心类型包括以下几种。

1. 信息技术共享服务中心

信息技术共享服务中心(it shared service center, ITSSC)可以在企业内提供共同的信息技术服务,包括系统设计、数据处理、信息技术安全、报告生成等。事实上,共享服务中心不同于传统的集中活动,其服务体现于顾客或用户的指定要求。传统的集中服务主要关注控制和集中需求,其中政策和方向是由总部制定的。共享服务中心的性质是不同的,它聚焦于质量和客户服务,并集中资源以实现共同目标,如同外包服务,可与共享服务中心通过服务水平协议建立质量和服务要求。但共享服务中心不同于外包,是因为在外包中,供应商和客户之间是被割裂的,而共享服务中心的信息技术服务则保留在企业内部。

2. 人力资源共享服务中心

人力资源共享服务中心(human resources shared services center, HRSSC)是指企业集团将各业务单元所有与人力资源管理有关的行政事务性工作,如员工招聘、薪酬福利核算与发放、社会保险管理、人事档案、人事信息服务管理、劳动合同管理、新员工培训、员工

[①] 刘汉进,方阳.基于内部资源整合的企业共享服务述评[J].管理学报,2012,9(10):1562-1568.
[②] 张瑞君,陈虎,胡耀光,常艳.财务共享服务模式研究及实践[J].管理案例研究与评论,2008(3):19-27.

投诉与建议处理、咨询与专家服务等集中起来,建立一个服务中心。该中心为集团所有业务单元提供人力资源管理服务,业务单元为其支付服务费用。企业通过人力资源共享服务中心的建立,提高人力资源的运营效率,更好地服务业务单元。而企业集团人力资源部门则专注于战略性人力资源管理的实施。人力资源共享服务中心作为一个独立运作的运营实体,引入市场运作机制,为企业内部服务。它通过服务创造价值,其本质是由信息及网络技术推动的运作管理模式的变革和创新。

3. 财务共享服务中心

财务共享服务中心(finance shared service center,FSSC)是将企业各种财务流程集中在一个特定的地点和平台来完成,通常包括财务应付、应收、总账、固定资产等核算业务处理,以及员工费用报销和资金结算处理。这种模式在提高效率、控制成本、加强内控、信息共享、提升客户满意度、资源管理等方面,都会带来明显的效益。

4. 金融运营共享服务中心

金融运营共享服务中心是指银行、保险等金融企业将企业中的后台业务,如银行信用卡催收、保险承保、理赔等运营环节进行集中共享,从而实现提高效率、改善服务、降低成本的目的。金融运营共享服务在我国整体共享服务行业中占据了非常重要的地位和较大的比重。

(三)共享服务中心的实践

最早应用共享服务这一管理模式的是美国福特公司,20世纪80年代初,福特就在欧洲成立了财务共享服务中心,并将其下属公司共同的、简单的、重复的、标准化的业务转移到财务共享服务中心,以服务方式提供到相关下属公司。随后,杜邦和通用电气公司也在20世纪80年代后期建立了相似机构。20世纪90年代中期,IBM、HP、DOW等公司也相继引入该模式。从1981年福特建立财务共享服务中心以来,全球几乎每个行业都能找到采用FSSC的领先公司和最佳实践。与此同时,包括美国联邦政府、联合国等在内的政府部门、国际组织、非政府组织(NGO)等也陆续引入以FSSC为代表的共享服务模式,以降低运营成本,提升财务服务水平。近10年以来,全世界范围内财务共享服务中心数量的增长率上升了25%。世界500强企业中已有430家企业正在构建或已实施财务共享服务中心。截至2018年年底,中国境内财务共享服务中心的数量已超过412家。财务共享服务中心已成为企业进行财务转型和管理模式变革的必然选择。

在中国,由于市场经济发展时间晚、地域跨度广、不同地域之间的政策法规、文化乃至商业习惯差异较大,企业普遍认为共享服务实施难度较大,因此一些潜在规模经济效益极大的超大型企业集团也很少应用共享服务。但最近几年内,随着全球经济一体化、监管政策的趋同及信息化的高度发展,越来越多中国企业开始实施或者规划共享服务建设。我国已经出现了中兴通讯、阳光保险、四川长虹、平安集团、华为集团、宝钢集团、海尔集团、万科集团、中国电信、中国网通、苏宁电器等一大批较早实践财务共享服务的大型企业集团,随后中国铁建集团、国家开发银行、中国海油、中华保险集团等企业集团也进一步地广泛尝试和实施财务共享服务。

2013年12月6日,财政部印发了《企业会计信息化工作规范》,其中第三十四条规定:"分公司、子公司数量多、分布广的大型企业、企业集团应当探索利用信息技术促进会计工作的集中,逐步建立财务共享服务中心。"这一制度为我国大型企业集团建立和实施财务共享服务提供了重要的政策性依据。2013年以来，在财政部和国资委的支持和技术推动以及企业集团自身需求下，财务共享服务中心在中国开始爆发式增长，企业期望通过建设财务共享服务中心来实现财务转型。财务共享服务中心通过流程再造和技术创新，改变了分散低效的传统财务工作场景，在降低成本、提高效率、加强管控以及改善服务质量等方面发挥了重要作用。

二、财务共享服务

（一）财务共享服务概念

财务共享服务源于共享服务的理念，最初源于一个很简单的想法：将集团内各分公司某些事务性功能（如会计账务处理、员工工资福利处理等）集中处理，以达到规模效应，降低运作成本。财务共享服务中心作为一种新的财务管理模式正在许多跨国公司和国内大型集团公司中兴起与推广，是企业集中式管理模式在财务管理上的最新应用，其目的在于通过一种有效运作模式来解决大型集团公司财务职能建设中的重复投入和效率低下的弊端。

财务共享服务是指将企业集团大量重复、易于实现标准化、流程化的会计核算从分散的业务部门抽出，集中到一个新的独立运营的业务单元（财务共享服务中心）进行流程再造、标准化、集中化处理，以达到提升业务处理效率，进而降低成本、加强管控、提升客户满意度、创造价值的目的，最终提升集团整体财务管理水平的一种作业管理模式。

（二）财务共享服务的适用范围

不是所有企业或企业集团都适合采用财务共享服务中心运作模式。从公司规模上来说，财务共享服务主要适用于大型跨国企业、跨地域企业或企业集团。因为这些类型的企业或企业集团规模、体量通常比较大，如果将各业务单位非核心业务整合到财务共享服务中心，可以大大减少业务人员数量，降低人力资源成本；与此同时，各业务单位非核心业务整合后有利于快速统一服务标准、行为方式、业务规则，继而大大提高运营效率和标准化程度，形成规模经济，从而间接降低企业成本。

当然，财务共享服务中心还可适用于那些重组、并购、变革比较频繁的企业。财务共享服务中心将企业财务后台支撑业务整合到共享服务中心集中处理，企业建立新业务、扩大规模时不必考虑为新业务、新业务单元建立财务等支撑性职能。这样既可以大大降低管控难度，又可以促进新业务的快速整合。在跨地域或跨国经营中，高成本区域的财务雇员多于低成本区域的雇员、财务交易频繁、会计核算占整个财务人员比例明显偏高的企业适合开展财务共享服务中心运营模式。企业集团必须考察自身实际情况，认真评估成本与收益，正视可能存在的风险，精心组织、稳步推进，才能实现战略目标。

当然，这也并不意味着中小集团公司不能采用这种组织运营形式并从中获益。只要一个公司拥有多重业务，并且每个业务单元都需要建立各自的财务体系，那它就可以尝试推行财务共享服务中心的建设。

从已经实施财务共享服务的行业来看，电信、旅游、运输及物流、零售及餐饮行业采用财务共享服务的比例最高；软件及高科技、能源及化工、物业行业采用财务共享的比例最低；医药及生命科学、消费包装品及制造业、银行、金融服务、保险行业处于中间比例。

可以从两个方面衡量一个企业是否具备实施共享服务的条件：一是实施共享服务的收益性分析，二是可行性分析。

从收益性角度分析,能从财务共享服务中获益的企业一般都具有下述特征:企业在多个不同地点的业务单元都有彼此独立且完整的后台职能团队支持;业务规模交易量较大;企业为满足整体管控要求,需要投入大量人员和精力;日常业务流程处理成本高于市场平均水平;企业希望通过兼并收购方式来实现规模增长;在与支持性职能相关的业务流程和信息技术上投入大量资金等。

从可行性角度分析,一个能够成功实施财务共享服务的企业应该具备如下基本条件:①领导正确认识。企业领导能够认识到共享中心不仅仅是成本降低或加强管控的工具,还是支持企业实现长期增长的战略举措,同时,共享中心不仅仅是操作与处理中心,也是体现服务文化的所在。②信息系统支撑。企业应该具备最基本的网络与通信设施,具备能够支持共享模式的ERP系统支持,或者有计划在短期内实施ERP系统,确保各个业务模块之间能够实现有效集成。③标准化流程。各业务单元的政策、制度和流程标准化或具有标准化潜力,共享服务范围内流程对地区依赖性较低,具备远程操作潜力。④不受政策法规约束。没有限制流程或文档转移的地方性法规。

(三)财务共享服务的价值

建立财务共享服务中心,可以帮助企业进一步从战略、价值、质量、效率和风险角度,全面提升管理水平,给企业带来诸多收益。

一是更好地支持企业战略发展,支持并购和扩张。企业通过成立一个广泛通用的标准化的服务组织,可以快速地支持整个集团业务规模的变化,包括新的并购、重组和剥离等,为新组织提供成熟的会计服务。此外,通过集中核算工作,大量财务人员(包括财务经理)可以从事务性工作中解脱出来,更加专注于高价值工作。

二是加强集团风险管控,规避操作风险。通过标准化和规范化,以及人员的集中管理,企业可以在核算集中化基础上有效地减少、控制操作违规。财务共享服务中心直接向总部汇报,严格执行企业各项制度,提高业务操作的准确性、及时性和真实性,增加数据透明性。

三是提供高质量的服务与信息,保证数据的真实有效。由于某些具有特殊专业技能的人才缺乏,企业可以通过财务共享服务中心使之为整个企业综合利用,更充分地发挥价值。通过集中管理会计人员、集中培训、流水线操作分工,减少错误率,提高决策所需财务信息的质量。

四是提升管理效率和运营效率。企业通过建立集中支撑平台,集中实施财务流程优化举措,提高财务效率,缩短各类业务服务时间(如结账、授权、发账单、报销、付款),使企业更加快速地应对新的财务管理变化。

五是节约成本。企业通过人员和组织的集中实现规模效应,减少人员需求,达到成本节约。企业通过优化流程,引入领先的业务实践,提高劳动生产率,从而节约成本。

三、财务共享服务中心的基本原理

第一,财务共享服务中心是一个组织,是通过对财务职能部门的再次分工、聚合而来的一个专门的财务会计机构。正是因为这种分工,使得财务核算组织独立化、专业化、标准化、规范化。这种分工的优势就是让擅长的人做自己擅长的事情,人尽其才,物尽其用,使平均社会劳动时间大大缩短,生产效率显著提高。

第二，财务共享服务中心是一个提供"财务会计和财务报告业务"服务的专业平台。这是财务共享服务中心的工作内容、范围，也是这种专业服务工作的核心内容。

第三，财务共享服务中心是一个由专门团队按照统一流程、利用IT信息技术工具进行标准化会计核算的作业中心，或者称为"会计工厂"。这个团队可以是实体的，也可以是虚拟的，既可以对内提供服务，也可以对外提供服务。

第四，财务共享服务中心可以理解为一个"任务管理中心"，是一个任务委派发布、分配、处理、存档的中心。这里的"任务"，就是唯一地描述了一个端至端的业务核算工作任务的属性。一旦任务建立，将按照相应任务流程开始执行，而这个流程又是信息流、实物流、资金流、工作流的融合。企业通过流程再造与优化、标准化，提高工作效率，保证工作质量，加强内部控制，防范财务风险。

第五，财务共享服务中心是一个会计信息存储仓库。这个信息仓库既能够为前端业务提供财务服务支持，又能够为决策提供会计信息支持。当然，会计信息本身并不会创造价值，也不能进行决策，只是为业务管理和决策管理通过不同的技术展现形式来提供专业会计信息。同样，这个仓库提供的只是会计信息，这只是企业信息的一部分。也就是说，财务共享服务中心不可能取代企业其他的信息系统，如ERP、HR、CRM等。

根据以上这些理解，企业就能够在设计和建设财务共享服务中心项目中正确地制定实施目标、内容，降低实现风险。

四、财务共享服务中心的类型

(一) 按照建设目的进行分类

依据企业发展的战略定位，从财务共享服务中心建设目的出发，财务共享服务中心可以分为成本节约型、管控型、成本节约与管控结合型三种。

1. 成本节约型财务共享服务中心

成本节约型财务共享服务中心的主要建设目的是在确保企业持续有效运行的情况下，最大限度地降低企业的财务运作成本。该类财务共享服务中心纳入范围的业务多为劳动密集型、发生频率高的会计核算业务，侧重实现会计集中化核算；通过不断优化业务流程，提高会计业务处理质量和效率，保证集团内部会计核算工作的标准化和规范化，逐步释放规模效应，降低财务人员人力成本，提高财务核算水平与效率。从建设阶段来说，其往往是初期财务共享服务中心建设的目标。尤其对于新设的业务单元，会计核算成本的降低尤为明显，财务共享服务中心的规模效应会因为不断增加业务单元而凸显，因为它不需要再设置会计核算岗位。本类型财务共享服务中心适用于不断进行业务扩张、处于发展中的在全国乃至全球范围内具有同质业务的企业集团。

2. 管控型财务共享服务中心

管控型财务共享服务中心的建设目的是将其作为企业集团管理控制的一项重要手段。其核心理念认为，管理的核心在于控制，控制的核心在于会计控制。企业希望通过财务共享服务中心的集中管控功能，在会计控制领域实现规范化、流程化、标准化，以此带动业务的流程化、标准化，实现集团公司对于分子公司管控的目标。这种模式下财务部门往往是强势部门，其强势来自高级管理层对于财务工作的重视。财务共享服务中心的流程再造，有利于整合财务管理和风险管理资源，使集团对下属企业实施财务全程化管控，为集团战略制定提供高质量财务决策支持,促进核心业务发展,实现集团对其下属企业或部门的实时监测,提高集团的综合掌控能力,从而有效支撑企业集团的发展战略。对于以管控为主要建设目的的企业集团,通常是已经处于成熟期,业务类型多元化、重组、并购、变革频繁,并且已经实现全国乃至全球运营的企业集团。

3. 成本节约与管控结合型财务共享服务中心

单纯的成本节约或管控,都不能充分发挥财务共享服务中心的全部优势,因此更多企业采用了成本节约与管控结合模式。它结合了前两种模式的优势,以企业战略发展为依托,在释放规模效益、节约成本的同时发挥整体管控作用,建立从基础核算、预算管控到决策分析的全方位财务管理构架。它可以有效提升企业整体管理水平,为企业发展和持续管理优化提供全面支持。

(二) 按照运作形式进行分类

按照财务共享服务的运作形式来划分,财务共享服务中心主要包括四种模式,即基本模式、市场模式、高级市场模式与独立经营模式。依据财务共享服务中心的发展趋势,四种模式呈现出递进的关系。

1. 基本模式

该种模式下的财务共享服务中心定位为企业内部的一个职能中心,主要为企业内部业务单元提供跨组织、跨地区的专业支持服务,如基础会计核算、进行财务信息的数据加工、出具财务报表等。该类财务共享服务中心的建立,大多通过合并和整合日常事务性会计核算处理工作和资金交易活动,实现规模经济并消除冗余,最终以降低成本和流程规范化、标准化为目标。这种模式下的财务共享主要强调标准化的流程、灵活化的组织、专门化的分工和核心化的能力。

2. 市场模式

市场模式是在基本模式基础上进一步发展起来的,它摆脱了内部职能部门的定位,强调财务共享服务中心的独立运营责任主体地位。作为虚拟的经营单位,在该模式下,服务不再是托管式的,决策权由接受服务的客户全面掌握。财务共享需要不断提升自身服务质量、优化流程、加强沟通,根据确定的服务流程与标准提供服务,提升自身服务的专业化。除此之外,财务共享服务中心还需要基于基础信息提供更为专业的顾问和决策咨询服务。

3. 高级市场模式

高级市场模式的外向型特征更加明显,它使得财务共享服务中心面临更多的外部竞争,服务的客户存在更大的自主权,他们可以在现存的两个以上的共享服务机构中进行选择。如果他们认为内部共享服务机构的服务数量或质量难以满足需求,则可以自由更换,甚至从外部购买自己所需要的服务。可见,高级市场模式的目的是引入竞争,向客户提供、推荐最有效率的供应商,供客户进行决策选择,最终有利于提升内部财务共享服务中心的服务质量。

4. 独立经营模式

独立经营模式是财务共享服务中心模式发展的最高阶段,其特征主要体现在"独立"二字上。这种模式下的财务共享服务中心是作为独立的经营实体来运作的,其定位是外部服务提供商。它不仅向企业内部客户提供产品和服务,而且还服务于外部客户。财务共享服务中心凭借其专业技能、技术及知识与第三方外部服务机构、外部咨询机构等展开完全竞争,服务收费也完全呈现出市场化态势。由于完全没有来自投资企业的"先天庇护",迫使这种类型的财务共享服务中心需要创造稳定的收入和利润,并且不断提供服务与产品的升级或更新,以便吸引更多的新客户,维持老客户,从而不断发展壮大。这时的财务共享服务中心已经从过去的成本中心转型为价值创造中心。

目前来看,我国大多数财务共享服务中心的运作形式采用了基本模式和市场模式。从一些跨国公司发展财务共享服务中心的经验来看,它们大多也是从企业的一个内部服务单位发展而来的。案例研究表明,模式的选择是个复杂的过程,必须从企业自身的文化特征、所处生命周期、公司治理特征、战略定位等因素出发,选择适合自身现状及企业整体发展的运行模式。

第三节 财务共享服务中心实施流程

财务共享服务中心本质上是一个信息化平台。企业通过建立和运行财务共享服务平台,使财务组织和财务流程得以再造,使一些简单的、易于流程化和标准化的财务工作(如核算、费用控制、资金支付),集中到统一的信息化平台上来,从而大大提高财务工作效率,使一大部分财务人员能够从那些简单又耗时的事务性工作中解脱出来,将更多精力用于预算管理、成本控制等高价值领域的工作,从而实现从财务会计到管理会计的转型。除此之外,财务共享服务中心一个显而易见的好处是可以集中降低成本。据埃森哲在欧洲的调查,30多家在欧洲建立财务共享服务中心的跨国公司平均降低了30%的财务运作成本。

财务共享服务中心的成功实施需要通过对财务组织与流程、信息系统及数据等各层面进行严格分析和梳理来实现,根据推进时间进程来看,大致可以分为五个步骤:规划阶段、设计阶段、实施/迁移阶段、过渡阶段和运营阶段。

一、规划阶段

1. 遵循战略

企业在规划财务共享服务中心进行目标定位时,需要先考虑的是要与企业战略匹配,为企业战略的达成奠定基础。财务战略作为企业战略的一种职能及支持战略,其目的与功能在于解决企业战略实施所产生的财务资源需求,即支持企业战略的实现。财务战略主导整个财务共享服务管理框架,对财务共享服务中心的定位和发展至关重要,决定了组织人员、业务流程、信息系统和运营管理方向。财务共享服务中心应以企业财务战略为纲领,为企业成本管理和业务风险管控等提供服务,为集团财务和下属业务单元提供支持。同时,财务共享服务中心也应将企业战略贯穿于财务共享服务中心建设始终,有利于减少冗余成本的产生,降低建设风险,减少对企业经营资源的挤占。

2. 转变观念

建立财务共享服务中心,对于任何企业,都是一项涉及面极广的改革。改革势必带来对原有管理模式和部门人员利益的冲击。要想财务共享服务中心成功建立和顺利运行,从母公司到子公司,从管理层到基层员工,必须转变观念。

很多集团企业在实施财务共享服务中心之前都是"大而全、小而全"的,可能每个子公司都有完整的财务组织。如果要建立财务共享服务中心,这些子公司财务组织必需重构。其中不仅涉及子公司和母公司权力的重新分配,也涉及财务人员的岗位变化。因此,建立财务共享服务中心,需要转变观念的不仅仅是管理层,而且也包括基层财务人员。建立财务共享服务中心也会使得集团企业内部的财务更加透明化,子公司财务要完全对母公司公开。这就需要取得子公司管理层的认同、支持和理解。另外,建立财务共享服务中心之前,企业的很多财务工作可能还是手工化。建立财务共享服务中心之后,大部分基础财务工作要实施电子化操作。从管理层到基层财务人员都需要尽快适应和学习。

当然,观念的转变不是一朝一夕的。靠强力推动可能在短时间见效,但却可能留下后遗症,甚至引起企业人员的流失和动荡,因此需要循序渐进地推行。

3. 场所选择

选址是财务共享服务中心规划设计中首要考虑的问题,选址会影响企业资源分配、组织架构设计以及后续的一系列规划设计问题。财务共享服务中心的选址将直接影响到财务共享服务的效率和效益,并且可能限制和制约财务共享服务工作的执行效果。如果企业选址决策不适合自身发展,会带来人员招聘困难、运营成本高以及提升效率难度大等问题,使财务共享服务中心的预期职能不能得到有效发挥。例如,强生集团 2011 年将其财务共享服务中心选址在苏州时,面临了巨大的人员招聘困难。

成功的选址策略应该结合财务共享服务中心战略定位综合考虑,考虑企业战略需求和经营目标以及企业内外部因素,并将人才质量、通信基础设施、与总部沟通的便利、市场规模、人力成本等作为财务共享服务中心选址的重要考量。如果企业追求降低运营成本、提高经营效率,应选址在劳动力和生活成本较低、通信基础设施完善、交通便利的地区,同时考虑当地劳动力资源问题,一味追求低成本会导致人员招聘困难将更加棘手;如果企业追求服务质量的提升,那么在选址时应首要考虑的人才质量和招聘难度,聘用专业性强、涉猎广、能够充分发挥财务共享服务中心职能的全面人才,不断提升客户满意度;如果企业追求加强集团管控,则在选址时应着重考虑财务共享服务中心与企业总部往来沟通的便利性,以便集团对各个业务单元进行集中管控;如果企业追求创造利润和价值,则在选址时应该考虑市场容量较大地区,以便未来扩大财务共享服务中心规模,服务更多的客户以创造利润和价值(李闻一等,2020)。

二、设计阶段

1. 组织流程再造

建立财务共享服务中心,从信息技术角度,并没有太大的难题。最大的难题在于财务组织及流程的再造。因为财务共享服务中心的建立涉及公司内部权力的重新分配。一个有众多子公司的企业集团,每个子公司都有独立财务。将大部分财务工作集中到财务共享服务中心,涉及财务组织的调整问题。很多企业迟迟没有办法建立完善的统一的财务共享服务中心,大多与此有关。

建立财务共享服务中心,共性的、重复的、标准化的财务业务会集中到财务共享服务中心,原来从事这些工作的财务人员就面临着两个变化:一部分财务人员会集中到财务共享服务中心,另外一部分财务人员就可能会面临转型,由原来的事务性财务转到高价值的决策支持上来。原有各业务单元仅仅保留部分职能,如原始单据的收集等,各业务单元财务部门可能需要取消或者重整。因此,组织和人员的调整是企业建立财务共享服务中心需要认真考虑的问题,也是很多集团企业在推进财务共享服务中心建设时面临的一大难题。

和组织重建需要同时进行的还有财务流程再造。财务共享服务中心建设的过程本身就是企业财务流程再造的过程。实行财务共享之前,企业报账、核算、结算流程都是分散在各业务单元单独进行的,每个业务单元都有自身的流程,而每个流程上的运行标准、效率和风险管理规范都不尽相同。而要建立财务共享服务中心,应按照统一要求,调整各业务单元已有财务业务流程,并将简单事务性的会计核算工作向财务共享服务中心集中,将财务权限上收,缩减业务单位财务人员编制,并最终制定一套适合所有业务单元的业务流程。流程优化的关键就是精简流程并持续改善。在流程设计与企业发展方向、管理目标相契合的前提下,结合具体实情进行合理化调整。流程的改进可采取两种方式,一是精益管理,二是精益生产。面对问题及改善等事宜可以通过开会的形式就问题予以深入的分析和研究,进而找出根结,有效解决。此外,还可以借助流程图的方式实现对问题的锁定,并以此给出针对性的解决措施。定期对项目规模、形式加以优化、改善,同时各部门经理都应全权参与到项目中来,面对不同意见及时出具统一、明确的决策,或在流程设计中引入具有丰富经验的专家给予指导,以精简流程为目的,将不利于流程运作的、冗余的内容予以剔除。

设计阶段需要考虑财务共享服务中心的管控和运营,建立财务共享服务中心治理、服务管理框架、服务标准、绩效考核及内部管理制度,主要从流程、系统及信息技术、组织和人员三个方面加以规划。

(1) 流程。明确集中流程范围和推进路径;定义集中后的财务作业流程如何在账务处理中心、集团财务和业务单元财务之间进行互动;手工单据处理和流转方式改变。

(2) 系统及信息技术。其包括业务与财务信息系统的集成;扫描管理软件的选择与应用;数据定义的统一和标准化。

(3) 组织和人员。明确账务处理中心与业务单元及其他财务组织的职责分工界面;设计账务处理中心自身的组织架构;组织账务中心人员定岗定编、招募与分流以及培训。

2. 信息系统平台建设

一个集中、完善的信息系统平台是实现财务共享的基础和保障,是建立财务共享服务中心的物质基础。只有在信息系统支持下,财务共享服务才能够跨越地理距离的障碍,向其服务对象提供内容广泛的、持续的、反应迅速的服务,才能够顺利完成组织和流程再造。因此,信息系统平台的统一搭建和整合是实现财务共享服务的关键环节。财务共享服务中心的建设以 ERP 系统为基础。ERP 系统的升级和优化、业务流程和信息管理模式的设计、风险和替代方案的选择都将产生大量的咨询服务费用、IT 开发和维护费用。

财务共享服务主要包括三个内容:核算、报销、支付,其中核算业务的比重最大。对于已经基本普及 ERP 的中国集团企业,核算信息化集中处理不成为什么问题。需要解决的主要是 ERP 系统的统一问题。如果集团原本使用多种 ERP 系统,那就必须先在集团内推行统一的 ERP 系统。而财务共享服务中的其他两个内容——报销和支付,由于现有

ERP系统一般不够完善,建立财务共享中心的企业一般会选用单独的专业软件。很多企业会选择专业的费控系统,通过系统固化已经优化的流程,以实现费用报销和资金支付流程的有效执行。

三、实施/迁移阶段

制定迁移策略和计划,并与高层充分沟通和确认,对纳入迁移范围的流程和地点,从计划上安排模拟测试时间;制定迁移成熟度的评估标准,并根据迁移成熟度实施迁移计划。

四、过渡阶段

过渡期间的处理对于财务共享服务中心今后的运行有很大的影响,主要还是在人员的安抚和安排上要做好充分准备。在过渡期之前和期间要对员工进行有效的咨询和辅导,制定针对员工重新分配和职位介绍的正式流程,设计有效的挽留人员政策和奖励措施。

五、运营阶段

财务共享服务中心经过一定时期的试运行即进入正常运营期。在该阶段初期,员工可能会出现诸多不适应,此时企业尤其需要注意对运营过程中发现的各类问题及时响应,通过业务实践检验新流程的合理性,立刻解决严重影响业务的问题,不影响业务的问题要记录在案,并加以分析,以便提升。在大多数情况下,进入该阶段后,所有部门及员工都应依照标准作业流程,通过业务系统进行各项业务申报、审批。

财务共享服务中心是企业集中式管理模式在财务管理上的最新应用,其目的在于通过有效的运作模式来解决集团公司财务职能建设中的重复投入和效率低下的弊端。通过财务共享服务中心的建立和运行,企业管控能力可以得到提高,为进一步管理提升奠定基础;财务基础工作效率也会大大提高,财务部门有更多的人手和精力去做高价值管理工作。财务共享中心不但大大降低了财务运作的成本,而且可以为企业全面预算、成本管控、风险管理、绩效评价等工作提供更高质量的财务信息。这些都为企业财务工作从财务会计向管理会计转型提供了重要支撑。

本 章 小 结

从现实来看,我国一些大型企业集团"大企业病"现象十分严重。一方面,管理成本居高不下,信息透明度与管控力弱;另一方面,制度繁琐以及组织机构官僚化等问题十分突出,以各自利益为中心各自为战的现象十分严重。共享服务一般是作为独立的组织实体,通过整合或者合并公司各项业务并进行重新集中配置,依据正式或者非正式的契约(服务水平协议)收取费用,并为公司各业务单元提供服务的一种服务活动。作为一种创新理念和一个协助企业成长的平台,其所涵盖的内容从常见的财务管理领域延伸至人力资源、信息技术、市场营销、采购等领域。而财务共享服务作为共享服务在财务领域的一种应用,是指将企业集团大量重复,易于实现标准化、流程化的会计核算从分散的业务部门抽出,集中到一个新的独立运营的业务单元(财务共享服务中心)进行流程再造、标准化、集中处理,以提升业务处理效率,进而降低成本、加强管控、提升客户满意度、创造价值,最终提升集团整体财务管理水平的一种作业管理模式。然而,财务共享服务中心的构造需要财务人员转型,需要释放现有的大量会计核算人员,减轻那些繁琐、重复性强的非核心业务和后台业务,让他们去从事更加具有附加值的工作,通过分工专注于自身的战略财务、业务财务职能,推动财务转型;同时,财务共享服务中心建成后,如何加强其与战略财务、业务型财务之间的沟通和联系将变得更加重要,不再是各行其是,而是专业细分,集群发展。

思 考 题

1. 什么是财务共享服务中心?财务共享服务中心的特征有哪些?什么样的企业适用财务共享服务模式?
2. 财务共享服务中心的构建对企业带来哪些优势?存在哪些风险?
3. 分析财务共享服务中心的构建流程。
4. 如何看待大数据时代传统财务人员的转型?

讨 论 题

2020年,新型冠状病毒肺炎疫情的暴发给市场带来冲击,但也为新一代信息技术与产业的深度融合带来机遇。如何将新一代信息技术与企业经营管理相融合,以实现数字化转型,是摆在中国企业面前的重要课题。

趋势一:用管理会计指导财务共享中心建设。财务共享中心的构建必须摆脱传统思维,充分考虑管理需求。以管理会计为指导构建财务共享中心的核心思想就是将共享从后端财务系统延伸到前端业务系统,实现对企业更广泛业务(从记账、算账到报账、采购、税务等)的数字化。它有效解决了传统财务模式的几个难点,推动传统会计向业务管控和价值管理转型。

趋势二:财务共享推动管理会计深入应用。基于RPA技术,企业的大量结构化、规则导向、可重复的工作任务均可由机器替代人工自动完成。这使得财务共享中心会在一定程度上向虚拟化、无人化发展。同时,基于互联网和云计算技术,企业可与交易的合作伙伴、客户、供应商的数据和流程打通整合,实现财务在线化、交易透明化,流程自动化和数据真实化。新一代财务共享为管理会计的深入应用发展奠定基础。

趋势三:数据中台赋予管理会计新的系统架构。基于数据中台架构的企业管理平台,通过在前后台之间增加一层系统(即数据中台),将企业信息化架构由不同平台下分散的烟囱式系统集群变革为部署在同一平台下基于服务的应用系统集群。在新一代企业信息化架构下,来自ERP、SRM等各个信息化系统中的业务数据、财务数据、大数据,结构化和非结构化数据全部汇入数据中台,实现统一、集中的数据收集、数据治理、数据计算、数据建模,形成服务化的数据应用,数据中台将数据输出到前端预算管理、成本管理、数据分析等各个应用系统中,开展丰富的场景化应用,并以多样化的形式展现数据分析应用的结果。

趋势四：管理会计主动赋能企业业务发展。数据中台实现数据数量、质量、治理能力、计算能力和分析能力的大幅提升，使管理会计与业务经营的融合更紧密。这使得管理会计能够更多地应用于销售、生产、供应链和研发创新等价值链环节的具体业务场景中，主动为业务运营赋能。系统可以开展主动预警：通过AI算法重塑人与数据的关系，定位每位用户最应关注的指标，并建立预警管理闭环，主动监控数据异动，第一时间推送给适合的人。基于知识图谱进行关联问题的智能推荐，如根据分析对象自动推荐定制化的数据可视化展示等。

趋势五：数据治理赋予管理会计高质量的数据基础。在数据中台架构下，基于强大的数据治理技术，系统可以在确保数据安全的前提下，对来自不同应用系统的结构化、半结构化、非结构化数据的数据标准进行实时、动态梳理，开展主数据、元数据、数据质量管理，提高各类数据的质量，使大量隐没在数据坟墓中杂乱无章的数据转变为清晰有序、有条理、有脉络的数据资产，赋能前端应用，并使前端应用产生的新数据再次进入到整个数据全生命周期中。

趋势六：认知智能助推管理会计应用方式跃迁。人工智能分为运算智能、感知智能、认知智能三个阶段。认知智能在管理会计领域应用的核心通过自然语言理解和知识图谱，实现人和机器的交互以及人和数据的交互。从目前已能够实现的人机对话，到支持特定场景的常识性判断，到对特定领域非结构化数据的自主处理，再到能够基于数据生成自然语言，直至达到让机器拥有完全自主分析能力。通过认知技术的融合，机器将具备越来越强大的自主分析能力，不断引领管理会计应用方式的跃迁。

趋势七：机器学习提升管理会计数据挖掘能力。基于机器学习技术，系统可以基于对业务知识的理解，科学预测、合理控制、智能分析，真正成为管理和财务人员的智能助手。展望未来，管理会计的数据底层很可能将是基于一个业财打通、内外打通的数据中台。一方面，它将与以认知智能、机器学习为核心的智能技术融合在一起，形成一个共同赋能管理和业务的全新体系；另一方面，它将与蓬勃发展的财务共享服务中心所形成的数据中心相结合，以获得更好的数据支撑，随需应变地赋能前台的管理需求和业务需求。

资料来源：余红燕.2021财务共享应用与管理会计融合的七大趋势[N].中国会计报，2021-01-08(13).

请讨论：

(1) 什么是数字化转型？它与财务共享应用是什么关系？企业管理会计工作如何应对或拥抱数字化转型？

(2) 新一代信息技术与企业经营管理快速融合，我们该如何面对这种冲击和融合？

参考文献与推荐阅读

1. 王亚星，李心合.重构"业财融合"的概念框架[J].会计研究，2020(7)：15-22.
2. 秦荣生.大数据思维与技术在会计工作中的应用研究[J].会计与经济研究，2015(5)：3-10.
3. 汤谷良，夏怡斐.企业业财融合的理论框架与实操要领[J].财务研究，2018(12)：3-9.
4. 张庆龙.财务数字化转型始于共享服务[J].财会月刊，2020(13)：8-14.

5. 陈虎,孙彦丛.财务共享服务[M].2版.北京:中国财政经济出版社,2018.
6. 李闻一,刘姣,卢文.财务共享服务中心建设的回顾、趋势与建议[J].会计之友,2020(9):14-20.
7. 李闻一,朱媛媛,刘梅玲.财务共享服务中心服务质量研究[J].会计研究,2017(4):59-65,96.
8. 张庆龙,聂兴凯,潘丽靖.中国财务共享服务中心典型案例[M].北京:电子工业出版社,2016.
9. 何瑛,周访.我国企业集团实施财务共享服务的关键因素的实证研究[J].会计研究,2013(10):59-66,97.
10. 王亚星,李心合.重构"业财融合"的概念框架[J].会计研究,2020(7):15-22.
11. 杨寅,刘勤.企业财务转型与价值创造影响因素分析——基于力场模型视角的财务共享服务中心多案例研究[J].会计研究,2020(7):23-37.
12. Robert W Gunn, Davrid P Carberry, Robert Frigo, Behrens S. Shared Services: Major Companies are Reengineering Their Accounting Functions[J]. Management Accounting,1993,77(11):22-28.
13. Moller P. Implementing shared service in Europe[J]. Treasury Management International,1997,6(7):120-123.
14. [英]奎因,[美]库克,[美]克丽斯.公司的金矿:共享式服务[M].郭蓓,译.昆明:云南大学出版社,2001:379.
15. Donniel S. Schulman, Martin J. harmer, John R. Dunleavy, et al. Share services: adding value to the business units[M]. New Jersey: John Wiley & Sons, 1999.
16. Bergeron Bryan. Essentials of knowledge management[M]. New Jersey: John Wiley & Sons, 2003.
17. 张高峰,吕巍,张颖.企业的新"后台"服务共享中心[J].企业改革与管理,2003(2):10-11.
18. 刘汉进,方阳.基于内部资源整合的企业共享服务述评[J].管理学报,2012,9(10):1562-1568.
19. 张瑞君,陈虎,胡耀光,常艳.财务共享服务模式研究及实践[J].管理案例研究与评论,2008(3):19-27.

第九章 专题管理会计

【学习目标】 本章主要介绍环境管理会计、知识资本管理会计、行为管理会计以及社会责任管理会计等内容。通过学习，学生可以拓展研究思路和视角，了解环境管理会计、知识资本管理会计、行为管理会计以及社会责任管理会计的发展历程、主要内容、特点以及应用前景。

【知识引导】 19世纪20年代，平遥票号开创了中国汇兑业的先河，其经营管理理念及相关制度安排对我国企业管理有重要的启示作用，其实行的"劳资并重"分配制度，肯定了人力资本在资本运作中的作用。在山西票号的资本构成中，股份分为银股和身股两种，银股是票号开设时资本家的出资，身股则是根据员工对资本的效力和作用而给予的不需要出资的股份，身股一般会随着时间而递增，并且具有平等的分红权利；银股股东对票号债务、亏损承担无限责任，享有永久的利益，有继承权；身股股东不承担债务、亏损的责任；但顶身股者一旦离职或去世，利益也就停止。当然也有一些票号会给予身股3~8年不等的红利延续。票号发展的前期，身股数远远低于银股数，但随着时间推移，不断增长的身股数普遍超过了银股数。山西票号银股和身股并重的资本构成，有效地协调了劳资关系，把员工个人利益和票号利益、股东利益紧密联系在一起，使劳资利益最大程度地统一在一起。

第一节 环境管理会计

一、环境管理会计概述

环境管理会计（environmental management accounting，EMA）作为管理会计中的重要组成部分，是近年来管理会计发展的一个新领域，它是伴随着可持续发展这一概念的提出而产生的。随着人们对于环境保护越来越重视，企业也开始更加关注对环境成本、环境收益的衡量以及如何促进企业可持续性和改进生态经济效率。因此，学者们将管理会计与环境保护相结合，发展出了环境管理会计这一新方向。

近几十年来，环境恶化严重威胁了人类的生存和发展，引起了政府和各界人士的高度关注。许多国家的政府纷纷出台了各项环境保护的法律法规来对破坏环境、浪费资源等行为进行规范和制约。例如，美国出台了《国家环境保护法案》，我国颁布了《中华人民共和国环境保护法》等。同时，国内外学者及相关经济组织也开始投身于与环境相关的经济管理研究当中去。20世纪70年代初，比蒙斯的《控制污染的社会成本转换研究》和马林的《污染的会计问题》拉开了环境会计的序幕，环境会计初现端倪。1989年，皮尔斯在《绿色经济蓝图》中首次阐明了将环境因素融入政府政策和企业经营之中的重要性。

从 1980 年起，人们对社会会计和环境会计的研究出现了一些专门化倾向。由于环境问题的严重性，人们在社会会计研究中更加突出了环境会计的地位。会计作为一种重要的信息系统，必须适应新的发展要求，将环境信息纳入其核算之中，用于反映与环境活动有关的内容，通过对环境成本、环境收益的核算与控制来实现社会可持续发展。

从 20 世纪 90 年代起，在布伦特兰报告和联合国《21 世纪议程》推动下，环境会计研究进一步深入发展。盖瑞在 1990 年所作的报告中研究了环境问题对会计的启示以及会计界可对环境保护作出的贡献，从而表明环境会计是可以独立于社会会计的一个新领域。1991 年，艾尔克敦和詹宁斯列出了开发环境管理系统所需的步骤，并将环境管理纳入全面质量管理体系。1996 年，史蒂芬·肖特嘉也提出了环境管理会计框架，分析了环境会计与生态会计的关系，并将可持续性概念引入环境会计之中。这些理论的形成与发展使人们逐渐认识到建立环境管理系统来解决环境问题的重要性，并且意识到应该将环境问题纳入企业管理决策中，最终作出环境决策的应当是管理当局而非仅仅是会计人员。这一转变将环境会计研究推进到了环境管理会计的研究阶段。

20 世纪 90 年代以后，在美国国家环境保护局（USEPA）的主持下，经济学界提出了许多环境会计方面的报告。例如，1995 年的《作为企业管理工具的环境会计入门》提出了基本的环境会计概念；1998 年，国际会计师联合会（IFAC）发表了《组织中的环境管理：管理会计的作用》，简要概括了在可持续发展框架下企业环境管理的主要挑战和目标。直到今天，环境管理仍旧是企业寻求可持续发展的重中之重，因此建立良好的环境管理会计体系是企业实现长远发展目标的基础，值得我们高度重视。

二、环境管理会计的相关概念

1. 环境管理会计的定义

对于环境管理会计的定义，存在着各种各样的理解或解释。加拿大管理会计师协会（CMA Canada）在《管理会计指南》第 40 号指出，环境管理会计是对环境成本进行确认、计量和分配，将环境成本融入企业经营决策中，并将有关信息传递给公司利益关系人的过程；国际会计师联合会（IFAC）认为，环境管理会计是利用会计和相关信息为内部管理提供支持，其定义是生成、分析并利用财务和非财务信息以优化公司环境和经济绩效，实现可持续经营的系统；1999 年，联合国改进政府在推动环境管理会计中的作用专家工作组，与 30 多个国家的环境管理部门和国际组织、会计组织、企业组织和学术界，综合各国实践，提出了环境管理会计的概念，即为满足组织内部进行传统决策和环境决策的需要，对实物流信息（如材料、水和能源等）、环境成本信息和其他货币信息进行的确认、收集、估计，编制内部报告和利用它进行决策的信息系统。

综合以上各种解释，可以将环境管理会计看作是一种新型的管理会计制度，即将管理会计与环境保护相结合，将环境成本纳入企业经营决策之中，通过对财务及非财务的环境信息的收集与分析，为企业各利益相关者提供更加准确的决策信息，从而提高企业生产经营效益。其内容主要包括三个方面：环境成本的控制及管理、环境决策的制订和环境绩效的评价。

其中，环境管理会计与管理会计、环境财务会计有一定区别。环境管理会计与管理会计在内涵上具有相似之处，它们都是以改善企业经营管理、提高企业经济效益为最终目标,但前者更加专注于环境保护,更加强调适应组织目标的转变(如可持续发展的目标、绿色经营目标)和为环境管理服务。环境管理会计与传统意义上的管理会计仍然存在着一定的差异:传统管理会计是以货币为单位进行核算,并对企业财务信息进行加工利用,以实现对经营过程的预测、决策、规划、控制和责任考评等职能;而环境管理会计则是从货币单位(财务信息)和实物单位(非财务信息)两个方面来进行核算的,一方面环境管理会计以货币形式计量与环境有关的活动,明确其对企业财务的影响,另一方面环境管理会计采用实物指标(如材料、水和能源等实物信息)反映企业生产经营活动对环境的影响,以此来帮助企业管理者进行相关决策,实现环境效率和经济效率的统一,促进企业可持续发展。

正如我们划分财务会计与管理会计一样,根据信息使用者的不同,可以把提供环境信息的环境会计分为环境管理会计和环境财务会计。

环境管理会计与环境财务会计都属于环境会计范畴,都是通过处理和分析企业历史的和预测的经济资料,来帮助经营管理人员确定经营目标,编制计划,作出一系列决策,以达到企业经营目标。但环境管理会计与环境财务会计也存在着很多不同之处,它们的主要区别如下:

(1) 服务对象不同。环境管理会计主要为企业内部管理人员经营决策、投资决策提供环境方面的信息支持;而环境财务会计则主要为企业外部利益相关者提供环境对企业财务影响的信息。

(2) 研究内容不同。环境管理会计主要解决企业环境战略的制定、环境成本的确认与核算、环境投资评估、企业环境业绩评价;而环境财务会计主要解决企业环境资产的确认、计量和相关信息的披露等问题。

(3) 研究方法不同。环境管理会计采用分析性方法,借助动态环境信息来分析企业生产经营活动,据此来为管理者提供决策信息;而环境财务会计则是采用描述性方法,将重点放在如何全面系统地反映企业与环境相关的生产经营活动的成本与收益。

2. 环境管理会计的作用

环境管理会计注重环境保护,它的出现有利于企业可持续经营,有利于企业降低潜在的环境成本,有利于企业对其环境业绩和财务业绩进行预测、决策和管理,有利于提升企业在公众中的信誉度水平,使企业更具有竞争力。具体来说,环境管理会计的作用主要表现在以下几个方面:

(1) 环境管理会计既可以为企业绿色经营模式提供实物计量数据,更加生动地反映企业对资源环境的消耗量,又为企业绿色经营模式提供有效的财务数据资料,方便管理人员及时对企业成本进行控制与纠偏。

(2) 环境管理会计可以以货币形式计量企业环境成本,以便企业管理者及时对其进行控制,以减少不必要的支出。

(3) 环境管理会计可以为管理者提供决策支持,管理者可以借助环境管理会计作出产品定价等项目的正确决策。

(4) 环境管理会计将企业环境业绩指标与财务指标相结合,更加科学地反映了企业生产经营情况对环境的影响程度,能够更加全面地满足企业各利益相关者信息使用的需求。

(5) 环境管理会计体系的建立与完善有利于塑造企业绿色形象,增加企业在公众中的信誉度。

三、环境成本的控制及管理

环境成本的控制及管理是环境管理会计中最受到关注的方面,它主要包括环境成本构成分析、环境成本的核算以及环境成本的控制等内容。对于以营利为目的的企业而言,如何降低成本、增加收益是其生产经营重点,环境成本作为企业生产经营成本的增量因素自然也会受到企业的高度关注。由于环境成本主要是因保护环境和治理环境污染而发生的费用支出或因违反相关法律法规而支付的罚款、罚金等货币性支出,因此企业想要减少环境成本支出就应该尽量减少和避免对环境的污染,企业可以通过改进生产技术、改善生产经营模式(如采用绿色经营模式)、购买环保设备、使用清洁能源和资源等方式来降低其生产经营活动对环境的危害。

(一)环境成本的定义与分类

1979年,荷兰国家统计局为了反映企业环境成本,将"环境成本"定义为环境保护的成本,即人类为解决现实的或潜在的环境问题,维持自身存在和发展而进行的各种防止环境破坏的控制措施和实践活动的总称。将这一定义应用于企业则为:企业出于防止对环境造成不利影响所采取的环境行为所付出的代价。按该定义,环境成本的范围就比较窄,企业只有在被动遵守环境法规来规范自己的环境行为时才适用此定义,而当企业开始意识到要主动地利用环境信息进行环境决策以减少环境成本时,该环境成本的定义就不再适用了。

随着可持续发展概念的不断深化,企业对于环境成本开始越来越关注。1998年2月,联合国国际会计和报告标准政府间专家工作组(ISAR)通过了《环境会计和报告的立场公告》,将环境成本定义为:本着对环境负责的原则,为管理企业活动对环境造成的影响而采取或被要求采取措施的成本,以及因企业执行环境目标和要求所付出的其他成本,包括环境污染补偿成本、环境治理成本、环境损失成本、环境保护维持成本、环境保护发展成本等。

可以看出,企业环境成本是一种综合性成本,它不仅仅是企业在保护环境环节所发生的费用支出,在企业生产经营全过程各个阶段都可能存在的,具体来说,环境成本可以解释为在某一项商品生产经营活动中,从产品资源开采、开发、产品生产、运输、销售、使用、回收到最终对废弃产品进行处理的整个环节中,企业为解决环境污染和生态破坏所需支付的全部费用,以及造成环境污染后为补偿环境损失所支付的治理或修复费用、罚款、罚金等。

按照定义,可以将环境成本进行如下分类。

1. 环境保护成本和环境降级成本

观察环境成本的发生时间,可将其分为环境保护成本和环境降级成本。

环境保护成本是为了避免和消除企业因经营行为对环境造成的负面影响而发生的支出。它是企业履行环境义务而发生的各种支出,主要包括企业在生产过程中直接降低排放污染物的成本支出和在生产过程中为预防环境污染而发生的成本支出等。

环境降级成本是指由于废弃物排放超过环境容量而使生态资源质量下降所造成的成本支出的货币表现。它的产生是因为企业对产生的环境质量下降未履行其环境责任,具体包括两类：一种成本是为了恢复自然资源的正常功能所发生的成本支出，如污染治理成本；另一种成本是为了维持自然资源的基本存量成本和为了保护、修复和管理生态资源由企业支付给政府的税费和罚金。

对于企业而言，环境保护成本和环境降级成本之间存在着此消彼长的关系。一般而言，企业环境保护成本越高，该企业履行环境保护的义务越高，相应的环境降级成本也就越低。

2. 内部环境成本和外部环境成本

按照环境成本的空间范围，可以分为内部环境成本和外部环境成本。

内部环境成本是指由环境因素导致并能够明确由企业承担支付的费用，如污染防治成本、环境损害罚款、购买清洁生产设备的投资成本等。内部环境成本的突出特征之一是企业需承担所有与内部环境成本相关的费用。

外部环境成本是指由企业经济活动所引起环境问题，但由于不能清晰地计量或不能明确地由企业承担的费用。为了使企业可以更加自觉地保护环境、节约资源，社会各界正在寻求一种机制，使外部环境成本内部化，将外部不可明确计量的成本通过一定的手段和方法转化为可以明确计量的内部成本，并反映在财务报表中，以此来增加企业经营者对环境的关注程度。

1995年，美国环保局也对环境成本进行了分类，认为环境成本包括传统成本、可隐藏成本、或有成本、形象与关系成本。

传统成本是指企业在日常生产经营过程中通过对原材料、能源、设备等资源的消耗或浪费，对环境的破坏或对不可再生资源的消耗所产生的成本。企业在核算成本费用时，应当将这部分成本作为增量进行考虑。

可隐藏成本通常是指隐藏在制造费用中，易被管理者所忽视的成本，如对生产废弃物进行管理、测试、检测和监控的成本。

或有成本是指在未来某一时点可能发生，也可能不发生的成本。例如，因向河道中排放废弃物所带来的清理、修复和赔偿费用，以及未来可能因违反法律法规所造成的罚款费用。

形象与关系这类成本通常被称作无形成本，虽然其本身可能是有形的（如商标、信誉度指标等），但其支出所带来的直接效益往往是无形的，如进行环境保护等义务活动而发生的成本、提供环境报告的成本等。

（二）环境成本的特征

依据环境成本的定义，可以总结出环境成本具有以下特征。

1. 成本形成具有差异性

环境成本的差异性是指在生产产品的整个生命周期里，环境成本在各个阶段的发生是不对称的，并不是所有的产品和生产工序都会产生相等的环境成本，有些阶段发生较少，有些阶段却发生得多。环境成本往往被合并在企业制造费用，进行归集之后再分配到所有产品中。因此，企业应根据环境成本所形成的差异，将其与相关产品、生产工序及经济活动之间建立起相互关联性。

2. 成本性质具有多样性

有些环境成本与资产价值有关，属于资本性支出；有些环境成本的发生与有形的环境资源有关，维持自然资源基本存量的费用；有些环境成本的发生与无形生态环境资源有关,如保护生态资源费用;有些环境成本的发生与企业固定资产有关,如污水处理设备的投资,企业一般将这些成本计入相关资产成本中进行会计核算;有些环境成本与资产价值无关,是一种费用性支出,如处理生产废弃物的费用(垃圾处理费)、排污费等,企业一般将这些费用计入当期的损益中进行会计核算;还有一些环境成本的发生与产品成本有关,如利用自然资源进行绿色产品生产,这些成本则应作为产品成本处理。

3. 成本计量具有双重性

环境成本的计量结果可依据成本性质的多样性采取准确计量和近似计量的方法。环境成本中与资产价值相关的资本性支出和与资产价值无关的费用性支出,其支出形式可以是物质资产投入,如投入物料、设备等,也可以是人类劳动投入。这些投入均能够准确地计量其价值,因此可以采用准确计量方法;而环境成本中与产品成本有关的费用支出,并不总能准确地计量出其物质或人类劳动的投入量(有些信息不可量化),对于这类环境成本,通常采用估算方法进行近似计量。

(三)环境成本管理方法

在传统会计模式下,企业会将产品成本中的直接材料、直接人工以及制造费用这些成本项目进行归集后再分配到各个产品中去。但环境成本并不属于直接材料或直接人工,由环境成本的分类可知,企业一般会将环境成本作为可隐藏成本计入制造费用中去,再归集产品成本。制造费用的增加会使得产品总成本增加,进而分配到各个产品中的成本也会增加;产品成本的增加会提高产品定价,会直接影响企业生产经营活动。所以传统环境成本计算法存在很大缺陷。环境成本的管理方法主要有三种:作业成本法、完全成本法和产品生命周期成本法。

1. 作业成本法

作业成本法是一种通过对所有作业活动追踪进行动态反映,计算作业成本,评价作业业绩和资源利用情况的方法。由于企业不同作业中心有不同的成本动因,根据作业来分配企业所耗用的资源成本,会提高环境成本信息的准确性,作业成本法根据资源耗用因果关系进行成本分配,首先依据作业的资源消耗将成本分配给作业,其次按成本对象对作业的消耗将作业成本分配到各个成本对象。这种通过在作业层面上对环境成本动因进行分析,明确环境成本的来源及分配,使环境成本的对象更为准确有效。

2. 完全成本法

加拿大注册会计师协会从环境角度将完全成本法定义为:将与企业经营、产品或劳务对环境产生的影响有关的内部成本(包括内部环境成本)和外部成本(包括外部环境成本)综合起来的会计方法。

对于企业环境成本,完全成本法是将企业所有的内部环境成本与外部环境成本均纳入成本计量范畴中,通过对所有与环境有关成本的综合计量,可以使企业信息使用者明确企业在生产经营过程中的环境总成本以及成本成因及来源,有利于企业管理人员在充分了解环境信息基础上作出有效的环境决策,同时有助于提高企业对环境成本的重视,提高企业对环境保护的自觉性,实现企业可持续发展。

企业内部成本(包括内部环境成本)可以从企业会计信息系统中获得。而企业外部成本,特别是外部环境成本则需要企业就其生产经营活动对环境产生的影响来进行确认与计量。企业外部环境成本有些无法量化,不能明确地进行计量,因此,完全成本法实施的主要障碍在于企业外部成本,尤其是外部环境成本的获取。

3. 产品生命周期成本法

美国环保局将产品的完整生命周期分为四个阶段:资源的耗用、产品的生产、产品的使用及产品的循环再利用和处置。传统环境成本法将每一个阶段的环境成本分配给各主体负责,如资源耗用阶段和产品生产阶段的成本由供应商和生产商负责;产品的使用阶段、产品的循环再利用及处置阶段则主要由消费者负责。而产品生命周期成本法作为一种系统衡量产品成本方法,突破了传统成本观点,将供应商、生产商和消费者结合在一个共同体系内,将产品成本综合起来再分配到不同生命周期阶段,突破了以往将企业成本计量局限于产品生产过程阶段的缺陷,对其整个生产经营过程进行综合考量。

产品生命周期成本法讨论的是产品在整个生命周期中对环境的影响,是从整体角度综合考虑了企业产品在生命周期内各个阶段的环境成本,包括产品的设计阶段、开发阶段以及销售阶段等的各项环境成本。企业从宏观上进行综合的环境成本管理,有利于企业更加全面地了解环境成本的归属情况,便于企业采取相应的措施及时进行控制与处理。与此同时,产品生命周期成本法也可以将企业的一些不能明确计入产品生产过程中的外部环境成本予以内部化,使产品成本项目更为完整,以满足企业管理和决策的需要。

(四)环境成本的会计分析

环境成本的确定是为了企业管理者提供相关的环境信息,以便管理者可以将环境信息与其他信息(如财务信息)相结合进行综合分析,制定出更为全面、更为准确的决策。而深化环境会计研究与应用的关键是如何对这些有用的信息进行分析整理,从而确定相应的环境成本。对于这一问题可以通过两个途径来进行解决:一是将外部环境成本内部化,二是对内部环境成本进行归集与分配。

1. 外部环境成本内部化

随着人们对于环境保护越来越重视,企业也被广泛要求减少因其生产对环境造成的破坏,即减少因其生产而向外部环境排放的有毒有害物质,降低对环境的污染。而企业作为以营利为目的的组织,为了增加其利润,企业会选择放弃采取必要地降低环境污染的措施,以最大限度地降低成本。为了解决这一矛盾,可以建立某种具体机制,将企业外部环境成本加以确认、计量,将其并入企业成本中进行核算,从而使企业承担起相应的经济责任和社会责任,也就是说,将企业外部环境成本内部化。一旦将企业各种外部环境成本转化为内部成本,企业就要对该成本进行会计核算,并列入财务报告中,就会对企业利润产生影响,而企业本着追求高利润的生产经营目标,为了提高利润就必然会努力降低各类成本,自然也包括环境成本。此时这种机制就会促使企业在追求利润最大化的同时兼顾环境保护。目前由于企业环保意识不强,缺乏自我约束其环境行为和控制其环境影响的内在动力,要实现外部环境成本内部化这一目标就需要外在强制力对其进行约束,而其中最直接的方法便是加强和完善与环境保护相关的法律法规。

我国现阶段已经颁布了包括《中华人民共和国环境保护法》等在内的一系列环境保护法律法规,强制要求企业按照法律法规的规定规范自身生产经营行为,并采取必要的措施保护环境以减少对环境的危害,企业为此发生的环境治理成本自然应作为企业内部成本反映在企业财务报告中。这样,企业造成的外部环境影响本属于外部成本,现在由于为减少或消除该影响而支付了一定的成本费用,就将该外部环境成本内部化了。随着环境问题日益严重,企业所面临的环境保护义务也更加严峻,企业只有自觉地采取行动使外部环境成本内部化,才能为其经营者提供更为准确的、全面的、有利于企业可持续发展的决策信息。

2. 内部环境成本的归集与分配

企业将外部环境成本内部化之后所得到的是内部化的总成本,这些内部环境总成本也应相应地分配到生产出的产品成本中,从而影响企业管理者进行产品决策。所以,关键的问题在于如何合理地将各种内部环境成本进行归集并分配到相应产品中。这一问题可以采用作业成本法予以解决。

四、环境决策的制定

在考虑企业可持续发展目标下,将环境因素融入企业生产经营决策显得尤为重要,环境决策对于企业产品定价、各项目实施等经营活动的顺利进行起着至关重要的作用,可为企业提供了更为相关的决策信息支持,使经营者能够全面掌握企业环境成本与环境绩效信息,有助于企业作出正确的生产经营决策。

环境决策的制定是指企业经营者将环境信息纳入企业生产经营决策中进行综合考虑,从而制定出与环境相协调的生产经营决策,保证企业可持续发展。具体来说,企业环境决策的制定包括考虑环境因素的投资决策和环境与发展综合决策两大类。

(一) 考虑环境因素的投资决策

传统企业在进行新产品开发、产品经营战略和资源的投入使用等决策时,仅仅只是考虑企业的生产利润率,而忽视了其经营行为对环境的影响以及为此付出的代价,这种以不完善的信息(尤其是忽略了环境信息)为基础所作出的生产经营决策显然不能帮助企业实现其可持续发展目标。因此,在环保压力日益增大的今天,企业投资决策必须要考虑环境因素的影响。

将环境因素纳入投资决策是企业经营战略发展的一种突破。为了帮助企业更好地实施环境投资决策,必须注意以下几个方面。

1. 注重对环境保护的宣传教育

企业应当转变过去那种单纯追求经济利益的发展方式,自觉保护环境、改善环境。环保问题事关企业甚至是全社会的可持续发展,要加强企业各级的环保意识教育,普及环保知识,尤其应加强企业环保基础知识教育,在全体职工中定期开展环境学的教育,增强职工实践环境管理的自觉性。

2. 完善会计制度,完善企业会计信息系统

企业应将环境因素纳入会计准则、法规中,完善会计制度,更加全面系统地反映企业生产经营的环境因素。在此基础上,积极改善企业自身的会计信息系统,将环境因素纳入企业会计核算中,提供更为全面的信息,为企业生产经营者作出正确决策提供有效的信息。

3. 加强对企业环境信息的管理

企业会计人员、经营决策人员应加强环境管理基础知识的学习和交流,决策部门也要安排具备环境投资决策知识的人员参与企业重大项目的决策,这样有助于会计部门的环

境信息收集,提高环境信息质量,正确核算环境成本,准确进行投资决策。

(二)环境与发展综合决策

环境与发展综合决策是指在决策过程中对环境、经济和发展进行统筹兼顾、综合平衡、科学决策。具体而言,该决策需要正确处理环境与发展的关系,贯彻可持续发展战略,把经济规律和生态规律结合起来,对经济发展、社会发展和环境保护统筹规划,合理安排,全面考虑,实现最佳的经济效益、社会效应和环境效益。

环境保护是实现经济和社会可持续发展的基础。实施环境与发展综合决策要求企业各层管理人员必须把环境保护意识贯穿于管理决策全过程。在重大决策时一定要充分考虑环境与资源的承载能力,既要遵循经济规律,又要考虑生态规律,预防因生产排污或环境意识缺乏等造成新的环境问题。在制定环境与发展综合决策时,要求兼顾国家、集体和个人利益,正确处理眼前利益、局部利益与长远利益,照顾、调整各个方面的权益,并充分考虑其生产经营活动对环境的影响。

环境与发展综合决策是一种综合性的、系统性决策,要求企业在制定决策时充分考虑各方面因素,尤其是要重视环境因素的影响,尽可能地多收集一些与环境有关的信息,结合企业实际制定环境经济发展目标,充分考虑其生产经营行为对环境的影响,尽可能地在不破坏环境的基础上发展经济,并增强企业上下各级自觉保护环境的意识,使企业朝着共同的环境经济目标前进,这对于企业可持续发展意义重大。

五、环境绩效评价

环境绩效评价也是环境管理会计的主要内容,主要包括如何选择恰当的评价指标,如何进行科学的评价和如何运用评价结果来激励企业改进生产等内容。环境绩效评价的重点是评估企业在生产经营过程中对环境的重视程度以及对其可持续发展能力的考察,环境绩效评价的结果也可以使企业管理人员及时发现其生产管理弊端,便于企业进一步优化与完善。

环境绩效评价是指以持续方式向管理当局提供相关和可验证的信息,以确定企业环境绩效是否符合管理当局所指定标准的内部过程和管理工具,主要包括帮助了解企业环境绩效;提供有意义的环境报告;确定重要的环境影响因素;追踪环境活动和方案的相关成本和收入,揭示企业环境管理重点;为组织内不同团体和个人提供激励机制等。

有研究表明,企业环境绩效与财务绩效之间存在着一定正相关关系。企业通过遵守环境法律法规,减少了因污染环境而带来的罚款,从而减少了企业负债和环境风险;通过在决策中考虑环境影响因素,企业实行绿色经营生产模式,进行清洁生产,改进产品设计,增加产品优势,提高企业在同行业中的竞争力;通过综合考虑环境绩效,更有利于企业实现可持续发展。

(一)环境业绩评价内容

企业环境业绩评价应实行环境效益评价与经济效益评价相结合的方法。

(1)环境效益评价内容,主要包括生产废弃物的回收利用率;废水、废气、废渣的排放量;对资源的利用效率;企业对环境成本的控制;人文环境的改善和进步程度。

(2)经济绩效评价内容,主要包括对废弃物循环利用所带来的企业利润增加;对废弃物的循环利用所节约的生产成本(如管理费,排污费等);因环境治理所减免的罚款、赔偿等;因生产绿色产品,增加市场占有率所带来的经济收益;环保投资收益率的计算和评价。

(二)环境绩效评价指标

1. 环境绩效指标的分类

(1) 财务指标和非财务指标。根据环境管理会计成本信息可知,企业环境成本可以用财务指标(货币指标)和非财务指标(实物指标)来进行核算,所以对环境绩效评价也应采用财务指标和非财务指标来进行。财务指标是指以货币为单位进行的指标,非财务指标是指以货币单位以外的单位进行计量的指标。由于财务指标可以直观地反映企业经营目标的执行情况,长期以来财务指标一直是主要的绩效评价指标。不过,由于企业生产经营所消耗的能源资源不一定都可以用货币量化并以财务指标进行计量,近年来非财务指标的应用在逐渐增加。财务指标主要以计量可货币化的成本或收益,如污水处理成本,违反环境保护法律、法规而处罚的罚金等;而非财务指标则主要用于计量不可货币化的成本或收益,如企业污水排放量、废气排放浓度、采用清洁技术数量等。

(2) 内部指标和外部指标。内部指标是指评价企业在生产经营过程中因生产经营行为而产生的成本或收益,如资源、能源的消耗量,污染治理成本等。而外部指标则主要是评价向外部信息使用者提供相应数据报告的次数或获得的满意程度等,如向银行等金融机构贷款时所提供的企业生产经营情况的报告所获得的满意程度(是否贷款)等。企业应兼顾内部指标和外部指标,不能仅仅考虑内部生产成本的降低与经营收入的增加,还应考虑外部各利益相关者对企业生产经营情况的满意程度,这样才能有利于管理者作出正确决策,有利于企业可持续发展。

(3) 过程指标和结果指标。过程指标通常是评价企业生产经营过程中的成本或收益的指标,目的是使生产经营者在生产经营中及时了解到存在的问题,以便快速进行纠偏,防止错误的继续发生而影响后续的生产活动。过程指标通常采用实物计量方法,如对将要排放的污水含量超标的生产废水进行清洁处理,避免因排放之后污染环境而造成违反法律法规和罚款的后果。结果指标反映的是企业生产经营活动的结果,可以用货币计量也可以用实物计量。由于结果指标是事后指标,因此结果指标的作用是为了使经营者明确企业生产经营行为带来的不良影响,以便企业可以对其已造成后果进行纠正。例如,企业因向大气中排放了浓度超标的生产废气,违反了相应环保法律法规而造成了罚款后果,这一后果使企业生产者明确了自身违法行为,警惕其以后不要再作出类似的不良行为。

2. 环境绩效指标的选择

环境绩效指标的类型多种多样,其所计量的内容和方式也有不同,因此在选择环境绩效指标进行评价时主要应考虑以下几个方面:

(1) 相关法律法规的要求。企业选择环境绩效指标进行评价的目的是衡量企业环境保护以及资源使用情况,而企业生产经营情况通常也会受到外部法律、法规的要求和限制。因此企业所选择的绩效指标应符合相关法律、法规的要求,以遵守法律、法规为第一原则,以罚款情况、违法次数等为主要内容选择合适的指标进行评价。

(2) 企业设定的环境目标。企业想要实现可持续发展,就应当将环境因素纳入其生产经营决策中进行综合考虑,即企业应设立环境目标。环境目标主要是控制企业对环境的破坏程度以及提高资源使用效率,因此应根据资源能源的消耗,污染物的排放,对环境保护的贡献等,选择合适的指标进行评价。

(3) 企业所处行业和其所经营业务的特点。不同的行业,其环境评价的指标是不相同的,对其环境评价衡量的指标也是不相同的。企业明确所处的行业及其经营业务的特点才能相应地选择适合的环境评价指标。该指标所评价的内容应当是企业所处的行业所共同具备的或是能反映企业自身生产经营特点的。

(4) 企业组织结构特点。根据不同的责任分工、不同的部门、上下级等因素,企业所选择的环境评价指标也应有所不同,如企业为高级管理当局所指定的绩效评价指标与为经营单位所制定的绩效评价指标就应划分不同的标准。此外,企业应把战略性环境绩效指标沿着组织结构等级自上而下,层层分解,落实到人。对于绩效指标的评价结果,也应自下而上地层层汇总,不同职能部门的评价指标应相互补充,综合反映企业生产经营目标与环境。

(5) 企业所获得环境信息的及时性与可比性。企业根据所收集到的不同的环境成本信息应选择不同的绩效评价指标。及时性是指这些指标的选择应以收集到的信息的快慢程度来进行衡量,如在生产经营活动过程中能及时收集并需作出快速反馈的信息就可以选择过程指标进行评价等。可比性是指所选择的指标应简明扼要,便于理解,只要选择的指标可以综合反映企业的生产经营情况即可,不宜太复杂也不要太简单,且所选指标之间应相互可比,计算基础必须前后一致。

第二节 知识资本管理会计

一、知识资本管理会计的出现

20世纪90年代以来,以知识和创新为动力的新经济形态俨然成形,出现知识经济(knowledge-based economy),知识和技术在经济发展过程中的作用越来越显著,并逐渐取代土地和财务资源成为第一生产要素,知识资本(intellectual capital)或智力资本取代财务资本成为经济发展的最主要资本。在知识经济环境下,知识管理与知识资本的运营已经成为企业新型的经营管理模式。在此背景下,使注重财务资本的会计学科面临着严峻的冲击和挑战,从而迎来了知识资本管理会计(intellectual capital management accounting)的新时代。

经过几十年的研究积累,目前学术界已经将研究重点从人力资源管理会计转向知识资本管理会计。从学术渊源看,知识资本管理会计是人力资源管理会计的自然升华(胡玉明,2008)。

知识资本概念最早由美国加尔布雷斯于20世纪80年代末首先提出的。在知识资本概念提出之前,作为其先导的人力资本概念以及与此概念相联系的人力资本管理会计,已经经历了将近30年的历史。

人力资源管理会计是在美国20世纪60年代出现的一个会计分支。美国会计学家弗兰霍尔茨在《人力资源会计》一书中,将人力资源管理会计产生和发展的历史过程分为五个阶段:人力资源管理会计基本概念的产生阶段(1960—1966年)、人力资源成本和价值计量模型的学术研究阶段(1966—1971年)、人力资源管理会计的迅速发展阶段(1971—

1976年)、人力资源管理会计的停滞发展阶段(1976—1980年)、人力资源管理会计的广泛应用发展阶段(1980年以后)。特别是自1980年后,会计界又陆续发表了许多有关人力资源管理会计的论文。同时,应用人力资源管理会计的企业也增加了。此间,有以下几个因素促使人力资源管理会计的研究开始复苏。一是美国政府要求研究增加劳动生产率的手段。人力资源管理会计研究的潜在贡献,使人力资源管理会计对该研究起到了积极的影响,进而得到了有力的推动。二是国际市场上日本企业与美国企业的激烈竞争,促使美国企业非常关心如何提高企业职工的劳动生产率。通过对比研究,美国企业发现,在传统上,日本钢铁和松下等日本大型企业视职工为"资产",采用终生雇佣制;而美国钢铁和通用汽车等大型企业则经常临时解雇工人,视职工为"费用"。由于日本企业重视人力资源管理,因而企业职工具有较高的工作热情,对企业更为忠诚。美国企业进而认识到,人力资源管理会计是提高职工劳动生产率的一个重要工具。

20世纪80年代以来,随着知识资本概念的提出,人们开始对人力资源这个概念提出了反思,认为人力资本的质量是靠知识积累来提高的,取决于人所掌握的知识水平,归根到底,掌握知识的人成为决定经济增长的首要因素。这样经济学家从对人力资本的考察逐步转移到知识资本的关注上。知识资本管理会计作为这种新的会计理论与方法体系,就是在这种背景下产生的。余绪缨指出,与知识经济的深入发展相联系的知识(智力)资本管理会计将成为管理会计发展的新领域,其形成和发展显得尤为迫切和重要。知识经济和知识管理呼唤着知识资本管理会计,知识资本管理会计的时代正悄然走来。

但从知识资本的第一次提出到现在,仅有20多年的时间。20多年来,会计学界和实务界对知识资本管理会计进行了初步尝试和研究,取得了一定成果,但从总体上看,知识资本管理会计在国内外尚处于起步阶段,有待进一步探索和研究。

二、知识资本的概念、构成及计量

目前国内外学术界对知识资本的概念、分类、构成以及计量均存在着分歧,尚未形成统一的认识。

1. 知识资本的概念

加尔布雷斯认为,知识资本是一种知识性的活动,是一种动态的资本,而不是固定的资本形式。加尔布雷斯第一次提出了知识资本概念,但他对知识资本的阐述并不具备定义的基本要素,不构成一种定义。

Thomas(1991)在其论文《知识资本:如何成为美国最有价值的资产》中提出了知识资本的概念,并于1994年进一步论证了知识资本是企业组织和国家最有价值的资产。Edwinsson和Sullivan(1996)认为,知识资本是企业市场价值与账面价值之间的差额,是知识企业物质资本与非物质资本的合成。Karl(1997)认为,知识资本是企业一种以相对无限的知识为基础的无形资产,是企业的核心竞争力。而Dzinkowski等(2000)将知识资本定义为企业所拥有的知识基础的权益,它可以是知识转化过程的最终结果,也可以是转化为知识产权的知识本身和企业的智力资产。

我国学者也对知识资本的概念做出了界定。唐韬智和王荣党(2002)认为,知识资本是能够为企业创造价值的各种知识的总和,具体表现为企业获取超额收益能力的知识,它与无形资产相比具有不同特性,知识资本具有三大特征,即整合型、增值性和媒介性;在实践中企业应根据具体情况和需要来确定、评估知识资本；贾银芳等（2004）认为，知识资本是组织系统所拥有或者控制的，能给组织带来经济效益的知识资源，它包括给组织带来效益的手段和方法，同时也包括掌握和运用这些手段和方法的人。

知识资本是社会经济发展到一定阶段的产物。从企业角度来看，知识资本就是企业拥有或控制的、以知识为基础的、它能给企业带来价值增值的知识和技能。知识资本概念是对传统资本概念的有效扩充，是人类发展到一定阶段对企业资本认识的深化。知识资本的提出，并不是企业新增了一种资本来源，知识资本从来都是客观存在的，只不过在不同经济形态下，由于财务资源和人力资源的重要性不同，导致在二者的博弈过程中，财务资源长期处于优势地位，从而忽略了知识资本的存在以及其对价值创造和价值增值的决定性作用。而知识资本的提出，强调的是企业所实现的收益实质上是财务资本和知识资本共同发挥作用的结果。

2. 知识资本的构成

Edvinsson 和 Sullivan（1996）提出"H-S"结构，认为企业知识资本是人力资本（Human Capital）和结构性资本（Structure Capital）的耦合。人力资本代表了企业员工的个人能力，其知识和技能以潜在的、未编码的形式存在，知识资本的人力资本部分依附于个人，个人拥有未编码知识的所有权，当转化为编码知识时，个人就失去所有权，而成为企业的资产；结构性资本则是企业领导能力、企业文化和社会认可程度等因素的综合。知识资本用公式可表示为：知识资本＝人力资本（未编码的知识）＋结构性资本（已编码知识资本和经营性资产）。Raul（1996）在类似的"H-S"结构中，认为结构性资本包括顾客资本、创新和开发资本以及流程资本。

Thomas（1997）从知识能力的角度，提出知识资本是"每个人能为公司带来竞争优势的一切知识及能力的总和，是使一个企业、组织和国家富有的最有价值的资产"，提出了知识资本的"H-S-C"结构，即"人力资本—结构资本—客户资本"，人力资本是指企业员工所具有的各种技能，他们是企业知识资本的重要基础；结构资本是指企业的组织结构、制度规范和组织文化等；客户资本则主要指顾客忠诚度、供应商、企业信誉等方面，三种资本相互作用，共同推动知识资本的增值。Nick（1998）则在 Thomas（1997）的基础上提出，人力资本是企业员工所具有的各种技能和知识，以隐含方式存在，没有而且难以被编码；结构性资本是指企业的组织结构、制度规范和组织文化等；顾客资本主要是市场营销渠道、顾客忠诚、企业信誉等经营性资产。

Karl（1997）认为知识资本是企业的一种以相对无限的知识为基础的无形资产，是企业的核心竞争能力，他将知识资本划分为雇员能力（Employee Capital）、内部结构（Inter Structure）和外部结构（Extra Structure）三部分，即提出"E-I-E"结构，实际上是将结构性资本区分为内部结构资本和外部结构资本，内部结构资本的作用是为雇员知识和技能在组织内的传递提供支持，外部结构资本的作用是保证企业知识资本的增殖。

Subramaniam 和 Youndt（2005）[1]将知识资本看作是所有知识企业利用竞争优势的总和，并且应该从多维度去衡量。他们将智力资本分为人力资本、组织资本和社会资本三

---

[1] M. Subramaniam, M. A. Youndt. The influence of intellectual capital on the types of innovative capabilities[J]. Academy of management Journal, 2005, 48(3): 450-463.

要素构成,即"H-O-S"结构,其中人力资本是指个人所拥有和利用知识、技能和能力,而组织资本则是通过数据库、专利、手册、结构、系统和过程表现出的制度化的知识和系统化的经验,社会资本是从个体和交互关系网络中获取的可利用的知识。

也有学者提出"M-H-I-I"的知识资本结构,由市场资本(Market Assets)、人才资本(Human-Centered Assets)、知识产权(Intellectual Property Assets)和基础结构资本(Infrastructure Assets)构成。市场资本是企业所拥有的、与市场无关的无形资产潜力,包括品牌、顾客和他们的信赖、长期顾客、备用存货、销售渠道、专利专营合同协议等。人才资本是体现在员工身上的才能,包括群体技能、创造力、解决问题的能力、领导能力、企业管理技能等。知识产权资本包括技能、商业秘密、版权、专利和各种设计专利权以及贸易和服务的商标。基础结构资本是使企业能得以运行的技术、工作方式和程序,包括企业文化、评估风险的方式、管理销售队伍的方法、财务结构、市场或顾客数据库等。Malone(1997)则认为,知识资本可分为财务、顾客、流程、更新与发展、人力资源等五个部分。

3. 知识资本的评估

由于对知识资本的界定不一致,其评估方法亦有所区别。企业应根据具体情形和需要采用适当的评估方法,在此基础上才能进行准确的会计计量。

(1) 市场价值与账面价值差额法。Karl(1997)、Edwinsson 和 Sullivan(1996)对知识资本计量进行了初步研究。他们认为,知识资本计量的可行方法是用企业公允价值减去企业账面价值,所得余额就是企业知识资本总额。这种方法很简单,但企业账面价值是有形资产、无形资产和金融资产的账面价值。这个账面价值可能本身就包含属于知识资本属性的无形资产。同时,企业市场价值的确定具有较强的主观性。由于这些原因,用这个公式计量知识资本显得有点困难。

(2) 结构法。这种方法的前提是明确知识资本的构成。由于项目的划分不同,有不同的表现形式。Thomas(1997)将知识资本分为人力资本、结构性资本和顾客资本,并分别进行计量和加总。安妮·布鲁金(1997)将知识资本分为四类,即市场资本、人才资本、知识产权和基础结构资本,分别进行计量、汇总。Malone(1997)将知识资本分成财务、顾客、流程、更新与发展、人力五个项目,在每个方面分别找了100多项指标,通过这些指标来表示知识资本的贡献与运用状况。

(3) Tobin 比较法。利用重置成本与市场价值的比值来衡量企业知识资本,即重置成本/市场价值。如果重置成本低于市场价值,那企业就获得了超额利润或者高于一般水平的投资回报,而知识资本正是企业获得超额利润的源泉,进而企业可根据情况和需要,用重置成本/市场价值来衡量企业获得超额利润的能力。该方法与第一种方法一样,可用于同行业企业之间或不同行业间知识资本的比较,而且亦受外部因素较大影响故须与其他财务指标结合使用。

(4) 推算法。由于所采用指标或思路不一致而有不同的推算方法,但其基本原理相同。如 BaruchLev 创建的方法分为以下步骤:首先,明确公司标准年份的预期总收益,这些收益是由公司中有形资产、金融资产和知识资产共同创造的;其次,将有形资产和金融资产分别乘以预期收益率,计算出其收益额;最后,将预期总收益减去有形资产与金融资产的预期收益,即为知识资产收益,再用之除以知识资产的预期收益率,就可得出知识资本数额。该方法将知识资本视为无形资产,它是建立在"企业价值=有形资产+金融资产

＋无形资产(知识资产)"的基础之上。该方法只能确定企业整体知识资本,没有对知识资本的具体项目加以区分和评估,不利于企业掌握知识资本运营情况,对知识资本的管理和开发意义不大。而"结构法"有助于弥补上述评估方法的缺陷。

三、知识资本管理会计的基本内容

知识资本管理会计的出现,将长期被传统会计学科忽略的知识资本纳入会计反映和监督的范围,使会计学科第一次实现了对企业资本的全面反映和监督,科学地解决了知识资本出资者在企业的地位问题,是对传统会计学科缺陷的纠正和弥补。然而,知识资本管理会计在国内外都是新生事物,其理论体系的构建依赖于知识资本基本理论的解决,如知识资本概念的界定、构成及计量问题。概念决定了知识资本的本质属性和内涵,也决定了知识资本的外延。只有明确了知识资本的概念,才能确定其内涵和外延,才能进一步明确知识资本的构成,也才能确定知识资本的计量以及激励问题。因此,未来知识资本管理会计研究要以知识资本基本理论研究为基础和出发点,进一步研究知识资本的企业价值创造过程以及其管理问题。

1. 知识资本基本理论

从研究现状看,目前学术界对知识资本的内涵、构成、计量、管理等方面的研究成果尚缺乏共识,不同学者基于自身知识和理解,分别构建了不同的知识资本管理会计理论框架,不仅各理论框架之间存在差异,即使是同一理论框架内,各部分也是相互孤立,前后联系不紧密,使知识资本管理会计缺乏科学性、逻辑性和严密性。之所以会出现这样的差异,归根到底是知识资本相关理论基础尚未形成统一共识。因此,未来应进一步研究知识资本的概念、内涵、外延、构成以及其计量问题,为知识资本管理会计提供坚实的理论基础和可行的研究框架。

2. 知识资本的价值创造机理研究

从价值创造的角度,真正创造价值的从来就是人(人力资源),是人所掌握的知识和技能。物的因素始终是以劳动工具(或手段)或劳动对象的形式出现,它们是不会自动增值的,是人通过使用劳动工具或手段,作用于劳动对象的物,在劳动中创造了价值。人的劳动创造价值,归根到底是人通过所掌握的知识和技能创造了价值增值,而财务资源在企业价值创造和增值过程中发挥着工具和手段作用,它与知识资本一样不可或缺。只有二者有机结合才能创造价值,因此,探讨知识资本与财务资本的合作机制以及实现途径,特别是各种知识资本如何与财务资本结合来实现其价值增值,是知识资本管理会计研究的一个重要课题。

3. 知识资本参与剩余收益分配研究

在明确了知识资本在价值创造和价值增值中的作用后,需要进一步研究的一个关键问题是,如何通过在知识资本和财务资本之间合理分配剩余收益,才能更好地激励知识资本以提高经济效益。如果不能合理分配剩余收益,就会抑制财务资本或知识资本的投入或作用发挥,最终会影响企业经济绩效。正如前文所述,知识资本对企业经济效益的实现和提高起着决定性作用,虽然社会上也出现了资本追逐资本、资本与劳动合作,甚至资本受雇于劳动的新型关系,但受制于传统的"资本雇佣劳动"思想和制度的影响,如何激励知识资本以充分发挥其在企业价值创造中的作用,是知识资本管理会计一个更为核心的问题。

第三节 行为管理会计

行为管理会计是行为科学与管理会计相融合的一个管理会计分支,是以行为科学理论为基础,将其应用于现代会计系统之中。

一、行为会计的产生与发展

20世纪20年代初,随着美国社会经济结构、管理思想的变革,作为企业经营管理不可缺少的工具,会计也必然要作出相应的变革。例如,在当时以泰罗为代表的科学管理理论学派,提出了"管理上的会计"这个概念,比较广泛地将管理上的标准成本和预算制度运用于会计。随后美国通用汽车公司对企业管理进行了改革,如例外管理原则、劳动定额管理和计件工资制度等科学管理原则和方法的出现。管理思想发生了变革,由对物的管理转向对人的管理,人是生产效率提高的第一要素,因而会计管理也从对生产经营过程、钱物的管理,转移到对人的管理。制订计划和预算时,不仅要考虑设备能力、市场需求,还要充分考虑职工的生产积极性。例如,美国早期会计学家登特就提出了预算可能对工人的态度与业绩产生影响的有关问题。行为科学的原理与方法逐渐向会计领域渗透,西方会计学家开始把行为科学引入会计学,利用行为科学的原理并结合会计学的特点,创立一门新的会计学科——行为会计,行为会计是指在会计技术方法基础上,利用行为科学和数学相关理论与方法,研究会计信息生产、传递和使用过程中的各当事人的行为。

行为会计源于美国,从其产生并发展至今,粗略地可划分为三个阶段:行为会计的萌芽时期(主要研究预算对人的影响);行为会计的觉醒时期(20世纪60年代,表现为研究人数增多,研究课题丰富,但没有形成较为完整的理论体系,概念不规范,内容不统一,纷繁杂乱,尚待进一步系统研究);行为会计的发展时期(20世纪70年代以后,行为会计相关刊物增多,研究内容从局部发展到整体且逐步形成了较为成熟的学科理论体系,并为美国会计教育界所接受,使之步入美国大学课堂)。1981年,美国会计学会"会计、行为与组织兴趣小组"的成立和1989年美国《行为会计研究》年刊的创刊,标志着行为会计的研究逐步成熟。

二、行为会计实质与特征

20世纪80年代,赛伊格尔在其《行为会计学》中将行为会计界定为:从性质上看,行为会计就像其母体学科——会计学那样的应用性和实践性学科,它利用其另一母体——行为科学,解释和预测人类行为和研究成果,并进一步指出,行为会计是会计的第三大主要分支,是关于人类行为与会计系统的学科,它既包括财务会计又包括管理会计。赛伊格尔是立足于会计是一个信息处理系统这一角度,结合行为科学进行定义。我国虽然对行为会计研究较晚,但由于受传统的研究思维定势的影响,一开始就对研究客体进行界定。例如,有的会计学者认为,行为会计是以人类学、社会学、心理学的一些原理、原则,反映会计制度和会计报表对企业组织和人的行为影响为内容的一种专项会计。

上述各种定义都突出了一点,即行为会计是行为科学在会计领域中的应用,其涉及面较宽，既研究会计行为（包括管理会计行为和财务会计行为），也研究与会计行为有关的行为，以及这些行为对会计行为产生的影响。再从目前西方出版的行为会计的教科书和专著的内容看，其研究内容并不是具体的会计程序和方法，而是会计人及其行为。我们可将行为会计理解为：行为会计是行为科学与会计学有机结合而形成的一门交叉性、边缘性学科，它集行为科学与会计学的相关知识于一体，系统地研究会计行为主体如何开展会计行为，才能客观公正地反映企业受托责任，满足会计信息使用者的决策需要；研究会计信息对其使用者有何影响以及影响程度，研究会计信息使用者的行为又是如何反过来影响会计行为等等内容。行为会计的特征可概括为以下几点：

（1）行为会计是行为科学在会计学中的应用。没有行为科学的产生与发展，就不可能产生内容丰富的行为会计，因而行为会计学表现出较强的学科交叉性。同时其内容又突破了财务会计与管理会计的边界，介于行为科学、财务会计和管理会计之间，因而又具有一定的边缘性。

（2）行为会计研究内容涉及面广、跨度大。既研究会计行为，也研究会计信息使用者因受会计信息影响可能产生的行为，以及这种行为对会计行为本身可能产生的影响，使会计行为不断得到调整矫正以达到优化。

（3）行为会计研究会计行为以及与会计行为有关的各种行为。例如，股东、债权人、企业管理当局等人的行为，但最主要的还是研究会计行为。如果不将焦点集中于会计行为，则就不称其为行为会计，体现不出会计这母体的特征，因为"会计实质上，就是一个行为过程"。行为会计既包括管理会计又包括财务会计。研究管理会计行为意在帮助企业管理当局提高管理水平，实现其利益目标。企业财务会计所提供的会计信息，对投资者、债权人的决策具有很大的影响，因而研究财务会计行为也有重大意义。

（4）行为会计研究的客体，不再是会计"物"（即会计程序和方法），而是"会计人"以及其他利益相关者，但重点是研究"会计人"。也就是研究"会计人"在企业中的角色、地位、作用，研究他们的行为动因以及行为规则等，分析"会计人"怎样开展会计行为才能调动企业中其他人的士气和积极性，有利于企业目标的顺利实现。

三、行为管理会计——行为会计的基本职能之一

自从 20 世纪 70 年代以来，西方学者将代理理论、信息经济学、组织行为学等相关学科引入管理会计，使管理会计发展成为一门综合性交叉学科。尤其是 20 世纪 60 年代管理会计引进"行为科学"以来，行为管理会计得到十分迅速的发展，已逐步成为一个重要的、具有广阔发展前景的专门领域。

管理会计可以看作是组织成员行为调节系统，Anthony Hopwood 教授认为，任何会计程序（原则和方法）的有效性归根到底取决于它们如何影响企业成员的行为。余绪缨教授认为，指标数字的分析只能提供初步的线索，作为深入分析的入门向导，要真正说明问题、分析问题、解决问题，还必须把指标数字的分析和通过调查研究所掌握的经营活动中的"活情况"紧密地结合起来。"活情况"也是企业成员的行为。企业成员的行为有两类：一是个体性行为，二是互动行为特别是上下级之间的互动行为。笔者将余教授这段话概括为：行为创造数据，数据表达行为。在人工智能条件下，数据也驱动行为。数据与行为是一个问题的两个方面。管理会计作为组织成员行为调节系统，就是通过改变管理会计

信息的种类、内容、水平、权重、与奖惩资源连接的方式等,来引导组织成员的个体行为以及个体之间的互动行为,趋向于实现战略和经营目标,创造组织价值。决策支持系统、管理控制系统和行为调节系统三者既相互独立,又相互交织。

行为管理会计是行为科学与管理会计相融合的一个管理会计分支。行为科学是行为管理会计的理论基础,而行为管理会计作为行为会计的两大基本职能之一,对行为进行监督规范、预测分析、控制指导、参与决策,实现会计的管理职能,以内部管理为目标。

四、管理会计的行为面

行为管理会计理论的主体部分主要包括决策理论、预算理论、绩效评价与激励理论,它们在指导管理活动的实践中发挥着不同的作用。

(一) 决策在行为管理会计中的应用

决策是管理会计理论中不可或缺的一个重要部分,其中包括投资决策、定价决策、经营决策、生产决策等。

1. 基于长期投资决策的行为

由于企业各部门经理常常要为了公司有限的资金而展开竞争,为了获得资金,这些部门经理便会提供各种虚假信息,为了使虚假信息不被发现,随之而来的就是各种各样的欺诈行为,如故意高估项目的现金流入量而低估现金流出量,尤其是在预测到前期阶段项目的净现金流量较大而后期较小时,经理们会更愿意采取这种欺诈行为;还有其他的一些欺诈行为,如企业规定当投资项目的资本支出超过一定额度时,部门经理需要获得上级批准,要想获得批准,必须有相关的证据,而有些部门为了应付这样的政策,就在购买物件时采取分批购买的策略,这样就使得每一批的支出都在公司规定额度之内。

当然,也有关于投资决策行为新理论的提出。例如,"数目启发"效应也会对管理层的投资决策行为产生影响。研究发现,当企业使用数量和概率信息进行决策时,表面数目大小对决策者有着重要影响,其会导致决策者偏离理性分析及形成决策误差;同时,在对确定性收益项目和不确定性收益项目进行抉择的任务中,当确定性收益项目使用大数目(即小计量单位)表述时,相比同样的项目使用小数目(即大计量单位)表述,决策者更有可能选择该项目。所以,为避免"数目启发式"对管理会计中投资决策行为及会计信息使用的影响,可以采用以下两项进行措施改进:①加快管理信息系统的完善和普及,采用标准软件对管理会计信息进行分析、加工并决策,减少人脑在处理信息过程中的非理性影响;②对管理会计信息呈报中可予以标准化的部分,如呈报格式等在一定程度上予以标准化,在给出不同形式下数量信息时,提供数量换算公式等作为参考。

2. 基于经营决策的行为

对于经营决策,企业普遍以追求利润为目标。企业可能过于执着于追求利润,致使自身失去对其能力及周边环境的准确判断,或选择进入自己不善经营的领域,或忽略企业可能面临的风险,最终结果往往是与利润擦肩而过,有些甚至因此陷入低谷。在我国,这样盲目追求利润的企业普遍存在。

该行为中有很多重要的行为学问题:第一,用固定成本取代变动成本,管理者为了提高边际贡献额,就会倾向于用固定成本取代变动成本。例如,引进一项新设备可以取代一部分人工劳动,这样,企业的总成本会因为新设备的引进而增加,但是变动成本却减少了,与此同时,管理者必须完善固定成本的管理办法,避免类似的机会主义行为的产生。第二,无法准确识别相关成本,在成本分析中,很多管理者,尤其是那些未经培训的管理者,很可能无法准确识别相关成本,因此,就会导致所作出的决策包含不相干的沉没成本。

（二）预算在行为管理会计中的应用

预算对员工的行为有着重要影响,它常常被用来判断员工和管理者的业绩,职位晋升、增加工资等建立在预算的基础上,但并不是任何情况下预算的影响都是积极的。只有当管理者个人的目标与公司总体目标保持一致时,即目标协调,管理者才会有动力去实现这些目标,但如果预算管理不当,就可能会带来消极的影响,其最终结果就是无法完成公司的目标。为了使预算体系能够最大程度的带来积极影响和规避消极影响,就应该建立合理的预算体系:首先,预算部门的员工必须本着公平公正的原则来进行预算,用正直诚实的态度来对待每一项预算,与其他部门进行良好的沟通;其次,预算编制在一定程度上需要高层管理者的参与,但是高层管理者又不能过分参与,必须根据企业的情况合理把握参与度;再次,制订现实的评估标准,预算目标常常用来评估部门的业绩,因此需要在考虑季节性变动和弹性预算等因素的基础上,反映生产经营的实际情况;最后,采取多重业绩评估指标,很多企业都将预算作为评估业绩的唯一指标,这是不科学的,指标的单一性会诱发"目光短浅"等逆向选择行为,为了避免这种行为,就要采取多重业绩评估指标,将个人发展、生产率、质量等长期性指标也纳入评估体系。显然,一个企业应该制定什么样的预算制度,如何使预算制度最优化,受到多重因素的影响,而预算制度一旦确定,就会对组织中的个体和群体行为产生影响,如果确定的预算制度充分考虑上述因素,会使整个组织的运行更加有效率,反之,则会降低组织的运行效率,甚至使组织完全陷入瘫痪。

（三）绩效评价与激励在行为管理会计中的应用

绩效评价与激励在行为管理会计中的应用关注人的行为方式,是绩效评价与激励的核心内容,所以,将绩效评价与激励应用到行为管理会计中,很多问题处理起来就会得心应手。

(1) 责任会计制度的实施会对组织人员的行为产生影响,这种影响可能是积极的也可能是消极的,即有时会提高员工的效率,有时则会引起员工的不满,因此,在制定责任会计制度时需要考虑一些原则:①信息协调的导向原则。一方面,责任会计制度实施会给管理者提供足够的信息,一个科学有效的责任会计制度,会给管理者提供明确的信息,使其充分了解组织中的每个人、每个部门的绩效是处于何种状态;另一方面,管理者在实施责任会计制度时,也要使组织内人员掌握这样一种信息,即责任会计制度不是惩罚员工的工具,而是提升员工效率的工具,这样,员工才会愿意配合公司的制度和政策。②目标一致的导向原则。在责任会计制度下,每一个单位的单位目标应该与组织的整体目标一致,单位内每个员工的目标应该与单位目标一致,这样才能在提升部门目标时不至于忽略组织的整体目标。③成本可控的导向原则。公司对于部门主管的考核,应该以可控成本为依据,因此,需要在考虑哪些成本的发生是部门主管所掌握的,并在时间因素的基础上,明确地区分可控成本与不可控成本。

(2) 标准成本制度中存在各种行为差异,可以根据不同差异对其进行分析,如对工资率差异和直接人工效率差异进行责任控制,通过对直接材料价格差异的行为解释来更好地评估采购部门的业绩,通过对直接材料用量差异的行为解释来更好地评估生产部门的业绩,以及通过行为差异的分析降低以后发生差异的概率。

(3)标准成本制度对员工行为产生了重要影响,它为业绩评价提供了准则与依据,在发挥其影响的同时需要注意几个因素:在使用标准成本制度时应该通过恰当的激励和压力来影响员工的行为,要关注管理者与员工们的态度,他们的态度对这一制度的实施有着关键作用,如果管理者和员工对这项制度感到厌恶,他们就会采取防范性措施,态度懒散、无故旷工等消极行为都会出现,这显然不利于制度的实施和组织效率的提高,而如果管理者和员工喜欢这一制度,就会采取完全不同的积极行为,富有创造性,积极提高生产效率等。

(四)管理会计中存在非理性行为

存在非理性行为的管理者在制定公司投资经营决策、融资决策和盈余预测等重要决策时存在行为偏差。

(1)如管理者的个人特质或心理因素会对企业的创新投入、风险水平产生影响。研究发现,越自恋的高层就越会偏向风险高的投资,也会进行越多的创新投入,管理者在经营管理中所表现出的自恋行为特质对企业的研发投入呈现显著正向影响。表现出高度自恋的管理者更有可能进行盈余管理行为,以补偿其绩效。但管理层自恋所导致的非理性行为也会直接影响财务决策,给企业管理带来负面影响。自恋型领导与其自身的越轨行为积极正相关,自恋的领导会有较高的心理头衔意识,所以他们可能会更理所当然地进行不道德的行为。而考虑到收益值方面,管理层自恋程度越高的公司,其实际收益管理行为受到的监管影响越大。研究表明,管理层会不道德地操纵收益以满足三个主要的收益值:前一年的报告收益、零收益和分析师的预测。所以当管理者们存在非理性行为时,他们就很可能利用异常生产成本法作为增加报告收益的潜在机制。

(2)管理者过度自信也是一种非理性行为,管理者的过度自信会导致所在企业的现金持有水平更高,现金持有价值更高。在调整企业现金持有时,调整速度存在非对称性,向上调整的速度明显快于向下调整的速度。另外,过度自信的管理层在执掌企业国际化进程决策中也会更偏爱范围更广、速度更快以及国际化节奏呈无规律性的国际化进程,并可能会采取比较激进的措施。

因此,企业可以通过不断加强管理人员的培训和考核,建立健全公司的决策机制,减少决策中非理性行为的发生;另外,企业应做好内部控制工作建立和健全内部控制体系,对于不合理之处及时修正和完善,真正确保企业内部控制系统有效,尤其是财务决策方面的内部控制。

第四节 社会责任管理会计

一、企业社会责任的演化

当前企业社会责任问题受到国内外学术界高度关注。然而,企业是否应该承担社会责任,其争论由来已久。Friedman(1970)认为,今天大多数经理人是职业经理人,即他们并不拥有自己经营的企业,他们只是企业的员工,对股东负责。因此他们的主要责任就是按股东的利益经营企业。① 当经理人将企业的资源用于"社会产品"时,他们是在削弱市场机制的基础。因此,Friedman 认为,企业无须承担社会责任,企业即使有社会责任的话,也只有经济责任,企业只需为其股东赚取足够多的利润,就是对社会最大的贡献。

20 世纪中后期以后,这种局面发生了变化,西方企业普遍不再对其社会责任报冷漠态度,企业积极从事社会责任活动也不再是个别现象,而是企业拥有远大抱负的象征。到了 20 世纪 80 年代,有企业甚至开始实施大范围的社会行动,涌现出了一批积极承担社会责任的令人尊重的企业。在理论上,在批判股东利益最大化模式基础上,国外对企业社会责任的研究逐步演进为利益相关者框架。利益相关者理论主张企业不应只关注股东的利益,还应关注员工、顾客、环境、社区等利益相关者的利益,Clarkson(1995)认为,企业社会责任就是企业对其利益相关者应当承担的责任。② Elkington(1998)③提出了"三重底线"的概念,从而将企业社会责任具体化,其含义是企业为了实现可持续发展,除了经济利益外,还必须将"社会的适应性"和"环境的适应性"作为其经营活动的组成部分并反映在企业的战略中。Carrol(1999)提出了企业社会责任的层次模型,即企业社会责任是一个包括经济责任、法律责任、伦理责任与自由决定的责任,并指出这四大责任不能等量齐观,呈现"金字塔"层次的结构体系。④ 利益相关者理论的引入,为企业社会责任提供了理论基础,把企业社会责任的研究层面从宏观转移到了微观,为揭示企业承担社会责任的机理提供了可能。但这也产生了一个问题:是否企业的社会责任就是满足利益相关者的要求呢?也就是说,满足利益相关者的利益要求是否就是企业应该承担的最终社会责任呢?回答是否定的,斯提芬·P.罗宾斯(1997)给出了一个企业社会责任扩展的四阶段模型(图 9.1),可以看出,企业社会责任不断扩大,企业社会责任的终极目标是对社会整体负责,以提高社会公众利益、促进社会公平、保护环境、支持社会活动和文化活动等为己任。

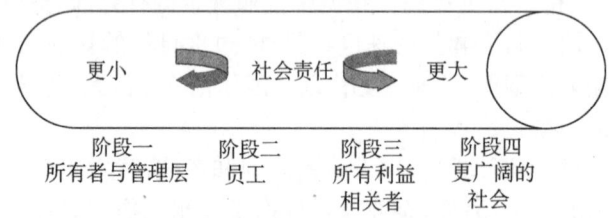

图 9.1　企业社会责任扩展的四阶段模型

---

① Friedman M. The social responsibility of business is to increase its profits[J]. New York Times Magazine,1970(13):32-33.

② Clarkson M B E. A stakeholder framework for analyzing and evaluating corporate social performance[J]. Academy of Mnangement Review,1995,20(1):92-117.

③ Elkington J. Partnerships from Cannibals with Forks: The Triple Bottom Line of 21st-Century Business[J]. Environmental Quality Management,1998(1):37-51.

④ Carrol Archie B. Corporate social responsibility: evolution of a definition construction[J]. Business and Society,1999,38(3):268-295.

然而，利益相关者理论本身具有不确定性和不稳定性，更多地强调的是利益，限制了其进一步的发展。在世界交替之际，许多著名学者将研究目光转向企业公民领域，并形成了一系列研究成果。

借用政治学中公民权理论，Logsdon 和 Wood 等①(2002)将公民权从个人公民扩展到企业公民。依据公司权的社会观，企业不同于个人的功能实体，它有义务服务于社会利益。所以企业在社会中既有权利也有义务。企业躲避责任的后果将是其社会权力的逐步丧失，其他团体或组织就会取而代之。而且作为履行社会责任的企业公民，在不同的发展阶段其社会责任的重点和对象也应有所侧重，首先应履行法律责任和经济责任，以"经济人"身份追求股东财富最大化，满足企业股东、管理者、员工的需要；其次要履行社会责任，以"社会人"身份将合规性融入公司战略和日常经营管理中，满足具体环境中其他利益相关者的需要，如当地社区和居民的需要；最后要履行慈善责任，以"道德人"身份积极改善他人的生活，赢得他人的尊重，强调对社会整体负责。从中可以看出，企业公民包含着"企业"和"公民"双重含义，意味着企业不仅仅是"经济人"，还是一个守法、有责任感和道德感的"社会人"和"道德人"，企业应接受社会伦理的约束，遵守基本的道德准则，在保护和增加整个社会福利方面承担其应有的责任。而企业作为企业公民，应主动地承担社会责任，将社会责任整合到企业的核心战略和实践中。

可见，企业社会责任是社会经济发展到一定阶段的产物，具有客观性，它与社会经济发展阶段、企业的性质及其发展阶段紧密相关。经济发展水平越高，企业发展程度越高，企业的社会责任就越大，就越应满足社会整体需要。企业经济责任、法律责任属于较低层次的社会责任，而道德责任和慈善责任则属于高层次的社会责任，企业要根据自身的状况履行相应的社会责任。

国内学术界对企业社会责任的关注已有 10 几年的时间，近几年的研究数量急剧增加，取得了一定成绩。但多数研究是从不同的视角对西方企业社会责任问题进行了梳理和综述，以及对社会责任内涵与外延的界定上。总体来看，我国企业社会责任方面的研究质量还不够高，在理论基础、研究方法和研究深度上都与国际先进水平存在较大的差距，具体表现在：在研究中，科学合理、符合我国国情的企业社会责任框架仍未形成；在观念上，企业社会责任的道德理念尚未真正形成，责任成本仍作为企业的一项额外负担，未纳入企业的决策中；在实务上，企业没有建立起完整的社会责任报告体系，信息披露严重不足且缺乏可比性和可靠性；在企业社会责任实现上，实现机制尚不健全。因此，明确企业社会责任内容，加强企业社会责任建设，是我国企业参与国际竞争的必然选择，也是我国企业参与和谐社会建设的必由之路，对构建和谐社会、保护生态环境，促进中国经济社会可持续发展具有重要的意义。

二、企业社会责任管理会计的出现

随着企业社会责任观的确立，企业应该承担社会责任逐渐成为一种主流观点，许多企业积极履行社会责任，这也要求企业会计能对企业履行社会责任的情况进行如实地反映，

---

① Logsdon Jeanne M, Wood Donna J. Business citizenship: from domestic to global level of analysis[J]. Business Ethics Quarterly, 2002,12(2):155-187.

对企业经济活动产生的社会成本和获得的社会收益进行计量,在此背景下直接催生了企业社会责任会计的出现。

20世纪70年代后,迫于企业承担社会责任已经成为不可逆转的潮流,而且政府部门、国际组织等机构也对企业社会责任的会计披露等作出了一系列强制性规定,会计界逐步理解和接受了企业社会责任会计,在欧美国家掀起了社会责任会计研究和实践的热潮。根据相关文献,Linowes(1968)第一次提出了社会经济会计(social economic accounting)的概念,其定义的社会经济会计的实际含义和后来的社会责任会计非常类似。美国会计学家戴利在其1972年的学术论文中提出了比较完整的社会责任会计概念,并对其目标、内容、方法进行了系统描述,会计界一般公认这是社会责任会计的肇端。1981年,杰佛里S.阿潘和李H.瑞德堡在其合著的《国际会计与跨国公司》一书中,对社会责任会计的内容与各国报告形式的差别进行了详细阐述。

社会责任会计的出现对传统会计提出了严重挑战,包括会计目标、对象、计量以及报告模式等方面(李皎予,宋献中,1989)。

目标是社会责任会计行为的指南。一般认为,社会责任会计的基本目标包括三个:①确认和计量企业在一定时间内的净社会贡献,这不仅包括与企业内部有关的成本和效益,而且包括作用于不同社会部门而产生的外部成本和效益;②帮助决定企业计划和经济运行是否直接影响相关的资源,是否与共同的社会准则全面一致;③尽可能地以合理的方法获取一切社会义务、相应的企业目标、决策、执行计划,以及对社会目标贡献的信息资料。

社会责任会计报告的范围较宽,涉及企业为社会提供的成本与利益等许多方面,大致内容为:①与营业过程有关的雇员情况,如特殊职能训练、以教育为目的的直接筹资、充分就业机会尤其是少数民族和妇女的就业机会、保健计划、娱乐和闲暇计划等;②与营业过程有关的环境,如污染控制活动、美化风景和修复自然区域、与政府在减少污染过程的配合程度、在设计和建立不致于破坏生态环境的劳动条件中所花费的成本;③与营业过程有关的产品情况,如为了提高产品的安全性、减少或避免污染、研究和开发新产品的费用;④与营业过程有关的社区活动,如在经济不发达地区建立工厂和销售点,对教育、慈善机构提供资助,为社会公众开展义务咨询等。

社会责任会计是以社会观点来计量各种活动所产生的社会成本及社会利益。对于社会成本及社会利益的大小,实际上很难用货币来计量,因为活动的影响除了由于没有进入市场交易,尚有直接的、间接的、好的、坏的、短期的、长期的或其他活动的重复影响,并且社会责任会计反映的内容庞杂,这就使之运用货币来计量十分困难。对于上述难题,会计界迄今尚未圆满解决。从目前情况来看,美国企业所采用的社会责任会计方法,主要有以下几种类型:①盘存法或文字表达法,即用文字表述其所从事的许多社会活动,很少甚至没有成本或效益的分析,其为大多数企业所采用;②成本法或支出法,即揭示社会活动以及指出每一活动所耗费的货币和非货币数量;③方案管理法,即揭示社会方案,指出每一方案所花费的数额以及方案的目标是否达到;④人力资产评价法,即计量及揭示"企业人力组织的生产能力价值"和"股东的支持、银行家的好评、顾客的爱护、供应厂商的支持,以及所在社区的拥护等价值";⑤成本—效益法,此法种类较多,其中之一是"资产负债表法",即数量化对社会贡献的价值(资产),和因采取或不采取行动对社会的损益(负债),同时与传统资产负债表比较的方式列示。

目前美国企业实行的社会责任会计报告的形式,基本可分为三种:①简单形式,如叙述性的反映、附注式的反映或附加有关的账户;②中级形式,即运用一定的报表进行反映,如约翰·蒂贝尔·马林的污染报告、斯蒂芬·狄利和杰里·韦甘特的社会责任年度报告等;③高级形式,即运用类似传统财务会计报告的系统,如李·塞德尔的社会收益表、莱弗·埃斯坦斯的综合社会效益-成本模型、艾布特公司的社会审计报告等。

尽管企业社会责任会计取得了较大进步,但从会计学科的发展路径看,目前企业社会责任会计侧重解决企业社会责任的核算问题,即注重企业社会责任的确认、计量、报告问题,而相对忽略了企业社会责任管理会计方面的研究,即在如何通过对包括社会责任在内的内外部成本效益进行预测、决策、计划、控制和分析,以提高企业经济活动的社会效益方面,在某种程度上还是一片空白。

三、企业社会责任管理会计基本理论

从企业社会责任管理会计的发展方向上看,社会责任管理会计归根到底要解决的是企业可持续发展问题,是如何提高企业竞争力的问题。因此社会责任管理会计的研究应站在长远的、可持续发展的角度,对企业内外部环境进行研究,为促进企业永续发展提供支持。

在传统会计中,企业基于内部成本和内部效益观念进行经营管理,将企业作为一个封闭孤立的系统,仅从自身利益出发,追逐一己之私利,立足自身局部成本效益观念进行生产经营管理,虽然这种观点对具体企业有利,但对整个社会却不一定有益,它不利于企业承担相应的社会责任,而且容易助长不道德经营。因此,社会责任管理会计首先要求企业在观念上将企业作为一个开放系统,将自身置身于整个社会系统中,在经营时不但要考察自身的经济效益,更要考察企业经营活动对社会的影响,以"家国天下"的胸怀和视野,以系统的眼光看问题,主动承担相应社会责任,树立诚信、负责的良好形象,在为社会提供合适的产品或服务时也为企业营造了良好的发展环境。

与此同时,企业应树立全面成本收益观,将传统管理会计基于内部成本、内部效益的观点扩大到包括内外部成本和内外部效益在内的社会成本、社会效益上,以提高企业经济活动的社会效益为目的。因此在社会责任管理会计中,基于全面的社会成本、社会效益观念的广义成本、广义效益的测度,以及在此基础之上的预测决策是企业社会责任管理会计研究的一个关键和重点。与此相适应的,要求企业设计出相应的社会责任评价系统,以激励企业更好地履行社会责任,促进社会和谐发展。

然而,以上问题的解决,依赖企业社会责任基本理论的建立健全,其中首先需要明确的是企业社会责任的内涵、外延以及计量等基本问题。社会责任的内涵问题不解决,社会责任管理会计的对象就不能合理确定,会计计量就无从谈起了。对于社会责任的内涵界定,经济学和管理学仍然在探索和争论,从罗宾斯的企业社会责任扩展四阶段模型就可以看出,企业社会责任也处在不断发展变化之中,而每个阶段的社会责任内涵如何界定,仍然是一个问题。因此,目前还需注重对企业社会责任内涵及其基本理论的研究,为企业社会责任管理会计奠定扎实的理论基础。

研究内容需立足中国情境,探讨资本市场对企业社会责任披露的反应,企业社会责任

与企业财务绩效的关系(是行善赚钱还是赚钱行善?);企业社会责任履行的条件;探讨企业社会责任与企业价值的关系,明确其机理。诸如此类的问题,都是我国在构建和谐社会过程中,企业社会责任管理会计需要面对和研究的重要问题。

本 章 小 结

近30年来,学术界不断拓展管理会计理论和内涵及外延,本章在已有研究成果的基础上,简要介绍环境管理会计、知识资本管理会计、行为管理会计以及社会责任管理会计等专题管理会计内容,这些内容从不同视角拓展了管理会计的研究范围,体现了该学科旺盛的生命力和广阔的视野,有利于丰富学生知识体系。然而,以上专题研究在国内外均处于发展时期,在诸多领域尚需要我们去探索、研究和完善。

思 考 题

1. 与传统管理会计相比,环境管理会计有何特点?
2. 为什么说知识资本管理会计是人力资源管理会计的发展和延伸?
3. 如何理解社会责任管理会计的发展演化历程?是什么因素促进该学科的发展?
4. 如何理解和解释管理会计中存在非理性行为?

讨 论 题

阳宗海是云南9大高原湖泊之一,流域面积286平方公里,位于昆明市和玉溪市的交界处。除了为沿湖群众提供生活用水,阳宗海还是集工农业生产、渔业、旅游业等产业发展为一体的多功能性湖泊,多年来,阳宗海一直保持二类水质标准,因而又被称为"滇中明珠"。2008年6月,环保部门发现阳宗海水体中砷含量超过饮用水标准含量0.1倍后,立即要求停止以阳宗海作为饮用水水源地。通过调查,污染事件的罪魁祸首为云南澄江锦业工贸有限责任公司,该公司长期将含砷的生产废水在整个厂区内外环境循环,以地下渗透、地表径流方式进入阳宗海,导致阳宗海水砷的浓度自2007年9月开始上升,至2008年7月砷的浓度值超过V类水质标准,导致饮用、水产品养殖等功能丧失,周边2.6万余居民的饮用水源中断,后果特别严重。从2005年到2008年6月,该公司实现销售收入6.15亿元,利润总额超过4 000万元,上交税金1 162.8万元。但与该公司所得利润成为鲜明对比的是,国家治理阳宗海污染至少需要3年多的时间和数10亿元的金钱。

请讨论:

(1) 如果考虑环境污染和治理成本因素,该公司的投资决策以及利润状况将会发生什么变化?

(2) 如何将环境成本纳入企业决策中?

参考文献与推荐阅读

1. 温素彬.管理会计[M].2版.北京:机械工业出版社,2016.
2. 唐韬智,王荣党.知识资本及其评估初探——兼论知识资本管理会计构建[J].经济问题探索,2002(2):52-55.
3. 胡玉明.管理会计研究[M].北京:机械工业出版社,2008.
4. 王开田.行为会计学[M].上海:上海财经大学出版社,2003.
5. 李子扬,何熙琼,况熙.管理会计中的"数目捷径":关于数目启发式对投资决策影响的行为学分析[J].会计研究,2018(1):46-52.
6. 符怡.基于行为科学视角的管理会计研究——以国有企业为背景[J].财会通讯,2014(34):12-15.
7. 冯巧根.管理会计的发展及其行为特征——纪念改革开放40年[J].会计之友,2018(21):13-18.
8. 李皎予,宋献中.美国社会责任会计的广角透视[J].会计研究,1989(6):60-64.
9. 冯巧根.基于企业社会责任的管理会计框架重构[J].会计研究,2009(8):80-87,96.
10. 何玉,唐清亮,王开田.碳绩效与财务绩效[J].会计研究,2017(2):76-82,97.
11. 吉利,苏朦.企业环境成本内部化动因:合规还是利益?——来自重污染行业上市公司的经验证据[J].会计研究,2016(11):69-75,96.
12. 吴春雷,张新民.可持续发展与会计本质[J].会计研究,2017(11):38-44,96.
13. 蒋琰,茅宁.多元资本结构在中国企业的实证研究[J].中国工业经济,2007(1):78-85.
14. 安妮·布鲁金.智力资本:应用与管理[M].大连:东北财经大学出版社,2003.
15. Thomas A Steward. Brainpower: how intellectual capital is becoming America's most valuable asset[N]. Fortune, 1991-7-3.
16. Thomas A Steward. Your company's most valuable asset: intellectual capital[N]. Fortune, 1994-10-3.
17. Thomas A Steward. Intellectual capital: the new wealth of organization[M]. New York: Doubleday, 1997.
18. Edwinsson Leif, Sullivan Patrich. Developing wealth: management intellectual capital[J]. European Management Journal, 1996,14(4):358-364.
19. Karl Erik Sveiby. The new organizational wealth: manging & knowledge-based assets[M]. San Francisio: Berrett-Koehler Publication, 1997.
20. Dzinkowski Ramona. The measurement and management of intellectual capital: an introduction[J]. Management Accounting, 2000,78(2):32-36.
21. 贾银芳,刘国武,王弈军.知识资本研究[J].财会通讯,2004(22):63-67,59.
22. Nick Bontis. Intellectual Capital: An Exploratory Study that Develops Measures and Models[J]. Management Decision, 1998,36(2):56-74.
23. Raul Espejo. Requirements for effective participation in self-constructed organization[J]. European Management Journal, 1996,14(4):414-422.

24. Malone Michael S Forber. New metrics for a new age[J]. Forbes ASAP, 1997,159(7):40.
25. 沈洪涛,沈艺峰.公司社会责任思想起源与演化[M].上海:上海人民出版社,2007.
26. 斯提芬·P.罗宾斯.管理学[M].北京:中国人民大学出版社,1997.
27. Friedman M. The social responsibility of business is to increase its profits[J]. New York Times Magazine, 1970(13):32-33.
28. Clarkson M B E. A stakeholder framework for analyzing and evaluating corporate social performance[J]. Academy of Mnangement Review, 1995,20(1):92-117.
29. Carrol Archie B. Corporate social responsibility:evolution of a definition construction [J]. Business and Society, 1999,38(3):268-295.
30. Logsdon Jeanne M, Wood Donna J. Business citizenship:from domestic to global level of analysis[J]. Business Ethics Quarterly, 2002,12(2):155-187.

附录　管理会计基本指引

第一章　总　则

第一条　为促进单位(包括企业和行政事业单位,下同)加强管理会计工作,提升内部管理水平,促进经济转型升级,根据《中华人民共和国会计法》《财政部关于全面推进管理会计体系建设的指导意见》等,制定本指引。

第二条　基本指引在管理会计指引体系中起统领作用,是制定应用指引和建设案例库的基础。管理会计指引体系包括基本指引、应用指引和案例库,用以指导单位管理会计实践。

第三条　管理会计的目标是通过运用管理会计工具方法,参与单位规划、决策、控制、评价活动并为之提供有用信息,推动单位实现战略规划。

第四条　单位应用管理会计,应遵循下列原则:

(一)战略导向原则。管理会计的应用应以战略规划为导向,以持续创造价值为核心,促进单位可持续发展。

(二)融合性原则。管理会计应嵌入单位相关领域、层次、环节,以业务流程为基础,利用管理会计工具方法,将财务和业务等有机融合。

(三)适应性原则。管理会计的应用应与单位应用环境和自身特征相适应。单位自身特征包括单位性质、规模、发展阶段、管理模式、治理水平等。

(四)成本效益原则。管理会计的应用应权衡实施成本和预期效益,合理、有效地推进管理会计应用。

第五条　管理会计应用主体视管理决策主体确定,可以是单位整体,也可以是单位内部的责任中心。

第六条　单位应用管理会计,应包括应用环境、管理会计活动、工具方法、信息与报告等四要素。

第二章　应用环境

第七条　单位应用管理会计,应充分了解和分析其应用环境。管理会计应用环境,是单位应用管理会计的基础,包括内外部环境。

内部环境主要包括与管理会计建设和实施相关的价值创造模式、组织架构、管理模式、资源保障、信息系统等因素。

外部环境主要包括国内外经济、市场、法律、行业等因素。

第八条　单位应准确分析和把握价值创造模式,推动财务与业务等的有机融合。

第九条　单位应根据组织架构特点,建立健全能够满足管理会计活动所需的由财务、业务等相关人员组成的管理会计组织体系。有条件的单位可以设置管理会计机构,组织开展管理会计工作。

第十条 单位应根据管理模式确定责任主体,明确各层级以及各层级内的部门、岗位之间的管理会计责任权限,制定管理会计实施方案,以落实管理会计责任。

第十一条 单位应从人力、财力、物力等方面做好资源保障工作,加强资源整合,提高资源利用效率效果,确保管理会计工作顺利开展。

单位应注重管理会计理念、知识培训,加强管理会计人才培养。

第十二条 单位应将管理会计信息化需求纳入信息系统规划,通过信息系统整合、改造或新建等途径,及时、高效地提供和管理相关信息,推进管理会计实施。

第三章 管理会计活动

第十三条 管理会计活动是单位利用管理会计信息,运用管理会计工具方法,在规划、决策、控制、评价等方面服务于单位管理需要的相关活动。

第十四条 单位应用管理会计,应做好相关信息支持,参与战略规划拟定,从支持其定位、目标设定、实施方案选择等方面,为单位合理制定战略规划提供支撑。

第十五条 单位应用管理会计,应融合财务和业务等活动,及时充分提供和利用相关信息,支持单位各层级根据战略规划做出决策。

第十六条 单位应用管理会计,应设定定量定性标准,强化分析、沟通、协调、反馈等控制机制,支持和引导单位持续高质高效地实施单位战略规划。

第十七条 单位应用管理会计,应合理设计评价体系,基于管理会计信息等,评价单位战略规划实施情况,并以此为基础进行考核,完善激励机制;同时,对管理会计活动进行评估和完善,以持续改进管理会计应用。

第四章 工 具 方 法

第十八条 管理会计工具方法是实现管理会计目标的具体手段。

第十九条 管理会计工具方法是单位应用管理会计时所采用的战略地图、滚动预算管理、作业成本管理、本量利分析、平衡计分卡等模型、技术、流程的统称。管理会计工具方法具有开放性,随着实践发展不断丰富完善。

第二十条 管理会计工具方法主要应用于以下领域:战略管理、预算管理、成本管理、营运管理、投融资管理、绩效管理、风险管理等。

(一)战略管理领域应用的管理会计工具方法包括但不限于战略地图、价值链管理等;

(二)预算管理领域应用的管理会计工具方法包括但不限于全面预算管理、滚动预算管理、作业预算管理、零基预算管理、弹性预算管理等;

(三)成本管理领域应用的管理会计工具方法包括但不限于目标成本管理、标准成本管理、变动成本管理、作业成本管理、生命周期成本管理等;

(四)营运管理领域应用的管理会计工具方法包括但不限于本量利分析、敏感性分析、边际分析、标杆管理等;

(五)投融资管理领域应用的管理会计工具方法包括但不限于贴现现金流法、项目管理、资本成本分析等;

(六)绩效管理领域应用的管理会计工具方法包括但不限于关键指标法、经济增加

值、平衡计分卡等;

（七）风险管理领域应用的管理会计工具方法包括但不限于单位风险管理框架、风险矩阵模型等。

第二十一条 单位应用管理会计,应结合自身实际情况,根据管理特点和实践需要选择适用的管理会计工具方法,并加强管理会计工具方法的系统化、集成化应用。

第五章 信息与报告

第二十二条 管理会计信息包括管理会计应用过程中所使用和生成的财务信息和非财务信息。

第二十三条 单位应充分利用内外部各种渠道,通过采集、转换等多种方式,获得相关、可靠的管理会计基础信息。

第二十四条 单位应有效利用现代信息技术,对管理会计基础信息进行加工、整理、分析和传递,以满足管理会计应用需要。

第二十五条 单位生成的管理会计信息应相关、可靠、及时、可理解。

第二十六条 管理会计报告是管理会计活动成果的重要表现形式,旨在为报告使用者提供满足管理需要的信息。管理会计报告按期间可以分为定期报告和不定期报告,按内容可以分为综合性报告和专项报告等类别。

第二十七条 单位可以根据管理需要和管理会计活动性质设定报告期间。一般应以公历期间作为报告期间,也可以根据特定需要设定报告期间。

第六章 附 则

第二十八条 本指引由财政部负责解释。

第二十九条 本指引自印发之日起施行。